이 땅의 하나됨을 위한 기도

내 정치학 교과서는 성경

이철우 지음

신광문화사

내 정치학 교과서는 성경

인쇄일 2010년 1월 15일 초판 1쇄
발행일 2010년 1월 20일 초판 1쇄

지은이 이철우
펴낸이 전귀연
펴낸곳 신광문화사

주 소 경기도 파주시 교하읍 문발리 파주출판도시 500-13
Tel (031)955-4211~6 Fax (031)955-4217
donghwae@kornet.net www.donghwapub.co.kr
등 록 1991년 6월 26일/6-130호 공급처 도서출판 동화기술

ISBN 978-89-7432-332-5 03340
값 14,000원

|서문|

대한민국은 다시 좌충우돌의 망국적 이념투쟁에 몰입되었다. 정돈된 이념 논쟁도 아니고 해방정국에 진행됐던 친탁반탁과 같은 그 모습 그대로다. 정치적 반대자는 무조건 좌 아니면 우다. 그러므로 좌익이기 때문에 죽어야 하고 우익이기 때문에 비인간적이라 한다. 사실 이런 투쟁에는 답이 없다. 결론은 투쟁에서 승리하는 자가 선이 되고 지면 악이 된다. 우리사회의 논쟁수준은 여기서 한 치도 벗어나지 않는다. 아니 벗어날 수 없다. 그러다 보니 좌로도 우로도 치우치지 않으려는 사람들은 목소리를 낼 수 없다. 극우를 공격하면 자연스럽게 좌익이 되므로. 반대로 좌익을 비판하면 곧바로 우익의 친구가 되어 버리는 현실에서 누가 자신의 생각을 드러내고 싶겠는가? 좀 더 세밀히 보면 지금 중도를 말하는 이명박 정권과 한나라당은 극우에 가깝다. 민주당은 내가 보기에 중도 보수 정당이다. 경향적으로 좌라고 하면 민노당이나 진보신당 정도랄까? 이들도 유럽 사회민주주의 틀 내에 존재한다. 그러나 우파들의 공격루트는 친북노선이다. 친북은 좌익, 곧 만악의 근원이다. 결론은 자신들의 반대자는 모두 친북이다. 그렇게 이분법으로 몰아가야 좌로도 우로도 치우치지 않거나 치우칠 줄도 모르는 대중을 적극적으로 반대자로부터 분리해 낼 수 있기 때문에 그들은 가장 손쉬운 방법 그러나 가장 잔인하고 비열한 방법을 택하는 것이다. 대한민국은 당분간 공포정치가 계속될 것이다. 그것은 좌충우돌의 시대이기 때문이다. 남북의 긴장은 이 좌우충돌의 훌륭한 밑거름이다. 이런 때에는 합리적인 논리일수록 우스워지고 배척받고 전달되지 않는다. 한 마디로 무서운 세상이 되는 것이다. 이 무서운 세상도 금년지방선거, 다음 대선, 총선을 거치기 때문에 어떻게 변화 될지는 모르겠다. 우리 국민들의 저력을 믿어야 할까? 아니면 역시 대중은 바보일까?

어찌 되었든 국민들은 자신들의 미래와 운명을 스스로 결정할 수밖에 없다. 좌충우돌의 이념 투쟁 시대가 좋은지 이니면 합리적 시고가 지배하는 시대가 좋은지는 전적으로 국민들의 몫이다. 어린 시절 본의 아니게 반공소년으로 좌와 충하고, 청년시절 주사파로 우와 돌했던 나는 이제는 좌도 아니고 우도 아닐 수 있다.

로마와 바리새인들의 틈바구니에서 살았던 예수의 말 중 '좌로도 우로도 치우치지 말라' 는 것이 무엇일지, 춘추전국의 혼란 속에서 공맹의 중용이 왜 절실한 처신의 목표가 되었는지 겪어보지 않으면 모를 것이다. 지금과 같은 좌충우돌의 시기에는 갈수록 폭력의 강도가 세게 되고 감정의 반감도 격화되고 이는 다시 어느 쪽이든 희생을 요구받게 된다. 이것을 우리는 시대적 불행이라 일컫는다. 극우파나 우익들은 자랑스럽게 자신들을 우파라 자칭한다. 그러나 좌파는 실체가 없는 것도 답답한 일이다. 물론 북한은 실체가 분명하고 좌파임이 확실하다. 그러나 남한 내 반정부 세력은 스스로 좌파가 아니라고 말하는 사람들이 대다수이다. 이에 대하여 우파는 좌파에게 자신을 위장한다고 한다. 결국 좌파는 우파를 반대함으로써만 그 존재가 드러나게 된다. 결론은 우파는 그들이 악으로 규정한 좌파가 그들의 반대자 모두를 지칭하는 것으로 된다. 사실 이것이 불행의 씨앗이다. 아무도 이 사슬을 풀 사람이 없다. 남북이 분단되어 있는 한 이 숨 막히는 사슬을 끊어낼 자가 없다. 기독교도 사실은 이런 이데올로기 내에 존재한다. 예수가 얼마나 달리 해석되는지 몇몇 교회를 다녀보라. 어떤 종교도 철학도 이념도 한국의 분단프레임에 갇히면 꼼짝을 할 수 없게 된다. 나는 젊은 시절 마르크스를 스스로 극복하고 주체사상도 일찍이 그 결정적 허점들을 발견하여 비판하고 버렸는데도 그것은 아무런 소용이 없다. 극우들에게 나는 영원히 좌경세력이다. 모태신앙으로 세례 받고 50년을 한결같이 주일성수하고 중·고등부 부장으로, 안수집사로 있어도 사실 장로가 고발하고 장로가 재판하고 장로가 변호하고 장로들에 의해 좌파로 널리 일컬어지게 되는 게 현실이다. 이런 대목에서 나는 왜 예수가 예수였는지 조금은 알 수 있을 것 같다. 오늘도 우리 사회는 모든 차이를 좌우로 단순하게 수렴하려는 극우들의 노력과 일대 충돌중이니 국민들은 아주 큰 학습을 하고 있을지도 모른다. 극우들이 정권을 잡으면 늘 좌우충돌의 세상이 온다는 사실을 알아야 할 것이다. 여기에 분명히 덧붙이고 싶다. 극좌들이 와도 상황은 마찬가지라는 점을. 나는 오늘 아침 이런 좌충우돌의 시대에 좌고우면하는 기회주의(?)를 내 삶의 모토로 삼고 있다. 왜냐하면 이 시대의 옳은 말은 모두 좌파가 될 테니까. 혹자는 반정부대열의 앞장에 서지 않는다고 비판할지 모르겠다. 하지만 그것은 극우들에게 말려드는 것이기에 지혜롭지 못하다. 국민이 있다. 그들이 그들의 운명을 결정할 것이다. 예수를 십자가에 매단 것도 그들이고 지금까지도 매일 매일 매단 것도 그들이다. 그래도 세상은 계속되고 있다. 미국, 중국, 남한, 북한 그리고 남한 내에 좌와 우, 생각만 해도 이 분단 구조가 겹겹의 사슬로 죄여오는 느낌이다.

가난 때문에 노르웨이로 입양 갔던 6촌 여동생 가족이 40여년 만에 극적인 상봉이 이루어져 한국에 왔다. 하루 종일 서툰 영어로 우리 지역의 구석구석을 안내했다. 돌아오는 길에 여동생이 나에게 한 말이 자꾸 떠오른다. 한국은 겉으로는 모던한데 빈부격차가 크고 복잡하고 정신없이 바쁘고… 그렇단다. 그래도 그들에게 난 한국은 참 다이내믹하고 좋은 나라라고 말해 주었다.

이 글들은 한때 국회의원 간첩으로 유명해지고 나서 좌우편향을 겪지 않을 수 없었던 지난 시간을 되돌아보고 아직도 내가 간첩이라고 믿는 사람들과 간첩이었으면 좋겠다는 사람들을 향해 한 번은 나의 생각을 말해야 한다는 생각에서 쓰고 모았다.

극단적인 사람들은 언제나 극단적인 사람을 만들어낸다.

날카롭게 대립하고 촌철의 명석함을 뽐내는 듯 하지만 어찌나 어리석어 보이는지 모를 사람들이 극단적 이념의 소유자들이다. 남쪽의 극우파나 북한의 주사파나 통일의 주체가 되어서는 안 된다. 둘 다 비정상적인 사회의 지배자들이다. 언제일지 아무도 알 수 없으나 통일은 형식보다 내용이 더 중요한 이유가 여기에 있다. 장준하가 모든 통일은 선이라고 말했지만 난 아니라고 생각한다. 극우와 극좌가 없는 상태를 통일의 목적이고 목표여야 한다고 생각한다. 참 어처구니없는 일들이 버젓이 통용되는 우리의 저급함은 바로 좌우대립이 만들어 내는 부산물이다.

나를 둘러싸고 일어나는 크고 작은 일들을 때로는 현미경으로 때로는 망원경으로 보고 느낀 대로 썼다.

극우가 보면 아직도 좌익이라 할 것이고 극좌가 보면 우익이라고 평한다면 참 다행이다.

특별히 기독교의 이념적 편향에 관심을 많이 기울였다. 그것은 나의 신앙적 사색의 결과다. 오늘도 바리새인들과 민중들 사이에서 긴장된 그 갈릴리 호수를 걷는 예수는 누구와 비교 할 수 없는 내 삶의 멘토이기 때문이다. 지금도 극단적인 생각을 하지 않아도 되는 나라를 꿈꾸며 기도하며 이 글을 엮는다.

2010년 신년

경기북도 한탄강가에서 이철우

김근태 전 장관

옳고 곧은 성품을 갖추고, 분단의 아픔을 신앙으로 사는 아름다운 정치인!

내가 이철우 전 의원을 만난 것은 6월 항쟁을 기념하는 모임에서였습니다. 앳되고 순진하게만 보이던 그는 또박 또박 자신을 이야기하였습니다. 분단의 한 가운데에서 그것도 가난한 농촌에서 자라온 늦깎이 대학생이었으면서도 그 험한 운동권이 될 수밖에 없었던 이야기를 들었습니다. 긴 수감생활을 마치고 이제는 고향에서 농사지으며 소박하게 살겠다고 힘주어 이야기하던 그가 지금도 기억에 생생합니다. 그의 동료들을 통해서 나는 이철우에 대한 이야기를 들었습니다. 동료들은 그를 소박하고 의리 있고 멀리 보는 안목이 있는 사람이라고 했습니다.

그런 그를 국회에서 동료 의원으로 만났을 때에 놀랍고 기쁘고 희망에 가득 찼던 기억을 지금도 잊을 수 없습니다. 너무나 순수했던 정치인이라 세상의 시샘이 더 컸던 것은 아닐까 늘 생각합니다. 간첩파동으로 국회를 온통 울음바다로 만들었던 그 아픈 기억은 지금도 가슴을 미어지게 합니다. 그래도 미움을 입으로 말하지 않았던 이철우 전 의원을 우리는 가슴 속에 간직하며 기다리고 있습니다.

그는 휴전선 아래 가난한 농민의 아들로 태어나 기독교인으로 독재와 민주화의 험난한 시기를 보내며 이 시대를 온 몸으로 살아온 사람입니다. 분단 조국의 청년으로 살아온 그가 짧은 국회의원을 했던 시간과 그를 국회에서 내몰았던 억지 간첩파동은 그의 인생을 종교적으로 승화시킨 사건이라 생각됩니다. 그와 같은 경험과 고통은 그를 보통의 정치인들과는 다른 종교적 신심과 영감으로 매사를 바라보고 풀어가는 지혜의 정치인으로 만들었다고 확신합니다.

분단된 이 민족의 현실을 삶의 십자가로 기꺼이 짊어지고 갈 수 있는 정치인 이철우.

그래서 그는 오늘도 새로운 모습으로 늘 다가오고 있습니다. 오늘 이철우 전 의원이 자신의 처지를 고뇌하면서 지난 5년의 시간을 기록하였습니다. 그가 우리를 대신하여 짊어진 좌우 싸움의 상처들을 이제 우리가 함께 이야기해야 할 때가 되었다고 생각합니다. 나는 좌우 극단을 지독히도 미워하는 그를 통해서 보수주의자들뿐만 아니라 이 땅의 민주화를 이룬 개혁세력들에게도 울리는 경종이 있다고 믿습니다.

우리는 이철우의 깨달음을 문득문득 기다리며 사는 기대와 즐거움을 알고 있습니다. 그는 그렇게 고통을 아름다움으로 승화시키는 사람입니다. 지금까지와는 전혀 다른 생각으로 우리에게 희망을 이야기하는 이철우 전 의원의 영감어린 글을 만나보십시오.

우리가 그를 이웃으로 함께하고 있다는 것이 축복이라는 사실을 알게 될 것입니다.

끝으로 이 책이 나오기까지 후배 이철우 전 의원의 고통어린 삶의 곁에서 그를 건강하고 통찰력있는 정치인으로 성장케 한 노모와 그의 아내 곽윤식 선생님, 그리고 어느덧 대학생이 되어버린 그의 딸 일완이에게도 감사의 마음을 전합니다.

전 보건복지부 장관 김근태

|차례|

Part II 기독교 안의 좌우

Part III 나라 안의 좌우

Part V 내 사랑 한탄강

Part I

내 안의 좌우

…1
새로운 시작

사람들은 오지도 않은 미래를 걱정하며 오늘 아무 일도 할 수 없다고 한다. 혹은 다 지나가 버린 과거를 아쉬워하며 오늘 아무 일도 하지 않는다. 아직 오지 않은 내일을 걱정하거나 지나가버린 어제를 아쉬워하는 것은 당연하다. 그러나 그 때문에 오늘 일을 못한다면 그것은 문제다. 이는 구체적 목표가 없기 때문이다. 꿈이 클수록 하루하루는 구체적이고 작고 소박해야 한다. 국회의원을 그만두었더니 무슨 말로 위로를 해야 할지 모르겠다는 말로 복잡한 마음을 표현하는 친구들이 많다. 그래서 전화하기도 그랬단다. 사실 당사자인 나는 지역의 당 조직이 조금 약해진 것과 좀 더 국가를 위해 하고 싶은 일이 있었는데 하는 아쉬움을 빼고는 그다지 동요가 없다. 물론 사실이 아닌 일로 억울한 판결을 받고 배지를 떼었지만 그래서 더 하늘의 뜻으로 받아들인다. 어떻게 그런 일이 있을 수 있을까? 이것은 하나님이 '이번에 이만큼'이라는 명령이라고 받아들인다. 왜냐하면 진실은 언젠가 밝혀질 것이고 하나님은 알고 계시니까 말이다. 선거 때 반짝 만나서 의원직을 상실하니까 떠나버리는 사람들이 야속하기는 하지만 어찌하랴 사람 마음을.

학생운동 10여 년, 사회운동과 1년 남짓 정치인으로 10년 이렇게 20년을 보냈다. 10년을 영어로는 Decade라고 한다. 이 Decade가 세 번 지나면 우리는 1세대가 지났다고 한다. 또 한 번의 Decade의 출발선에 나는 서 있다. 학생운동 10년과도 다르고 사회운동과 초선의원으로 마무리한 지난 10년과도 다른 새로운 10년을 어떻게 살아갈까? 이것이 요즘 모든 생각의 시작이고 끝이다. 그래서 설레기도 한다. 이제 이 10년을 살고 나면 나는 어느덧 노년의 길로 접어들 것이다. 50대 중반! 그때를 상상해본다. 세상은 얼마나 변화돼 있을 것이며 친구들은 또 얼마나 변해 있을까? 아내와 딸 그리고 사랑하는 나의 어머니! 어머니! 사실 여기까지 살아온 지난날을 돌아보면 감사할 일뿐이고 또 10년 후를 그려보면 새로운 희망이 샘솟을 뿐이다.

오늘 아침 단 한 가지 결심을 하고 나왔다. 처음처럼, 아무것도 없었을 때처럼, 순수한 꿈을 가지고 시작했을 때처럼 그렇게 사람들을 만나야지. 그리고 서두르지 말아야지, 늘 하나님께 여쭤봐야지.

10년 후! 그땐 통일은 아니더라도 미움이 없어지고 왕래가 자유로운 나라가 되었으면, 백성들은 자신의 잇속을 위해 위증하고 무고하고 사기 치지 않았으면(위증, 사기, 무고죄가 일본의 3배라고 합니다) 특히 정치인, 검사, 판사 등이 앞장서야겠지요. 부자들은 자신의 부가 혼자의 힘으로 만들어지지 않았다는 것을 깨달았으면. 그런 나라가 되어 있기를 기도하고 또 노력해야겠다는 생각을 했다.

참, 또 한 가지. 기독교인들이 미워하는 일보다 용서하는 일에 더 큰 기쁨을 얻었으면 한다. 8월 15일 두 패로 나뉘어서 태극기와 성조기를 흔들며 목청을 높일 텐데 안타깝다. 나는 어느 쪽 집회에도 가지 않으련다.

이런 생각을 하며 사무실에 왔다. 창문을 열고 선풍기를 틀고 컴퓨터를 켰다. 매일 아침 있는 일이다. 컴퓨터 모니터가 이렇게 아침 인사를 한다.

"새로운 시작!"

2004년 7월 4일

…2

老眼(노안)

어제는 오랜만에 온 가족이 함께 교회를 갔었습니다. 일완이가 기숙사에 들어간 후로는 온 가족이 함께 가는 일이 드물었습니다. 기말고사가 끝나고 주말을 함께 보내며 그 동안의 학교 얘기며 공부이야기, 엄마 아빠 사는 이야기까지 많이 나누었습니다. 高1인 일완이도 교육정책이 자신들을 무척이나 힘들게 하고 있다고 하였습니다. 아빠로서 부끄러웠습니다. 교사인 아내에게는 더 말할 나위가 없고요.

주일 아침 어머니, 우리 부부, 일완이 이렇게 네 식구가 교회에서 손을 모아 기도했습니다. 아마 네 사람 모두 똑같은 기도를 올렸을 것입니다. 예배시간에 성경을 읽는데 갑자기 글씨가 흩어져 뿌옇게 보이는 것이었습니다. 안경을 벗고 눈을 한번 비비고 다시 보았는데 여전히 마찬가지였습니다.

'참! 이상하다.'

성경책을 좀 멀리 놓았더니 그제서야 보이는 것이었습니다.

'어이쿠!'

옆에 있는 아내에게 들킬 새라 태연한 척 성경을 읽었습니다. 성경을 읽는 동안에도 성경책을 떼었다 붙였다 확인 또 확인해 보았습니다. 그러나 마찬가지였습니다.

'이게 노안이구나! 나에게도 이런 것이 찾아오다니!'

옆자리 어머님은 제가 맞춰드린 돋보기로 열심히 읽고 계셨습니다. 일완이와 아내는 옆자리 두 사람 모두 노안이라는 사실을 모를 것입니다. 동창회 때 몇몇 동창들이 이젠 작은 게 안 보인다는 푸념을 그냥 지나쳤는데 저도 동창은 동창인 모양입니다. 인간의 생로병사엔 예외가 없는 것이니까요. 아무튼 지난 주일은 잔잔한 충격이었습니다. 저도 이제 老人입니다. 왜냐하면 老眼을 가지고 있기 때문입니다. 이제부터 老人답게 살아갈 마음가짐을 준비해야 될 때가 된 것 같습니다. 눈은 해부학적으로 우리가 육안으로 볼 수 있는 뇌라고 했습니다. 눈에 총기를 잃으면 그만큼 뇌도 총기를 잃었다는 증거랍니다. 그러나 노안의 역할은 사물을 멀리 내다볼 수 있는데 있을 것입니다. 본래 아이들의 눈은 밝기는 하지만 멀리 그리고 넓게 못 보는 것입니다. 마치 현미경으로 밤하늘의 별을 볼 수 없는 것과 마찬가지겠지요. 멀리 넓게 본다는 것! 老眼의 역할입니다. 멀리 넓게 보면 치우침이 없고 서두름이 없는 것입니다. 아마 그래서 조물주는 나이를 먹으면 자세한 것을 보려 하지 말고 멀리 더 넓게 보라고 老眼을 주시는가 봅니다.

지금까지 살아오면서 들여다 본 자세함을 밑천으로 여유 있고 불편부당함이 없는 시각을 가져야 할 때가 되었습니다. 젊은이들의 열정과 모험에 관대하고 그들을 풍부한 경험세계의 내력으로 품어주고 인자함으로 이끌어주는 老人이 되어야겠다고 마음먹으면 너무 성급한 것일까요? 마음의 눈은 빨리 老眼이 될수록 좋을 것입니다.

오늘부터 저도 老熟한 眼目으로 세상을 보게 되었습니다.

여러분! 축하해 주십시오.

2005년 7월 둘째 주 월요일

▲ 비둘기낭

3...

책 안 읽는 당신! 떠나라

아침운동을 나가 하늘을 보니, '아~ 가을이구나' 하는 탄성이 절로 나왔습니다. 긴소매를 입을까? 반소매를 입을까? 망설이는 아침이었습니다. 들판의 곡식들은 저마다 익어가고 모든 생명들이 겨울 준비를 위한 갈무리를 서두를 때입니다. 지금, 바로 하늘이 저만큼 멀어진 오늘 당신은 무슨 책을 읽고 있습니까? 심성이 바르고 그 말이 조리있고 행동이 단정한 사람을 우리는 좋아합니다.

반대로 마음이 간교하고 언사가 거칠고 두서가 없으며 이랬다저랬다하는 사람을 향해 우리는 손가락질을 합니다. 포천에 세탁소를 운영하는 분이 한분 계십니다. 그분은 학력이라야 초등학교 졸업이 전부입니다. 졸업하던 해 봄부터 세탁소 점원으로 들어가 세끼 식사를 대가로 잔심부름을 하며 세탁 일을 배웠습니다. 빨래하고 다림질하고 수선하는 일이 세탁소의 일이지만 어린 나이에는 여간 힘든 일이 아닙니다. 물빨래를 해서는 안 되는 옷을 빨았다가 낭패를 본 일, 다림질을 하다가 옷을 태워 변상해야 한 아픈 기억, 바짓가랑이가 너무 짧아졌다고 야단 맞던 일. 지금은 기계화가 되어 모든 일이 쉬워졌지만 옛날 세탁소의 일이란 보통 힘든 일이 아니었던 것입니다. 이제는 그 세탁소 사장님도 60이 내일 모레라 눈이 어두워지고 다리도 아프고 그만두어야 할 때가 되었노라고 말씀하실 때가 많습니다. 그 분을 만나서 이야기를 나누노라면 한국의 세탁업 40년사가 파노라마처럼 펼쳐집니다. 군부대가 많은 지역인지라 군복을 다리면서 사병들의 변화되는 모습을 보며 우리 사회의 변화를 예리하게 짚어내기도 합니다. 그 분은 고객들에게 헌 옷가지를 가져오라고 해서 수선하고 다림질해서 재활시설에 가져다 줍니다. 도수 높은 안경너머로 바라보는 그 분의 눈빛엔 어딘가 모르게 위엄이 있고 따스함이 있습니다. 그런 그 분의 특징이 하나 있습니다. 그 분의 다림질 작업대 옆에는 언제나 다리미와 책 한 권이 나란히 놓여 있는 것입니다. 갈 때마다 그 책이 바뀌어 있다는 것을 안 것도 그 분을 안지 꽤 오래 지나서였습니다. 월간지도 놓여 있다가 소설책도 놓여 있다가 때로는 만화책이 놓여 있기도 했습니다. 단 한 번도 시류에 휩쓸려 다녀본 적 없이 오늘도 그 자리에 있습니다. 그러던 그 분이 제가 하던 시민단체에 가입과 후원을 하시는 것이었습니다. 그러면서 크고 작은 조언을 아끼지 않으셨습니다. 언제나 온화한 성품이지만 때로는 서늘할 정도로 단호하게 저를 꾸짖고 지적해주시곤 합니다. 어디서 그런 힘이 나올까? 바로 다리미와 그 옆에 항상 있는 책이 아닐까 생각합니다. 그 분은 비가 오나 눈이 오나 교회 가는 주일날만 빼고는 다리미를 손에서 놓은 적이 없습니다. 그 분 말로는 딸이 시집가는 날 하루 문을 닫았다고 합니다. 뜨거운 열이 다리미 속으로 들어오면 아무리 주름진 옷이라도 새 옷처럼 펴지고 날카롭게 날이 선(?) 바지를 보면서 그 분의 마음속에는 수많은 책들이 들어와 주름진 생각들과 삐뚤어진 마음들을 바로 세우는구나 생각했습니다. 자식들에게는 세탁업을 물려주지 않겠다고 결심한 젊은 날의 생각이 꼭 옳지만은 않았다고 말씀하시는 그 분의 눈매엔 어느새 세월의 아쉬움이 베어 있었습니다.

저는 많은 정치지망생들을 만나봅니다. 그리고 내년 지방선거에 출마하고자 하는 사람들을 만나봅니다. 그 때마다 이 세탁소 사장님을 떠올려 봅니다. 아무런 비전도 없이 이 모임 저 모임 기웃거리며 술이나 먹는 것이 전부인 사람이 생각보단 많은 것이 사실입니다. 지역 주민과 깊이 있는 대화 한 번 못해 보고 그들의 지지와 힘을 믿는 것이 아니라 그저 중앙당의 공천이나 받으려고 이리 몰리고 저리 몰리는 사람들이 너무 많습니다. 조금 불리하다 싶으면 등을 돌리고 또다시 헤벌쭉 웃으며 돌아오는 세태가 아직도 지역정치문화에 깊이 뿌리 내려 있습니다. 지역에서 정치를 해보겠노라는 사람이라면 적어도 다섯 수레의 책은 읽어야 하는 것 아니겠습니까? 수레의 크기는 자기 혼자 끌 수 있는 정도면 될 것입니다. 그러나 학교 다닐 때 마지못해 읽은 교과서 빼고는 책 읽은 기억이 아련한 사람이 어찌 세상을 알 것이며 그 많은 사람들의 갈 길을 인도하겠습니까? 선거에서 이기려면 흔히 발 품을 많이 팔아야 된다고 합니다.

맞는 말입니다. 그렇지만 술이나 먹고 왔다 갔다 악수나 하는 게 발 품은 아닙니다. 가만가만 다녀보면 그 세탁소 사장님, 이발소 사장님, 미용실 사장님, 젖 짜는 낙농가들, 들판의 농민들… 이루말할 수 없이 많은 분들 중에 스승이 있고 지지자가 있고 후원자가 있는 것입니다. 바로 그 분들을 만나러 다니는 것이 발 품입니다. 그런데 책을 읽어야 그 강호의 고수들과 대화가 될 것 아닙니까? 중앙당에서 힘있다고 사기치고 지역에서 책 한 권 읽지 않은 정치꾼들을 감언이설로 모아서 세상을 어지럽히는 정치문화는 이제 끝내야 할 것 같습니다. 저는 그런 사람들에게 한 마디 하고 싶습니다.

"책 안 읽는 당신 떠나라."

책은 지식을 위해서도 읽지만, 자신을 돌아보며 심성을 바르게 하기 위해서 읽는 것입니다. 책을 읽지 않고도 착하게 살 수는 있지만 책을 읽지 않고 지도자는 될 수 없습니다. 여러분! 누가 나 좀 찍어달라고 부탁하거든 몇 권의 책을 읽었느냐고 물어 보십시오. 밤새워 책을 읽어도 모자랄 판에 밤새워 술을 먹어서야 되겠습니까? '鄕原은 德之賊也'라는 말이 있습니다. 지역에서 이름

깨나 있는 사람들, 겉으로는 봉사깨나 하는 것처럼 보이는 사람들이 보통 덕의 적이라는 공자의 말입니다.

잘 살펴보십시오. 저도 이번 가을 성경을 일독할 예정입니다.

책을 읽읍시다!

청명한 하늘이 온 세상을 뒤덮은 2005년 9월 첫째 주 월요일 아침

4...

김치의 슬픔

어렸을 적에는 김치를 그냥 짠지라고 불렀습니다. 아예 김치라는 말을 쓰지 않았었습니다. 경기북부와 강원도 사투리가 짠지였던 이유일 것입니다. 언젠가부터 짠지라고 하면 왠지 촌스러워 김치라고 부르게 되었고 이젠 짠지라는 말은 거의 쓰지 않게 되었습니다. 참기름을 발라 놓은 듯한 햅쌀밥에 먹음직스런 겉절이 배추김치를 생각하면 아마 다른 반찬 없어도 되리라 생각하는 사람이 많을 것입니다. 요즘이 딱 그때입니다. 그러나 추수마당에 가도 기름기 흐르는 쌀밥과 겉절이 김치가 없습니다. 쌀은 콤바인으로 베어서 곧바로 건조기로 들어가고 김치는 공장에서 만들어져 슈퍼마켓에서 구해 먹습니다. 프랑스의 한 인류학자가 유럽과 동양, 그것도 한국의 다른 점은 채소, 즉 식물을 발효한 민족이라는 말을 한 기억이 납니다. 유럽이나 서양의 발효식품은 유제품인 치즈와 포도주 정도입니다. 채소류는 소금에 절인 양배추 정도일 것입니다. 그래서 서양엔 치즈와 포도주의 종류가 우리의 김치 종류만큼이나 많습니다. 그러나 한국은 유제품보다는 채소류 발효식품이 발달되어 있습니다. 그 인류학자는 채소류 발효식품이 한국 음식의 세계화에 기여할 것이라고 일찍이 의미 있는 분석을 했었습니다. 그것이 바로 김치였습니다. 염장식품의 역사는 곧 동양인의 食생활사라고 해도 과언이 아닙니다. 그리고 오늘날의 김치라고 하는 배추김치는 완전히 한국의 식품입니다.

보통 김치라는 말은 沈菜 → 팀채 → 딤채 → 짐채 → 김채 → 김치와 같이 변화되었을 것이고 김장이라는 말은 沈藏에서 유래되지 않았을까 언어학자들은 말합니다.

오늘날의 배추김치는 배추와 고추재배가 시작된 조선 중기 이후라고 합니다. 배추, 무, 갓, 파, 마늘, 생강, 고추, 청각, 당근, 새우젓, 굴, 소금, 깨, 조미료 등등 김장김치를 담글 때 준비해야 할 재료를 적어 보았습니다. 정갈한 재료를 깨끗이 준비하여 정성스럽게 담그던 김장김치는 이제 그 소비량에서 절대적으로 감소하고 있습니다. 아파트 생활이라는 신문화로 인해 김치류는 이제 시장 의존이 절대적으로 되었습니다. 김치공업화의 시초는 1967년 베트남 참전 국군을 위한 김치 통조림이 제조되면서부터였고 지금은 600여 개의 제조업체에서 생산되고 있습니다. 최근 문제가 되고 있는 중국산 김치는 시중 음식점의 80%에서 사용되고 있다는 보도도 있습니다. 김치류는 채소를 원료로 하기 때문에 가열과정을 거치지 않고 발효를 시키는 문제를 가지고 있습니다. 그렇기 때문에 청결과 위생이 생명입니다. 기생충과 각종 오염물질의 제거가 무엇보다 중요한데 이번 기회에 중국산은 물론 국내산까지 총체적인 문제제기를 해야 할 때가 온 것 같습니다.

각 가정에서 자가 소비를 위해 정갈하고 맛깔스럽게 담궈 겨우내 식구들의 양식이 되었던 김치가 대량생산을 위한 상품으로 변화되면서 김치의 수난이 시작되었습니다. 모양은 쌀밥인데 기름기가 빠져있고 겉보기에는 울긋불긋 배추김치인데 그저 배추와 무와 양념들의 버무림 이상도 이하도 아닌 밥상을 우리는 지금 일상적으로 대하고 있습니다. 절묘한 양의 소금으로 절이고 각기 분수에 맞는 양으로 어우러져 발효된 김치의 참 맛을 느껴볼 기회가 점점 줄어듭니다. 발효식품은 중독성이 있고 각종 유기산은 인체의 세포에 작용하여

유전자에 깊은 영향을 줄 것입니다. 그래서 민족성은 어찌 보면 이 발효식품에 따라 결정된다고 하면 지나친 억측일지 모르지만 서양인들은 치즈를 먹지 않으면 안되고 중국인들은 돼지기름이나 땅콩기름이 없으면 못산답니다. 수대에 걸쳐 일상적으로 먹어온 발효식품 김치는 우리 민족의 DNA에 깊이 각인되어 있어 서양식을 먹으면서도 김치 한 조각을 넣어야 넘어가는 것이라 생각합니다. 김치냉장고 광고 중에 '발효과학 딤채' 라는 카피가 있습니다. 김치는 과학 이전의 靈感입니다. 왜냐하면 손맛이기 때문입니다. 김치는 수천 년 염장식품 역사의 완결판입니다. 우리 민족의 최고 식품이고 세계 최고의 식품 반열에 오를 수 있는 충분한 자격과 가능성이 있는 김치가 요즘 수난을 당하고 있습니다. 이는 우리 삶의 질의 또 다른 표현이기도 합니다. 기름기가 흐르는 쌀을 지켜야 합니다. 된장, 간장을 지켜야 합니다. 그리고 김치를 지켜야 합니다. 그것이 우리 삶을 지키는 일입니다. 생명산업인 농업 생산물의 주 생산품이 바로 쌀, 콩, 채소입니다. 이 생산기반이 허물어지고 제조 유통이 어지러워진 것은 곧 우리 삶이 어지러워진 것입니다. 국가적으로 법적, 제도적 장치의 정비가 시급하고 국민들의 노력도 필요합니다. 우리 밥상은 1년 내내 김치와 밥뿐입니다. 아직도 김치냉장고에는 작년 김장이 많이 남아 있습니다. 저도 올해는 제 손으로 직접 김장을 담글 예정입니다. 그것은 우리의 정체성을 지키는 일이고 생명을 지키는 일일 것입니다.

수확의 풍성함을 간직하며 오색 빛깔로 깊어가는 가을

2005년 10월 넷째 주 월요일 아침에

...5

박카스와 비타500

피로회복제 박카스가 1년에 6억병이 팔리며 국민 1인당 12병을 마신다면 가히 "National drink(국민 의약품)"라고 해도 과언이 아닐 것입니다. 1961년 박카스 정으로 출발한 박카스가 서민들의 피로회복 건강음료로 성장하여 판매액 1200억, 동아제약 매출의 55%. 박카스 하나만으로 어느 제약회사보다 매출이 많은 제품이 되었습니다. 박카스 錠으로 시작 박카스 D, 박카스 F로 옷을 갈아 입으며 지금도 자양드링크 시장의 37%를 점유하고 있습니다. "활력을 마시자", "그날의 피로는 그날에 풀어버립시다"로 기억되는 광고 카피는 우리에겐 너무도 익숙한 "구호"였습니다. 그러나 박카스에게도 세상의 변화라는 도전이 항상 있게 마련입니다. 전후 세대 서민들과 낮은 생활 수준의 소비자들에게 최초의 자양강장제로서 부동의 1위를 고수했지만 소득수준의 향상과 과학적 근거가 확실하지 않는 약효를 계속 자랑만 할 수 없었습니다. 카페인의 습관성으로 인해 고정고객이 있지만 그 수도 전전세대의 감소로 인해 불투명한 미래를 예고하고 있습니다. 이때 박카스는 새 한국인 시리즈로 광고를 시작했고 묵묵히 땀 흘려 일하는 사람들을 주인공으로 등장시켰습니다. 환경미화원이 이마의 땀을 훔치며 박카스를 마시는 장면이나 수험생의 책상에 엄마가 준비해 놓은 박카스를 잊지 않고 있을 것입니다. 이런 변신도 90년대 후반 더 급격한 소비시장의 변화는 박카스로 하여금 젊은이 중심의 광고를 하지 않으면 안되게 되었습니다. "국토대장정" 시리즈가 그것이었고 박카스의 운명은 새로운 세대를 어떻게 잡느냐에 달려 있었습니다. 이런 노력으로 박카스 매출이 IMF 이후에도 급격히 성장하였지만 젊은이들에게는 갈수록 진부한 약품으로 인상지어지는 불안한 성장일 수밖에 없는 현실을 누구보다 박카스는 잘 알고 있었습니다. 카페인과 직거래 조직이라는 독특한 박카스만의 운용방식이 아직은 먹히고 있는 것입니다. 40년 부동의 1위라는 브랜드파워의 힘 또한 10大 광고주로서의 면모를 지키고 있습니다.

그러나 스포츠, 기능음료와 건강음료의 세계적 변화 추세에 박카스는 매일매일 새로운 도전을 감내해야 할 때 음료시장에 "마시는 비타민C 비타500"이 혜성처럼 나타납니다. 쌍화탕이나 만드는 광동제약이 야심작으로 만들어낸 비타500은 작년에 이어 올해에도 소비자선호 1위 상품이라는 명성을 얻게 되었습니다. 한때 경남제약의 레모나라는 과립제 비타민C가 있었지만 대중화되지 못하고 말았습니다. 비타500 1병에는 레몬 20개, 오렌지 15개, 사과 60개, 귤 15개를 먹어야 얻을 수 있는 비타민C 700 mg이 들어있다고 합니다. 박카스의 카페인 대신 필수 영양소인 비타민을 강조한 마케팅이 일대 히트를 한 것입니다. 병원에 문병 갈 때는 물론 각종 방문 시 비타500을 들고 다니는 사람을 우리는 자주 볼 수 있습니다. 박카스는 의약품으로 분류되어 약국에서만 판매하게 되어 있는 반면 비타500은 슈퍼, 편의점뿐 아니라 약국에서도 판매합니다. 광동제약은 비타500의 선전으로 급신장했지만 유사제품이 20여종에 이릅니다. '비타1000', '비타바란스', '비타700', '비타ㅇㅇ' … 무수히 많습니다. 비타500의 복제품이라고 해도 과언이 아닌 비타민 음료시장의 나눠먹기는 어쩌면 비타500이 '박카스의 영광'을 대신하려는 장도에 최대의 걸림돌이 될 것이 자명합니다.

"4~50대 아저씨" 들의 음료 박카스!

40년을 부동의 1위를 고수한 박카스!

그 박카스가 흔들리고 있습니다. 카페인 대신 비타민을 마시자는 공격적 마케팅에 적당한 대응책을 찾지 못하면 박카스도 그리스 로마 신화의 전설처럼 대한민국 건강음료 시장의 전설로 남을지도 모릅니다. "박카스와 비타500" 을 보면서 수많은 상상을 해보게 됩니다. 박카스 속의 카페인과 비타500 속의 비타민C! 40년의 아성과 신선하지만 유사제품의 난립이라는 그 사회적 존재의 속성. 철저한 제품관리와 치밀한 판매조직을 갖춘 동아제약과 아직은 음료판매 시장관리에 미숙한 광동제약의 한판승부를 흥미롭게 지켜보고 있습니다. 분명 이 게임의 심판은 소비자일 것입니다. 박카스는 그 효과가 과학적으로 분명하게 입증은 되지 않았지만 40년간 사랑을 받아온 음료입니다. 그러면서 박카스는 "박카스의 철학" 을 그들의 마케팅에 실어 소비자들을 '의식화' 해왔습니다. 음료시장의 신세대 비타500은 어떻게 그 진열대 위에 주류로 자리잡을 수 있을까? 최근 2년 폭발적 인기로 소비자들의 사랑을 받고 있지만 불가측한 미래는 누구에게나 공통된 평등입니다. 박카스가 부동의 37%대의 자양강장 음료시장을 유지할 것인지 아니면 비타500에게 그 자리를 내줄 것인지 그것도 아니면 춘추전국시대가 올 것인지 박카스와 비타500을 보면서 한국사회의 이념논쟁, 주류논쟁, 세대갈등을 떠올려 보았습니다.

당신은 오늘 박카스를 마십니까?

아니면 비타500을 마십니까?

그것도 아니면 시원한 생수입니까?

2005년 10월 마지막 주 월요일 아침에

6...

지킬 박사와 하이드씨

각종 인터넷 사이트의 댓글들을 보고 있노라면 '한국의 인격' 이 어느 정도인지를 가늠할 수 있을 것 같습니다. 조선일보의 인터넷 판에 올라와 있는 독자들의 글을 보면 한결같이 반정부 일색이고 모든 것은 북한과 연관시켜 말합니다. 그들의 논리는 단순하고 이분법적입니다. 자신들의 반대자는 언제나 북한과 동일시하는 것입니다. 이것은 아주 간편하고 이유가 필요 없게 만듭니다. 그리고 증오와 살기가 번득입니다. 정치적인 사안만이 아닙니다. 스포츠에 대한 의견도 상당수에서 '북한 같은', '빨갱이 같은' 등등의 표현이 쉽게 등장합니다. 반면 오마이뉴스 등 진보적인 인터넷 사이트는 좀 정도는 약하지만 '수구골통', '친일파, 독재자' 등의 표현이 적잖이 등장합니다. 이 두 사이트의 독자의견란을 보고 있으면 우리 사회의 갈등이 심각한 정도를 넘어 병적이라는 생각을 하지 않을 수 없습니다. 지독한 증오가 우리 사회의 밑바닥에 깔려 있다는 것은 그 토대 위에 어떤 성취도 허약할 수 밖에 없다는 것입니다. 인터넷이 생활화되면서 그 증오는 급속히 재생산되고 있습니다. 그 이유는 아마 인터넷의 익명성이 아닐까 싶습니다. 어떠한 사안이든 직접 만나 대화하면 점잖게 얘기하는 사람도 인터넷에 의견을 쓸 때에는 그것도 익명으로 쓸 때에는 더더욱 극단적으로 쓰게 되는 것을 종종 봅니다. 인터넷이 아무리 정보의 바다라고 하여도 우리가 일상적으로 접속하는 반경은 극히 제한되어 있습니다. 이는 아무리 세계가 가까워졌다 해도 일상은 지역사회를 벗어나지 않고 있는 것과 마찬가지일 것입니다. 그렇기에 누가, 어느 부류가 글을 올렸는지 대충 알 수 있는 것도 사실입니다. 인터넷 익명성의 장점을 들라면 올바른 의견인데, 진실된 정보인데 여러 가지 현실적 불이익 때문에 피치 못해 익명을 써야 하는 사회고발적 의견이 있을 때일 것입니다. 한 마디로 신문고 역할을 하는 것입니다. 이때에도 정확하고 사실에 근거할 때만 유효한 것입니다. 한국사회가 아직도 자신의 의견을 공개적으로 이야기하면 불이익을 받을 수도 있다고 생각할 사람이 많은 것이 사실입니다.

또 자신이 한 말에 책임을 지기가 귀찮아 익명의 편리함에 기대는 것이 대부분입니다. 어떤 경우든 자유로운 의사표현이라는 데에는 익명제의 장점이 분명합니다. 그러나 익명성 뒤에 숨어서 배타적 자신의 이익을 위해 어떤 말도 서슴지 않는 몰인격적 표현들이 문제입니다. 본래 거짓은 자극적이고 그러기에 미혹되기가 쉬운 법입니다. 이념적으로 적대적이고 이해 관계에 있어 배타성이 매우 강한 한국사회의 후진성은 많은 사람들을 '지킬 박사와 하이드씨' 로 만들고 있습니다. 각 자치단체 자유게시판이 처음에는 익명제를 시행했다가 지금은 거의 회원등록을 하게 했습니다. 그 결과 인신공격이나 허위비방이 많이 사라지게 되었습니다. 인신공격을 한다 해도 정확한 사실에 근거해 형사적 책임까지 각오해야 할 때 글을 올리기 때문에 지자체 사이트는 비교적 건강하게 운영되고 있습니다. 그만큼 불필요한 갈등도 만들어지지 않게 된 것입니다. 공공의 사이트는 이 같은 운영이 불가피할 것입니다. 문제는 포탈사이트와 각종 매체의 홈페이지일 것입니다. 이 사이트는 무작위 대중을 상대로 하고 그 흥행이 사업의 수익성과 직결되기에 실명제에는 민감한 반응을 보이고 있습니다. 우리 사회 여론의 풍향계로서 한 역할을 담당하기도 하는 포탈사이트의 게시판이 그 자유로움을 거세당할 때의 무미건조함 또한 인터넷의 매력과는 거리가 멀 것입니다. 80년대 인터넷이 있기 전에 대학가에는 대자보라는 것이 있었습니다. 폭압적인 독재정권이 언론에 재갈을 물리고 모든 표현의 자유가 가로막혀 있을 때 우리들은 밤새 하얀 전지에 글을 써서 교내의 대자보에 게시합니다. 그러면 등교하는 학생들이 그것을 보면서 세상 돌아가는 현실을 공감하게 한 시절이 있었습니다. 그때에는 독재의 서슬퍼런 폭력이 두려워 숨어서 대자보를 썼지만 지금은 그 반대의 경우가 더 많은 것 같습니다. 밝고 투명함이 두려워 숨어서 글을 쓰는 사람들이 익명성을 탐하기 때문입니다. 정신병리학에서 정신병을 정의할 때 본래 자신이 아닌 다른 자아를 가진 사람이라고 표현합니다. 다중인격도 이에 포함됩니다. 평상시에는 멀쩡한 사람이 술만 들어가면 완전히 다른 사람이 되는 경우를 우리는 종종 봅니다. 직접 만나면 점잖은 사람이 컴퓨터 앞에만 앉으면 또 다른 인격의 소유자가 되어 버립니다. 인터넷은 아직은 우리 사회에 단점보단 더 많은 장점을 제공해 왔다고 봅니다. 언론의 독점이 사라지게 되는 결정적 장점이 있습니다. 반면 사람 사이의 불신의 증대가 있습니다.

인터넷 실명제가 사회적 현안이 되어 있는 지금 우리는 좀더 냉정히 생각해 볼 때가 된 것 같습니다. 옛날 공중화장실의 낙서만도 못한 사회적 기능을 가진 인터넷의 증오와 거짓의 날 선 글들을 어떻게 해야 할까? 혹시 당신도 사람들을 직접 만날 때에는 지킬 박사가 되었다가 인터넷에만 앉으면 하이드씨가 되지는 않습니까? '지킬 박사와 하이드씨!' 이 일을 어떻게 할까요?

2005년 11월 셋째 주 월요일 아침에

…7

네비게이션

사람이 길을 떠날 때엔 내가 지금 어디 있는지 그리고 어디로 가야 하는지가 가장 알아야 하고 알고 싶은 일일 것입니다. 그 길이 초행길이거나 캄캄한 밤중이라면 더욱 그럴 것입니다. 요즈음 웬만한 운전자는 이런 길 안내를 위한 '네비게이션'을 달고 다닙니다. 원래 말뜻은 '항해', '항해술'을 뜻하는 단어였으나 이제는 상품명이 되어 버렸습니다. 저도 이것을 달고 다니는데 초행길이나 시내 운전에 여간 편리한 게 아닙니다. 과속카메라가 있는 곳도 정확히 알려주고 지상파 방송도 시청할 수 있기도 합니다. 이제 며칠 후면 DMB 시스템의 상용화로 100 km/h로 달리는 자동차 안에서도 흔들리지 않는 화면을 볼 수가 있다고 합니다. 그런데 네비게이션이 아무리 편리해도 새로 생긴 도로에 대해서는 '깜깜이'였습니다. 하루가 다르게 신설도로, 이면도로 등이 생겨나 자칫 네비게이션이 가라는 대로 가면 엉뚱한 곳으로 가거나 빙빙 돌아 약속장소에 늦게 가기 십상입니다. 자신이 있는 곳은 위성을 통한 위치 제공을 받지만 구체적 도로 안내는 사전에 입력된 정보에 의하기 때문이라고 합니다. 운전자는 새로 생긴 도로를 알고 가로질러 지름길로 가는데 네비게이션이란 놈은 연신 "좌회전입니다. 우회전입니다. 500 m 앞 U턴입니다."를 외치며(?) 자신에게 입력된 정보만을 되뇝니다. 아직은 자동차용 네비게이션 기능의 한계인 모양입니다. 아마 시간이 지나면 자신이 타고 있는 차량의 위치만이 아니라 신설된 도로를 포함한 지형지물을 실시간 사진으로 제공할 날도 멀지 않을 듯 합니다. 내가 어디에 있는지 또 어디로 가야 하는지 비단 운전자만의 관심사는 아닐 것입니다. 7~80년의 인생길을 가면서도 우리는 매 순간 이 질문에 봉착하고 있습니다. '나는 지금 어디에 있는가? 어디로 가고 있는가?' 아무리 과학이 발달해도 아무리 정보가 많아도 사람들은 더더욱 복잡한 세상을 헤쳐 나가야 하는 것 같습니다. '나의 뇌' 라는 네비게이션보다 훨씬 변화가 빠른 세상을 사노라면 마치 구형 네비게이션을 장착하고 신도시를 찾아가는 기분입니다. 사람들은 수많은 종교를 자신의 네비게이션으로 삼고 있기도 합니다. 어떤 이는 이념을 신봉합니다. 어떤 이는 돈을 가장 확실한 가이드라고 생각합니다. 경우는 다양하겠지만 종교 + 이념 + 돈을 적당히 섞어서 자신만의 안전한(?) 운행을 도모하는 사람들도 적지 않습니다. 그 때문에 우리는 자신만의 길안내를 되뇌는 네비게이션들을 너무 자주 봅니다. 상대방의 처지는 아랑곳하지 않습니다. 이미 자신에게 입력된 생각으로만 외칩니다. 세상은 이미 저만치 나아가고 있는데, '좌회전하시오. 우회전하시오. 심지어는 U턴하시오' 라며 종용합니다. 자신이 알고 있는 길만이 유일한 길이라고 목소리를 높입니다. 문제는 거기서 그치지 않습니다. 자신이 가리키는 곳으로 가지 않으면 덫을 놓고 엉뚱한 표지판으로 현혹하고 때로는 길을 가로 막습니다. 더 많고 복잡한 길을 만들어 놓고 수 없는 정보를 제공하면서 최단거리를 소리 높여 외칩니다. 몇 년 전 희망봉엘 간 적이 있습니다. 리스본 항을 떠나 바스코다가마의 배가 도착한 희망봉 앞바다를 바라보면서 4~500년 전 무동력선으로 그 험한 바다를 헤쳐 온 그들에게 저절로 경의를 표하지 않을 수 없었습니다. 마젤란, 콜럼버스, 바스코다가마. 그들이 믿었던 것은 지구는 둥글다. 그리고 자신이 가지고 있는 나침반은 언제나 N극과 S극을 향한다는 굳은 믿음밖에 없었을 것입니다.

오늘 당신은 어떤 믿음이 있습니까?

그리고 언제나 변함없는 나침반을 가지고 있습니까?

우리는 지금 어디에 서 있으며 어디로 가고 있는 것입니까?

여러분 인생길의 참다운 네비게이션을 찾는 한 주일 되시기 바랍니다.

2005년 11월 마지막 주 월요일 아침에

▲ 남아프리카 희망봉에서

8...

부부가 사랑하면 아이는 절로 큰다.

수능시험이 끝났습니다. 성적 발표를 앞두고 있는 자녀들은 부모와 함께 어느 대학을 갈 것인지 온갖 궁리를 합니다. 또 다른 자녀들은 기말고사로 연일 씨름을 합니다. 엄마, 아빠는 무엇이 바쁜지 정신 없이 다니다가 저녁 늦게야 집에 들어옵니다. 아이 한둘 키우기가 여간 힘든 게 아닙니다. 농경시대처럼 가업을 잇는 사람만 키우면 되는 사회에서는 가정이 교육의 대부분을 차지 했었습니다. 집안의 질서를 배우고 농사일을 배우고 마을의 대소사를 배우면 되었습니다. 그러나 지금은 가업을 잇거나 '가문의 영광'을 위한 교육은 없습니다. 정보기술사회에서 살아남기 위한 경쟁력을 최우선으로 합니다. 그럼에도 가정은 여전히 아이들 교육의 대부분의 짐을 지고 있습니다. 한국 교육이 많은 문제점을 가지고 있는 근본적 원인이 바로 여기에 있습니다. 국민교육헌장 시절은 국민교육, 즉 국가가 원하는 사람을 길러냈습니다. 이 때 가정은 아이들을 밥 먹이고 옷 입혀 학교만 보내면 되었습니다. 그런 전체주의적인 근대 산업사회가 정보기술사회로 변화하면서 국민교육체제는 더 이상 쓸모 없게 되었습니다. 국민교육 시대의 입시제도와 정보지식교육 시대와의 불협화음이 우리 교육의 근본적 갈등 구조인 것입니다. 그 불협화음의 스트레스를 가정이 모두 떠안고 있는 것입니다. 좀 능력이 되는 사람들은 기러기 아빠가 되어서라도 외국으로 아이들을 보내고 강남으로 강남으로 줄을 서고 있는 것입니다. 우리 교육은 하루빨리 변화된 사회에 맞는 시스템을 만들지 않으면 우리 가정이 갖는 부담과 스트레스는 점점 커질 것입니다. 새로운 시스템은 정치의 영역이지만 과도기적 부담은 고스란히 가정의 몫이 됩니다. 이는 곧바로 출산율 저하로 이어지는 사회적 이유가 되는 것입니다.

말 많던 사학법이 개정되었지만 시끄러운 것에 비해 효과는 별로 없을 것이라 생각합니다. 왜냐하면 문제의 근원이 그곳에 있지 않기 때문입니다. 세상이 어떻게 변화되어가든 자녀 교육의 출발선은 부부입니다. 자녀교육의 시작이고 끝이 곧 부부의 삶이기도 합니다. 이는 자신을 복제하는 생물학적 본능이고 사회적 의무이기도 합니다. 농경사회에서는 할아버지, 할머니 그리고 부모 자녀들이라는 오래된 전통과 인습이 교육의 중요한 준거였습니다. 지금은 그러한 준거가 없습니다. 자녀를 어떻게 키워야 하는지 명확한 像이 없습니다. 부부가 가장 알아야 할 일이 이것이 아닌가 싶습니다. '당신은 어떤 아이를 원합니까?' 건강하고 공부 잘하고 대인관계 잘하고 어디에서나 잘 적응하며 행복하게 잘 살 수 있는 아이를 원하십니까? 그렇다면 서로 사랑하십시오. 밥상 위에 맛있는 것이 있으면 아이부터 주지 마십시오. 아빠 먼저 드리고 아빠는 반찬 투정하지 말고 "엄마도 같이 와서 드시자고 해라"라고 말하십시오. 아이는 정서적 안정감이 무엇보다 중요합니다. 세상이 변화가 심하고 경쟁이 심할수록 안정감 있는 환경이 필요합니다. 어떤 엄마가 아이와 밥을 먹으면서 하는 말을 들었습니다. "내가 얼마나 널 위해 신경쓰는데, 그래 성적이 그렇게 나왔니. 속상해서 원… 다른 아이들보다 엄마만큼 너한테 신경쓰는 사람이 어디 있는지 알아?" 아이는 꾸역꾸역 밥만 먹을 따름이었습니다. 봄이 오면 따뜻한 바람이 불고 비가 옵니다. 땅은 풀리고 천지의 기운이 조화로우며 땅 위의 만물은 저마다 힘껏 자랍니다. 가을바람이 불고 겨울이 오면 그 성장은 멈

춥니다. 서로 사랑하십시오. 그 사랑을 아이에게 보여 주십시오. 그것이 교육의 알파(α)요 오메가(Ω)입니다. 사학법 개정으로 온통 추한 모습을 다 보았습니다. 사회교육의 시스템을 바꾸는 진통이라 생각합니다. 반드시 해야 할 일이기도 합니다. 그러나 사회가 아무리 변해도 교육의 시작과 끝은 부부입니다. 여야가 진정 나라를 사랑하면 국민은 절로 일합니다. 남북이 진정 화해하면 민족은 절로 부흥합니다. 부부가 진정 사랑하면 아이는 절로 큽니다. 아이는 그 부부의 진위논쟁도 필요 없는 복제품 이상도 이하도 아닙니다.

2005년 12월 둘째 주 월요일 아침에

▲ 다락대 사격장

...9

일년

우리가 생활하면서 느끼는 실질적인 시간의 주기 중 가장 긴 것은 1년이라는 시간일 것입니다. 국가재정 회계부터, 배우는 학생의 학년 등 우리는 1년을 단위로 살아갑니다. 그 1년 안에는 우주의 운행에 관한 모든 이치와 비밀이 담겨 있습니다. 春夏秋冬이 있고 사람들이 만들어가는 역사가 있습니다. 사람마다 죽을 때까지 몇 번의 1년을 맞이하느냐는 다르지만 누구나 꼭 1년씩 모아서 일생을 만드는 것에서는 똑같습니다. 지구가 태양 주위를 돌든, 태양이 지구 주위를 돌든 하루와 일년은 그 운행에 있어서 연속선상이고 동일합니다. 하루 24시간 짧은 시간 안에도 春夏秋冬이 있습니다. 지구라는 생명체의 하루는 1년일지도 모릅니다. 그렇게 지구의 생명체와 태양과의 관계에는 필연적인 생명의 주기가 만들어지는 것입니다. 그런데 하루와 1년의 필연적 주기 속에 일주일이라는 주기가 있습니다. 왜 7일을 단위로 우리는 삶을 엮어갈까? 하루, 일주일, 한 달, 일 년의 주기 중 유일하게 인위적인 아니 기독교의 창세기를 빌더라도 神爲적인 주기가 일주일입니다. Sunday, Monday, Tuesday, Wednesday, Thursday, Friday, Saturday, 日, 月, 火, 水, 木, 金, 土 이렇게 명칭된 일주일! 우리의 생체주기와도 일치된 듯한 주기가 된 일주일이 우리의 삶을 엮고 있습니다. 매주 월요일 아침이면 그날 떠오르는 느낌 그대로 두서없이 적어 보았습니다. 단 한 주도 거르지 않고 오늘 쉰 두 번째 편지를 쓰고 있습니다. 지난 1년 참으로 힘겹고 많은 걸 배운 한 해였습니다. 저뿐만 아니라 이 나라 모든 사람들이 얼마나 힘겹게 살았는지 모릅니다. 그 힘겨움이 꼭 물질적 어려움만은 아닌 듯 합니다. 왜 이리 미워하고 갈등하는지 지난 1년의 편지를 되돌아보아도 미움과 갈등에 관한 글 뿐이었던 것 같습니다. 그 중에서도 단연 이념으로 인한 미움과 갈등은 우리를 좌절하게 할 만큼 커지고 있습니다. 이성이 존재할 수 없는 사회, 이해와 용서가 곧 패배가 되는 사회, 아니 엄밀히 말해서 적이 필요한 사회가 아직은 대한민국입니다. 심지어 사랑과 용서를 최고의 계명으로 여기는 기독교인들도 대부분 적대의식에 사로잡혀 살고 있거든요. 누군가를 적대함으로 자신의 정체성을 확인하는 사회는 분명 살기 힘든 사회입니다. 분단이 그것을 지속 확대 시켜주는 우리의 현실이 바로 오늘이 아닐까 합니다. 우리의 의사와는 무관하게 전쟁이 일어날 수도 있고 유예될 수도 있으니 마치 우리의 의사와 관계없이 하루가 가고 1년이 가는 것과 다를 바 없는 것 같습니다. 복잡한 것 같지만 한치의 오차도 없이 운행되는 우주의 질서처럼, 많은 사람들의 생사고락을 씨줄과 날줄로 엮어가는 역사 또한 우연은 아니라는 깨달음을 얼핏 느낄 것만 같은 아침입니다. 나는 이제 그 운행의 깊은 내면의 소리에 귀 기울일 것입니다. 대지 위를 굴러가는 고단한 수레바퀴처럼 그렇게 지구를 더듬고 살고 있는 자신을 돌아보면서 말입니다. 지난 1년 동안 숱한 일이 있었지만 아무도 그걸 기억하지 않습니다. 우리는 듣지 못하지만 지구는 묵묵히 또 다른 1년을 향해 굉음을 내며 돌아갑니다. 나의 의사와는 무관하게 의원직을 내놓고 살아온 1년은 처음 썼던 월요편지처럼 새로운 시작을 위한 준비기간이었습니다. 이제 또 다른 10년의 2년째가 시작되는 월요일 아침입니다. 방금 친구의 아버님께서 돌아가셨다고 전화가 왔습니다. 어떤 죽음이 가장 아름답고 값진 죽음일까? 저는 이렇게 생각합니다. 억울한 죽음이라고 말입니다. 마치 예수처럼…

사람들은 자랑스럽게 죽으려고 발버둥치지만 늘 초라한 죽음을 직면하게 되거든요. 여러분에게 주어진 시간은 결국 죽음을 향해 달려가고 있습니다. 몇 번의 일년이 남아 있습니까? 몇 번이나 보름달을 볼 수 있습니까? 몇 번의 월요일 아침을 맞이할 수 있습니까? 오늘 하루 당신의 1년을 구성하는 최소 단위, 그러나 완전한 단위 이 하루! 미움보다는 사랑으로 살기를 원합니다. 이 하루를 완전하게 산다면 당신의 삶은 완전할 것입니다. 저도 이제부터는 남을 미워하는 글은 쓰지 않으렵니다. 비록 정치적인 글이라 할 지라도 말입니다. 또 한번의 새로운 시작을 이런 마음으로 하려 합니다.

2006년 6월 마지막 주 월요일 아침에

10...

파우스트가 된 386

열린우리당과 대통령의 지지율이 한자리 수 이하로 떨어질 듯 합니다. 아니 지지율이라는 말 자체가 의미 없이 들리기도 합니다. 작통권이 금방 나라를 망하게라도 할 듯 난리더니 이젠 '바다이야기' 속으로 빠져 버리고 말았습니다. 참여정부가 출범하면서 내놓았던 많은 개혁구상들이 일찍이 몇몇 소장 교수들의 탁상공론이었음이 증명되었고, 이로 인해 곤두박질한 인기를 만회해보려고 새만금을 비롯한 국책사업을 지지자들의 가슴에 못을 박으면서까지 추진했지만 별무효과였습니다. 오히려 정치적 반대자들은 이익을 보면서도 조롱을 하고 지자들은 아무 말없이 돌아서고 말았습니다. 게임산업 육성 운운하며 재기 발랄한 사람들이 기어코 사고를 쳤습니다. 현 정권 최대의 게이트라고 하는 야당과 그저 정책적 오류였다는 대통령과의 한판 싸움이 당분간 지속될 듯 합니다. 그러나 이 싸움도 이미 노무현 정부의 패배로 끝이 났습니다. 진 싸움을 할 수 밖에 없는 슬픔이 우리를 더욱 답답하게 할 뿐입니다. 여당과 정부는 완전히 중심을 잃었습니다. 왜냐하면 지지자를 잃었기 때문입니다. 현 정권의 지지자가 누구였습니까? 군부독재도 못하던 도박산업의 대중화를 해낸 참여정부와 파우스트가 오버랩 되는 것은 지나친 비약일까? 신학, 법학, 철학, 의학, 모든 학문을 탐구해도 마음의 평안을 얻지 못한 파우스트가 절망한 나머지 독배의 잔을 듭니다. 부활절 종소리와 함께 찾아온 메피스토텔레스의 유혹은 파우스트를 온갖 욕망이 넘실대는 바다로 이끌어 갑니다. 악마 메피스토텔레스에게 영혼을 저당 잡힌 파우스트는 급기야 향락이란 사람을 천하게 만들 뿐이며 사랑도 한낱 허망한 꿈이라면서 황제로부터 황무지를 얻어 개간사업을 하면서 이상국의 꿈에 빠져듭니다. 파우스트가 되어버린 현 정권은 지금은 지지자도 반대자도 원망하기에 바쁠 것입니다. 자신의 진정성을 이해해 주지 않는 지지자들이 야속하고 그렇게 원하는대로 다 해주었는데도 철저히 짓밟는 반대자들의 냉혹함이 미웁다 못해 두렵기까지 할지도 모릅니다. 검찰과 법원을 제외하고 요소요소에 386들이 들어갔습니다. 물론 그들은 그저 자리나 하나 얻으러 갔는지 모르지만 사람들은 그것을 人事라고 합니다. 애초부터 정부나 기업 등 기득권 층은 현 정권을 마음으로부터 인정하지 않은 것은 다 아는 사실입니다. 그러나 어쩌랴 주어진 헌법의 임기가 있는 것을. 기업인, 관료들과 밥 한끼 술 한잔하며 하루하루 부대끼다 보니 어느새 한 뜻이 되었던 모양입니다. 그 어디에도 지난날 아스팔트를 달리며 외치던 기상은 찾을 수 없고 원칙과 상식은 장식품으로 전락한지 오래 되었습니다. 관료들보다 더 관료다운 언행에 기업인보다 더 이윤을 탐하는 듯한 '애국심' 이 놀라운 변신이라면 변신일 뿐입니다. 경기가 죽어버린 지방 읍면의 골목에까지 '바다이야기' 를 속삭여 주는 것 빼고는 아무 소리도 들리지 않습니다. 그러나 이상국 건설의 꿈에 젖은 파우스트는 눈까지 멀었으나 마음엔 환희가 넘치고 평안을 느끼며 죽어갑니다. 이때 메피스트는 파우스트의 영혼을 데려가려고 합니다. 그러나 착한 그레트헨의 기도에 힘입어 파우스트의 영혼은 구원을 얻게 됩니다. 누가 저 음침한 사망의 골짜기를 헤메는 파우스트를 구할 것인가? 우리 모두는 지난 몇 년간 파우스트가 되었습니다. 모든 학문에 기대를 걸었으나 좌절하고 죽어가던 찰나 부활의 종소리에 다시 삶의 애착을 느끼고 푼돈에 자신들의 영혼을 팔기도 하고 허망한 투쟁에 결기를 세우기도

하고 '바다이야기' 에 밤새는 줄 모르고 빠져 보기도 하면서 살아 왔습니다. 파우스트의 운명처럼 되어 버린 386의 운명 앞에 누가 간절한 기도를 올리는 그레트헨이 될 것입니까? 여러분의 간절한 기도가 필요한 한 주일입니다.

2006년 8월 21일

...11

나의 중국어 학습기 – 병음과 훈민정음

중국 운남성 운남대학 근처에 숙소를 정하고 중국어 연수과정 1년을 시작했을 당시, 처음에는 학교와 숙소를 오고 가는 것 이외에는 혼자서 아무데도 갈 수 없었습니다. 걸어서 되돌아올 수 있는 거리가 혼자 할 수 있는 행동반경이었습니다. 입은 있어도 말을 할 수 없는 이국인의 불편함은 중국어 학습을 더 열심히 하게끔 하는 요인이 되었습니다. 그리고 한국어가 아무 소용없다는 것도 결정적인 환경이었습니다.

중국어를 배울 때 처음 병음이라는 것을 배우는데 병음은 중국한자의 발음기호입니다. 중국어를 배운다는 것은 중국의 한자를 읽고 쓸 줄 안다는 것을 의미합니다. 你好!는 「ni hao」로 표시하며 「니 하오」로 읽습니다. 중국한한자와는 많은 차이가 있지만 우리의 한자실력이면 이미 상당한 선행학습이 이루어진 것입니다. 병음과 한자 간의 관계를 이해하고 성조를 익히면 기본회화를 할 수 있게 됩니다. 병음은 거대한 중국의 언어를 통일하는 절체절명의 필요에 의해 만들어진 로마자 한자표기법입니다. 平安은 「ping an」「평안」으로 읽는데 이때 「ping an」이 平安을 읽는 약속의 기호 병음입니다. 여기서 우리는 중국어가 훈민정음을 만들었던 동기와 같다는 사실을 발견하게 되었습니다. 平安은 「평안」으로 읽자고 약속한 기호가 곧 훈민정음인 것입니다.

한글은 못내는 소리가 없을 정도로 훌륭한 문자입니다. 훈민정음 창제이전까지 모든 책은 한문으로 되어 있었습니다. 이를 읽는데 어찌 읽어야 하며, 소통해야 하는지 답답하지 않을 수 없었습니다. 일부 지식인들은 중국어로 말하고 쓰면 되겠지만 그야말로 어린 백성은 어찌한단 말입니까? 우리말이 중국어와 서로 같지 않고 문자는 한자를 쓰는 현실을 더 이상 외면하다가는 조선은 만주의 거란족처럼 될 수밖에 없었다는 것을 당시의 선각자들은 깨닫고 절묘한 병음, 즉 훈민정음을 만들게 되었습니다.

중국어를 배우면서 이런 생각을 했습니다. 훈민정음을 만들었을 때 세종대왕이 중국황제에게 사신을 보내서 우리가 중국의 천하를 통일할 병음을 만들어왔으니 부디 사용해달라고 했다면, 그래서 중국황제의 칙령으로 "모든 한자의 표기는 훈민정음으로 한다"고 했다면 중국은 지금의 로마자 병음 대신 한글병음을 사용했을텐데… 하는 상상을 해보았습니다.

지금 중국어는 컴퓨터나 휴대전화 문자메시지를 보낼 때 반드시 병음을 치고 한자변환을 해야 합니다. 우리의 한글로 보내는 속도보다 얼마나 느릴 수밖에 없는지는 설명이 필요없을 것입니다. 예를 들어 "안녕!"이라는 문자를 보내고 싶을 때 휴대폰 자판(중국의 휴대폰은 모두 영어 알파벳으로 되어 있음)에 ni를 치면 '니'에 해당하는 여러 개의 한자가 뜨고 '你'를 선택하여 확인을 누르고, 다시 hao도 마찬가지 방식으로 '好'를 선택하여 확인을 눌러야 합니다. 이렇게 복잡한 방법으로 문자를 보내야 하니 얼마나 불편하겠습니까? 그렇다고 5만여 한자를 모두 자판에서 찾을 수가 없고 부수별로 찾기도 여간 어려운 일이 아닙니다.

중국어를 배우면서 100년 아니 50년 후쯤 중국에서는 병음과 한자를 혼용하자는 주장이 나올지도 모릅니다. 「ni hao」를 그냥 쓰는 것입니다. 굳이 한자로 변환시키지 않고 말입니다. '안녕'을 굳이 한자로 쓰지 않아도 우리가 아무 불편 없듯이 「ni hao」를 쓰는 것도 마찬가지라는 것입니다. 이때 훈민정음을 명나라 황제가 사용했다면 중국도 한자와 한글을 혼용하는 시대를 지나 한글만 사용해도 되는 시대가 되었을텐데… 하는 신나는 상상을 또 한번 하게 됩니다.

일본은 가타카나, 히라가나만으로는 그들의 언어를 다 표현할 수 없습니다. 그것이 한글의 우수성을 비교 설명할 수 있는 가장 결정적인 대목이기도 합니다. 문자가 없는 인도네시아의 한 종족이 그들의 언어를 한글로 표기하기로 했다는 것은 참으로 고무적인 일입니다. 마치 「아이 엠 어 스튜던트」처럼 말입니다. 「na nun haksaeng ida」보다는 낫지 않을까요?

중국어를 배우면서 우리의 한글 자모체계는 참으로 대단한 과학성을 가지고 있다는 사실을 새삼 깨달았습니다. 한국을 한국적이게 한 몇 가지를 들라면 그 중 단연 한글이 머리에 놓일 것입니다. 한글날이 국경일 중에 국경일인 것은 당연하고 공휴일은 더 말할 것도 없고, 한글의 세계화는 세계인을 위해서도 의미있는 일이 될 것입니다. 한글이 세계인의 병음이 되는 그 날을 또 한번 상상해 봅니다.

이렇게 배운 중국어가 이제는 아무 불편없이 중국여행을 할 수 있을 만큼의 수준이 되었습니다. 영어를 배우면서는 한글이 우수하다는 사실을 알지 못했습니다. 차라리 영어권의 나라였으면 영어를 배우는 고통도 없었으련만 하는 치기어린 불평을 한 적도 있었습니다. 그러나 중국어를 배우면서는 한글의 소중함을 알게 되었고, 한글의 대단함을 알게 되었습니다. 정보화시대를 위해 준비된 문자, 한글을 아끼고 사랑합시다!

2009년 10월 12일 경기북도 한탄강가에서 이철우

12...

세모의 기도

언제나 나의 힘이 되시는 주님! 우리의 간절한 부르짖음에 귀 기울이시는 주님! 주께서 예정해 놓으신 한 해가 저물고 있습니다. 이 땅 전체가 갈 곳을 몰라 방황하며 흔들거리고 있습니다. 수많은 미움과 혼돈은 다시 해를 넘기게 되었습니다. 하루하루의 행복과 보람보다는 불투명한 미래에 대한 준비에 주께서 주신 귀한 오늘을 희생해야 하는 어리석음이 지난 한 해가 아니었나 뒤돌아 보게 됩니다. 주님 앞에 맹세컨대 상대 후보를 비방치 않았노라 강변하여도, 산 위에 올라 목놓아 부르짖어도 세상의 판결은 정반대였습니다. 하지만 주님을 단 한 순간도 원망치 않았습니다. 판결 이후 따르던 사람들이 제 갈 길로 흩어질 때에도 그들을 탓하지 않았습니다. 절대 그 말을 하지 않았음에도 이렇게 만든 주님의 깊은 마음을 아직도 헤아리고 있을 뿐입니다. 그리고 한때 짧게나마 국회의원이었다는 헛된 생각을 하루빨리 잊게 해주십시오. 이제 지난 시간 나에게 주어졌던 모든 일들을 통해 새롭게 관계를 만들도록 이끌어 주십시오. 너무도 많은 교훈을 지난 1년 동안 저에게 주신 놀라운 은총에 감사 드립니다. 주님이 허락치 않은 일은 어떤 노력도 물거품이 되며 주님께서 이루시려 하면 어떤 난관도 순풍이 됩니다. 이제 그 뜻에 순종하며 살아가는 지혜를 갖게 해 주십시오. 아직도 이 땅은 한치 앞을 볼 수 없는 안

개에 휩싸여 있습니다. 부질없는 이념에 얽매여 남북은 60년을 넘게 갈등하고 있습니다. 그 갈등을 자신의 잇속을 위해 부추기는 죄악도 있으며 그 죄악을 자신도 모르면서 확신에 찬 애국이라 부르짖는 어리석음도 헤아려 주십시오. 노예제의 폐지는 남북전쟁의 뿌리였습니다. 노예제를 놔두고는 미국의 발전과 내일은 없었습니다. 이처럼 우리의 남북도 마찬가지입니다. 흑인의 자유로운 노동이 미국의 자본주의를 꽃피웠듯이 남북의 자유로운 통일은 세계인들의 자유를 확장시켜 줄 것입니다. 특히 기독교인들에게 사랑의 마음을 갖게 해 주십시오. 그리스도의 이름으로 동족을 증오하는 어리석음이 안타깝기만 합니다. 북녘 땅에도 하나님의 크고 놀라운 섭리를 알도록 지금도 역사하시는 주님! 자신의 욕심을 위해 주님을 앞세우는 남쪽의 기독인들도 깨우쳐 주십시오. 기독인들이 속세의 최고 기득권자가 되어 그의 행위가 반기독인이 되어가는 이땅의 현실을 누가 주님께 고하겠습니까? 그들에게 진정한 사랑을 깨닫게 해 주십시오. 강대국들은 그들의 이익을 위해 우리를 에워싸고 대결하고 있습니다. 만유의 주재가 되시고 모든 행위의 조정자가 되시는 주님! 이 땅을 통해 드러내고자 하는 큰 뜻을 우리가 알게 해 주십시오. 지난 한해 우리는 세상의 헛된 욕심이 얼마나 우리를 불행하게 하는가 절실히 느꼈습니다. 거짓은 결국 드러나게 되어 있다는 믿음도 더욱 커졌습니다. 많은 백성들이 기쁨으로 일할 수 있는 나라, 작은 것 하나라도 나눌 수 있는 사랑이 넘치는 나라가 진정 우리가 바라는 나라라는 것을 절실히 느낀 한 해였습니다. 그 깨달음을 주신 주님께 감사드립니다.

아직도 서로의 잘못을 징치(경계하여 다스림)하기에 여념이 없지만 하루속히 빈 마음으로 돌아갈 수 있도록 도와 주십시오. 지난 한 해 세상 일로는 억울한 것도 많았지만 나를 통해 억울함을 입은 사람이 있다면 아량이 넓으신 주께서 신원하여 주십시오. 부족한 저의 욕심으로 인해 많은 사람을 힘들게 하였습니다. 모든 것에 풍족한 주께서 위로하고 채워 주십시오. 곤경에 처한 저를 오히려 따뜻한 마음으로 위로하고 감싸준 주님의 사람들에게 더 큰 은혜와 힘을 주십시오.

과학이 아무리 발달하고 주께서 만드신 섭리를 판단하려는 이성이 날카롭다 해도 주님의 섭리 안에서 겸손치 않으면 모두가 헛되고 헛된 일이라는 것을 깨닫게 해 주십시오. 그것을 깨닫는 것이 지혜라는 것을 알게 해 주십시오. 줄기세포가 우리의 생명을 치유하는 것이 아니라 그 생명의 섭리를 알고 그 주재자의 사랑을 이웃과 나누는 것이 곧 치유라는 사실을 알게 해 주십시오. 이제 한 해가 저물고 있습니다. 주께서 이 민족에게 주신 크나큰 사명을 깨닫는 한 해가 되었습니다. 좁은 땅덩이에서 좁은 제 잇속만을 위해 발버둥 치는 어리석음을 발견하는 세모가 되게 해 주십시오. 대통령 이하 백성들에 이르기까지 서로를 용서하고 용납하는 훈훈한 세모가 되길 간절히 원합니다. 지난 한 해 우리 사회는 '미움' 이었습니다. 그 미움의 뿌리는 욕심이고 그 욕심은 남북의 갈등으로 지켜집니다. 새해에는 이 큰 미움의 실타래가 풀려지게 해 주십시오. 이를 위해 간절히 기도하는 백성이 되길 원합니다. 지난 한 해 동안 어지러운 세상을 헤쳐온 이웃들에게 주신 변함없는 주님의 사랑을 감사드립니다. 그들의 놀라운 인내와 사랑이 결국 주님의 뜻이며 그 뜻이 이 땅에 펼쳐지는 새로운 한 해가 되길 기도합니다. 우리에게 희망의 새해를 준비해 놓으신 주님께 감사드리며 부족한 마음을 모아 기도 드렸습니다.

2005년 마지막 주 월요일 아침에

...13

배신당하지 않는 법

난생 처음 결혼식 주례를 서게 되었습니다. 새로운 부부가 태어나는데 제가 주관하여 예식을 치른다고 생각하니 떨리기도 하고 참 많은 생각이 떠올랐습니다. 국회의사당에서 국무총리와 장관들에게 국정질의를 할 때도 떨리지 않았는데, 저 지금 떨고 있습니다. 가만히 생각해 보세요. 부부란 얼마나 대단한 관계인지요. 남녀가 하나 되는 사건이야말로 모든 일의 시작이기 때문입니다. 아이가 생기고 그 아이를 기르고, 그 아이들이 커서 또 아이를 낳고 그렇게 가정이 되고 마을이 되고 세계가 되고 세계가 되고 온 우주가 되는 것입니다. 부부가 된다는 것—여기에 세상사의 모든 것이 담겨있습니다. 이번에 주례를 보게 되는 신랑신부에게 제가 숙제를 하나씩 주었습니다. 각자 A4 용지에 결혼하면 남편은 아내에게, 아내는 남편에게 꼭 지키고 살아야 할 10가지씩을 적어 보내라고 했습니다. 예식 중에 혼인 서약이라는 순서가 있는데 그냥 형식적으로 주례자에게 "네"라고 대답만 하는 것은 의미가 적다 싶어 서로가 마음으로 쓴 서약서를 교환해 주고자 해서였습니다. 신랑이 먼저 숙제를 제출(?)했는데 맘에 드는 한 구절이 있는데 이런 내용입니다. "당신을 바라보는 이 눈빛, 변치 않겠습니다." 좀 간지럽나요? 사랑하는 젊은 남녀 그것도 결혼식을 앞둔 예비부부의 눈빛을 상상해 보십시오. 상대의 눈 속에 자신이 모두 들어가 있는 듯한 그 황홀한 느낌이 떠오르십니까? 세상을 살면서 사람들은 숱한 배신을 당하고 살 것입니다. 또 배신을 하기도 할 것입니다. 모든 것을 믿고 맡긴 사람으로부터의 배신은 참으로 우리를 어렵게 합니다. 정치하는 사람들의 배신은 더더욱 비일비재 한 것 같습니다. 지역의 모든 일을 맡겼더니 송두리째 배신을 하고 출마를 준비하는 사람이나 믿을 수 있는 사람이라 믿고 재판을 맡겼더니 오히려 나를 처벌해 달라고 탄원서를 내는 황당함을 정치라고 말하기에는 정치를 너무 모욕하는 것 같습니다. 그것은 정치 이전에 인간의 됨됨이의 문제가 아닐까 생각했습니다. "가장 무서운 것도 정치인이며 가장 더러운 것도 다시는 상종 못할 것도 정치인이다"라고 말하면서도 늘 정치에 관심을 가질 수 밖에 없는 우리 민족이 아니던가? 아무튼 그렇게 배신을 당하면서 배신하는 사람들의 공통점을 발견했습니다. 그들은 처음부터 눈길을 잘 주지 않거나 눈을 마주보며 이야기하지 않는다는 것입니다. 나중에야 깨닫게 된 사실입니다. 눈은 해부학적으로 밖으로 돌출된 '뇌'라고 합니다. 그러니까 눈을 보면 그 사람의 생각을 알 수 있는 것입니다. 누구에게나 양심은 있을테고요. 배신을 당하지 않는 법을 배우는 것이 현실정치가 아닌가 싶을 정도로 좀 우습기도 합니다. 그러나 정치라는 것이 이해관계의 조정이기도 하다면 별사람이 다 모이는 것이고 어쩌면 약삭 빠른 사람이 모이는 곳이기도 합니다. 이제 배신을 당하지 않는 방법 두 가지를 철저히 배신을 당해본 후에야 배우게 되었습니다. 그 하나는 자신을 과대 포장하지 말고 또 하나는 눈빛을 피하는 사람을 조심하라는 것입니다. 신랑이 저에게 보내온 부부십계명 중 "당신을 바라보는 이 눈빛 변치 않겠습니다"라는 말이 가슴에 와 닿는 것은 제가 처음으로 큰 배신을 당하고 나서인 것 같습니다. 자신을 과대포장 하지 말고 눈길을 피하는 사람을 쓰지 말아야겠다고 참 많이 생각했습니다. 오랜만에 온 가족이 모여 설 연휴를 보냈습니다. 서로의 눈을 마주보며 밤새 정담을 나누었습니다. 갓 백일을 지난 막내동생의 아들과 얼마나 눈을 많이 마주쳤는지 모릅니다. 여러분! 눈을 보며 대하세요. 그러면 배신을 당하지 않습니다. 그리고 행복해집니다.

2006년 1월 마지막 주 월요일

14...

댓글로 본 인간 유형

인터넷이 의사 형성 교환 결정의 중요한 장이 된 것은 아마 새로운 문명을 만드는 사건으로 기록될 것입니다. 네티즌의 의견이라고 표현되는 '댓글' 이 바로 신종 여론의 큰 부분을 차지합니다. 의식적이든 우연한 사건이든 다양한 의견과 사회현상에 대하여 신기에 가까울 정도의 기발한 의견과 찬반의 의견들이 쏟아져 나옵니다. 인터넷 매체에 댓글을 달기보다는 주로 자신의 의견을 글로 쓰는 저는 댓글에 대해 누구보다 민감하기도 합니다. 각종 site에 올라오는 댓글들을 보면 크게 네 가지 유형이 있습니다. 첫 번째 유형의 사람은 글을 읽어보지도 않고 찬성이든 반대든 댓글을 다는 사람입니다. 이런 유형은 모든 사안에 자신의 입장이 고정되어 있습니다. 정치적으로는 극단적으로 이념적인 사람들입니다. 극단적인 수구 반공이든가 아니면 그 반대겠지요. 이들의 댓글은 90% 이상이 소위 악플의 경향을 가집니다. 이들은 글쓴이의 의도는 중요하지 않습니다. 어떠한 사건의 본말에는 관심이 없습니다. 이들은 글쓴이가 누구인지, 사건의 주인공이 누구인지 그것에만 관심이 있습니다. 자신이 가지고 있는 기존 정보에 의존한 선입견으로, 글쓴이가 사건의 주인공이 자신의 편이면 옹호를, 아니면 이유 없이 '악플' 이 나갑니다. 글의 앞

뒤를 자르고 말꼬리를 잡거나 사건의 본말이 없이 드러난 현상만으로 매도하기 일쑤입니다. 심지어는 아예 글을 쓰지 말라고 강요하기도 합니다. 이들의 글은 거의 저주에 가깝습니다. 그런데 이런 댓글이 각종 site의 대부분을 차지한다는데 그 위험성이 있습니다. 그만큼 우리 사회에 극단적 이념의 노예들이 많다는 것입니다. 이들은 그 숫자보다 몇 배는 더 많아 보이도록 노력하기도 합니다. 우리 사회의 증오의 생산자들입니다. 두 번째 유형은 놀랍도록 분석적이고 객관적이려고 노력을 아끼지 않는 사람들입니다. 이들은 어떤 사안이든 자신이 관심이 있는 일이라면 전문가 수준의 의견을 댓글로 답니다. 이런 사람들은 많지 않지만 많은 도움이 되기도 합니다. 때로는 엉뚱한 논리를 펴는 사람도 있지만 그 성실성은 알아줘야 합니다. 이들은 진지해서 첫 번째 유형처럼 무례하지도 않습니다. 보통 어떤 일에 심취해 있는 사람들입니다. 그 숫자는 많지 않지만 여론 형성에 큰 역할을 하기도 합니다. 황우석 스캔들의 젊은 과학도들이 이런 역할을 하기도 했습니다. 세 번째 유형은 대세 추종형입니다. 그냥 화제가 되거나 뜨겁게 논쟁이 붙은 사안에 편승해서 댓글을 다는 사람들입니다. 이들은 주로 젊은 층에 많으며 인터넷이 생활화된 사람들이 많습니다. 주로 쇼킹한 사건에 몰려들어 엄청난 폭발력을 갖는 경우가 허다합니다. 인기 연예인이 죽으면 금새 추모사이트가 만들어지고 황우석 스캔들 같은 사건이 일어나면 처음에는 동정의 인파로 그 다음에는 분노와 배신감에 허탈한 인파로 이리 몰리고 저리 몰리는 모양이 되기도 합니다. 하지만 가장 많은 수를 차지합니다. 이들은 그만큼 순수하기도 합니다. 그리고 사회적 역동성이라는 측면에서 순기능을 가지고 있기도 합니다. 자칫 집단주의의 맹점인 전체주의의 위험성이 있기도 합니다. 마지막 네 번째 유형은 모든 것을 다 보고 있지만 의사표현을 하지 않는 사람들입니다. 이들은 바빠서 아니면, 의미를 못 느껴서 때로는 논란에 끼어들기 싫어서 그것도 아니면 무관심하거나 어떻게 되어도 좋다는 생각에서 등등 다양한 이유로 소위 '눈팅'이라는 것만 합니다. 그 숫자는 압도적으로 많겠지만 인터넷이라는 場에서는 아직 관객에 머

물러 있는 사람들입니다. 특히 익명성이 보장이 되지 않는 site에서는 이런 사람들이 거의 대부분을 차지합니다. 포천시청이라든지 각 지역의 site들은 쉽게 자신의 의견을 말하지 못합니다. 지역이 좁다 보니까 익명성이 보장되지 않아 괜히 오해를 받거나 비난이든 칭찬이든 모든 것이 부담스럽기 때문입니다. 익명성을 보장하면 극단적인 사람들의 증오가 넘쳐나고 실명으로 하면 포천시청 같은 썰렁한 인터넷 문화가 아직은 우리의 현실이고 우리 사회의 모습이기도 할 것입니다. 우리는 매일 아침 세 개의 'windows'를 엽니다. 자신의 집 창문, 컴퓨터의 창문, 그리고 마음의 창을 엽니다. 당신은 어떤 유형의 사람입니까? 단 한 번도 만나지 않거나 대화해 보지 않은 사람이 서로를 미워하는 것이 대부분입니다. 인터넷은 그것을 더욱 손쉽게 합니다. 모든 인간 관계가 나빠지는 것은 사람이 나쁜 것보다는 대화하지 않았기 때문이라는 생각을 해봅니다. 미워하기 전에 대화를 해보는 한 주일 되시길 바랍니다.

2006년 3월 20일

▲ 구라이 계곡

...15
선거는 김매기

선거는 잡초 같은 정치인을 솎아내는 것. 밭농사는 잡초와의 싸움이라고 해도 과언이 아닙니다. 씨를 뿌려 놓고 며칠이 지나면 온 밭에 잡초 싹이 돋아납니다. 요즘은 대부분 제초제를 사용하여 선택적으로 잡초만 제거하지만 과거에는 제초제를 쓰지 않고 호미 하나로 밭농사를 지었던 시절이 있었습니다. 애벌, 두벌, 세벌 김을 매야 수확을 할 수 있었습니다. 뜨거운 여름날 콩밭 매는 일이 얼마나 고되면 유행가 가사에도 베 적삼을 흠뻑 적시는 노동의 고됨을 노래했겠습니까? 곡식을 키우려고 거름을 내고 땅을 갈고 다듬어 놓으면 잡초는 더 먼저 기승을 부리며 올라옵니다. 잡초가 어릴 때 애벌김을 매주고 부쩍 숫자는 줄어들었지만 살아남은 잡초를 두벌김으로 매주고 나면 곡식이 무성해져서 잡초는 더 이상 곡식을 이길 수 없게 됩니다. 이를 일컬어 옛날 어른들은 "풀(잡초)은 곡식이 잡아야 한다"고 잠언처럼 말씀하는 걸 들었습니다. 어쩌면 잡초로부터 곡식을 지켜주는 것이 농사의 전부인지도 모릅니다. 잡초 중에 가장 골치 아픈 잡초는 피, 즉 돌피 같은 놈들입니다. 생김새가 벼와 비슷해서 농부의 눈을 속이고 벼보다 더 왕성하게 자랍니다. 논밭에 나가보면 이런 잡초들이 많습니다. 그들 나름대로 보호색일 것입니다. 기름진 땅에는 잡초도 무성합니다. 척박하고 메마른 땅에는 잡초도 자라지 못합니다.

메마르고 척박한 땅을 갈고 거름을 하고 씨를 뿌리면 언제나 잡초는 저 먼저 싹을 틔우고 곡식을 위협합니다. 세상의 일도 논과 밭에서 일어나는 일들과 별반 다르지 않은 것 같습니다. 조선이 풍전등화의 위기 속에서 헤맬 때 이순신은 해전사에 길이 빛나는 전과를 올립니다. 그러자 간신들은 그를 모함하여 낙마시키고 자신들이 수군통제권을 잡지만 백전 백패하고 맙니다. 우리의 역사는 언제나 이런 일들의 연속이었던 것 같습니다. 잡초의 특징은 이렇습니다. 잡초는 생명력이 질기고 번식력이 강합니다. 곡식과 비슷하여 농부의 눈을 속입니다. 더 결정적인 특징은 잡초들은 척박한 땅에 뿌리내리지 않습니다. 옛날에는 그루갈이라는게 있었습니다. 예컨대 보리 이랑 사이에 콩을 심고 콩밭 사이에 옥수수를 심는 것입니다. 서로 다른 작물을 같은 밭에 심는 것입니다. 이렇게 분명히 다르지만 같은 밭에서 자라는 것입니다. 서로를 배제하지 않으면서 자라게 하는 경작 방법입니다. 하지만 잡초는 이렇게 분명히 다름을 나타내지도 않고 곡식주변에서 자신을 숨기며 기생합니다. 그런데 잡초 같은 인생들이 정치권엔 너무 많습니다. 심지어 그런 행동을 무슨 정치적인 재주인 양 착각하기도 합니다. 여든 야든 분명히 정치적 견해를 달리하는 것은 좋은 일입니다. 그런데 잡초 같은 정치인들은 상황이 좋으면 몰려다니다가 불리하다 싶으면 숨죽이는 모리배들에 지나지 않습니다. 특히 지역정치 환경은 더 더욱 심합니다. 제대로 정치적 훈련이 되어 있지 못하여 이기심에 의해 자신의 행동방식을 결정하고 맙니다. 국민들은 이런 정치인들에게 관심도 없는데 "그들만의 리그"에 빠져 허우적거리는 모습은 애처롭기까지 합니다. 이제부터 열심히 김을 매야겠습니다. 잡초들이 뿌리내리지 못하도록 제대로 된 곡식이 열매를 맺도록 백성들의 창고를 채우기 위해 열심히 김을 매야겠습니다. 이즈음의 풀 뿌리 민주주의는 농사로 말하면 김매기 철입니다. 그 동안 지방자치의 씨를 뿌리고 싹이 돋았는데 잡초들도 너무 무성해졌습니다. 풀뿌리 민주주의의 성패는 잡초 같은 정치인을 골라내는데 있습니다. 잡초를 뽑아

주면 곡식은 저절로 자랍니다. 우리 모두 이번엔 애벌김을 꼼꼼히 매 주어야겠습니다.

2006년 2월 20일

▲ 한탄강의 철쭉

18...

꿀 먹은 벙어리

"아니 저 사람 왜 갑자기 꿀 먹은 벙어리가 된 거야?" 평소에는 바른 말을 잘 하던 사람이 어느 날 입을 다물고 있을 때 하는 말입니다. 그런데 왜 꿀을 먹으면 벙어리가 된다고 했을까? 꿀은 달콤함의 대명사입니다. 유혹은 꿀처럼 달콤합니다. 달콤한 유혹은 언제나 우리의 양심을 대가로 지불하기를 원합니다. 그래서 벙어리가 꿀을 먹은 것이 아니라 모든 사람이 이러한 꿀을 먹으면 벙어리가 된다는 뜻입니다. 더 정확히 말하면 몰래 꿀단지의 꿀을 훔쳐먹었든지 아니면 누군가 당신의 양심을 대가로 꿀단지를 주었든지 둘 중에 하나일 것입니다. 꿀에도 참 많은 종류가 있습니다. 밀원을 어떤 꽃으로 하느냐에 따라 아카시아 꿀, 밤 꿀, 유채 꿀이 있고 벌의 종류에 따라 양봉과 한봉이 있습니다. 꿀같이 달콤한 유혹에는 이 보다도 훨씬 많은 밀원과 벌의 종류가 있습니다. 시민운동을 하면서 정의의 대변인처럼 활동하던 사람이 당선이 되고 난 후에는 다른 사람이 되는 경우가 종종 있습니다. 말단 공무원시절에는 술좌석에 앉으면 입바른 소리를 잘도 하다가 조금 진급을 하면 언제 그랬냐고 하는 사람도 있습니다. 동네를 위해 개발사업을 반대하다가 어느 날 갑자기 할 말을 못하고 뒷전에서 빙빙 도는 사람도 많이 보았습니다. 범인을 잡아 놓은 경찰이 오히려 매 맞은 사람보다 때린 사람을 위해 수사하는 억울함을 우리는 보았습니다. 공정한 판결은 어찌 보면 하늘을 대신하는 중대한 일입니다. 그러나 돈을 받고 판정하는 것을 우리는 많이 보았습니다. 당신은 언제 벙어리가 되어보았습니까? 아니 언제 어떤 꿀을 먹어보았습니까? 우리의 양심을 가장 많이 요구하는 꿀은 아마 돈일 것입니다. 그 중에 가장 흔히 듣는 말이 바로 "야, 목구멍이 포도청인데 어떡해", "딸린 새끼들이 있잖아" 생계형 하소연이랄까? 바른 소리를 하고 싶어도 사정이 그렇다는 것입니다. 이런 경우는 우리 모두 그냥 넘기는 것도 인정이라고 생각합니다. 그 다음엔 본격적인 뇌물이 있습니다. 그 흔한 사법적 잣대인 대가성의 유무와 관계없이 주는 사람의 입장에서는 상대방을 나의 목적에 맞게 행동하게 하는 돈이 있습니다. 매일 아침 신문을 장식하는 것들입니다. "네가 관원과 함께 앉아 음식을 먹게 되거든 삼가 네 앞에 있는 자가 누구인지 생각하며…", "너는 꿀을 만나거든 족하리만큼 먹으라. 포식하면 토할까 두려우니라" 잠언에 있는 말들입니다. 이 밖에도 온갖 꿀단지가 우리 앞에 있습니다. 80년대 군부 독재 정권 앞에서 우리를 벙어리로 만드는 것은 두려움이었습니다. 그러나 지금은 그 두려움이 꿀로 바뀌었습니다. 이제는 꿀 먹은 벙어리가 말을 합니다. 그것도 아주 당당히 말을 합니다. 나만 먹었느냐, 목구멍이 포도청인데 하면서 말입니다. 자신의 이익을 위해서는 무슨 짓도 서슴지 않습니다. 노무현 정부는 말로만 개혁을 외쳤지 백성들의 삶이 기초부터 무너지는 것을 못 보고 있습니다. 원칙과 상식을 외치면서 가장 원칙과 상식이 없는 사회가 되어가고 있습니다. 선과 악의 구분이 없어진 것입니다. 선도 악도 그저 다양한 가치 중에 하나라고 주장합니다. 그렇게 된 이유는 공권력의 공정함이 없기 때문입니다. 이기는 사람이 선이고 돈 버는 사람이 항상 옳고 능력 있는 사회가 되었습니다. 권력자들이 백성들의 삶과는 무관한 싸움에 몰입되어 있고 백성들의 송사를 판단해야 할 관리들은 꿀 먹은 벙어리가 되어갑니다. 점점 백성들은 그 마음속에 억울함을 쌓아갑니다. 어떤 위정자도 이를 보지 못하고 있습니다.

그것이 이 정권과 대한민국 위기의 본질입니다. "의인이 득세하면 영화를 누리고 악인이 득세하면 숨는 나라" 이 또한 잠언의 말입니다. 박낙영씨 테러 사건과 한탄강댐 추진 과정을 보면서 이 사회가 무너져 가는 것을 보았습니다. 경찰의 수사 독립은 아직 시기상조라는 것과 국가정책이 기업 이윤의 수단이 되어버린 것은 결코 별개의 일이 아닙니다. 나는 경찰 수사권 독립을 주장해 왔었습니다. 그러나 당분간 유보할 것입니다. 아직 우리 경찰은 스스로의 판단력을 가질 만큼 성숙하지 못했습니다. 오늘 아침 나는 어떤 꿀을 먹고 벙어리가 되었을까? 생각해 봅니다. 당신도 혹시 꿀 먹은 벙어리는 아니십니까?

2006년 8월 첫째 주 월요일 아침에

[P.S] 이 글에서 벙어리는 장애인을 비하하기 위해 쓰지 않았음을 밝힙니다.

▲ 재인폭포

...17
마이너리티(minority)로 사는 법

나는 대한민국에서 가장 작은 초등학교, 중학교, 고등학교 그리고 대학교를 나왔습니다. 내가 나온 초등학교는 지금 전교생이 50여명에 불과합니다. 중 · 고등학교도 모두 합해야 300명이 안됩니다. 언제 폐교가 될지도 모르는 벽지에 있습니다. 대학도 입학정원이 2~3만에 이르는 매머드 학교가 아닙니다. 동문회를 가보아도 화려하지 않고 출신 선후배들도 그저 성실한 생활인이 대부분입니다. 그래서 만나면 우리학교 출신들은 성실함 하나로 산다고 자기위안을 합니다. 출신지역과 출신학교까지는 어쩌면 자신의 의사와는 무관한 일인지도 모릅니다. 그럼에도 우리가 살아가는데 음으로 양으로 참 많은 영향력이 있다고 믿고 있습니다. 중앙집권적 시스템이 전통화된 우리 사회에서 어쩌면 스스로 마이너리티라고 인정하게 되는 선천적 이유가 출신지역일 것입니다. 이 '出身' 이라는 개념도 여간 상대적인 게 아닙니다. 작게는 포천이라는 테두리에서는 포천읍을 중심으로 사고하게 합니다. 그런 의미에서 관인은 구석 중에 구석이었습니다. 좀 범위를 넓히면 포천도 변방 중에 변방이 되고 맙니다. 이 出身의 호적등본을 수정해 보려고 노력하는 최초의 계기는 대학입시일 것입니다. 소위 일류대학을 나오면 마이너리티에서 벗어나리라는 기대가 있는 것입니다. 사법고시, 대기업 입사, 각종 전문직의 자격 취득,

연예 · 스포츠 스타, 일확천금, 이런 것들이 마이너리티를 벗어나는 것일까? 아마 이 과정을 패스한 사람들 사이에서 또 마이너리티와 메이저리티는 나눠질 것입니다. 성골, 진골, 육두품 따위의 우스갯소리가 그냥 나오는 볼멘소리가 아니라는 것을 어떤 조직사회든 느끼고 있을 것입니다. 이런 현상들은 어쩌면 아주 당연한 일인지도 모릅니다. 스스로를 마이너리티라고 생각하면서 끊임없이 메이저리티가 되려고 하는 지향이 발전의 동기일 수도 있으니 말입니다. 그렇기 때문에 경쟁이 있을 수밖에 없고 그 경쟁은 때로는 마이너리티의 생존법칙일 수도 있습니다. 그리고 사람들은 스스로는 마이너리티이면서도 자신의 준거집단은 메이저리티라고 믿고 사는 사람도 많이 있습니다. 물론 그 반대도 존재할 것입니다. 출신지역, 출신학교 등이 만들어내는 집단적 귀속의식도 대부분은 허위의식일 때가 많습니다. 이제 나는 진정한 마이너리티, 즉 스스로 의식적으로 마이너리티의 길을 선택하거나 강요받은 사람들을 주목합니다. 그 길로 가면 뻔히 고생할 줄 알면서 그 일을 하면 당연히 손해를 볼 줄 알면서, 그 사람을 만나면 으레 수군거림을 받을 줄 알면서, 그렇게 싫어 버린 바가 될 줄 알면서 아주 의식적으로 그 길을 가는 사람이 있습니다. 이런 사람들은 남 보기에는 저항적으로 보이기도 합니다. 평가하기 좋아하는 사람들은 성격이 모난 사람이라고도 합니다. 나도 이와 비슷한 길을 걸어왔습니다. 사실 힘센 자 혹은 정부의 정책에 동의하거나 찬성하기는 너무나도 쉬운 일입니다. 아니 동의하거나 찬성할 것도 없이 그냥 가만히 있으면 됩니다. 그러나 힘센 자나 정부의 정책에 반대하는 것 이것은 쉽지 않은 일입니다. 왜냐하면 마이너리티가 되는 길이니 말입니다. 사람들은 다수가 있는 곳, 힘이 있는 곳 즉 주류의 맨 끝줄이라도 서야 안심하는 본성이 있기 때문입니다. 그런데 스스로를 다수라고 믿는 사람들은 마이너리티를 공격합니다. 이데올로기에 의하든 양심에 의하든 아니면 패거리 습성 때문이든 아마 그것도 본성인 모양입니다. 이런 이유로 마이너리티는 저항적이게 보입니다. 때로는 마이너리티가 주류가 되기도 합니다. 마이너리티 시절의 성실성, 인내심, 그 희생정신 그리고 시대적 적절성 등이 어우러지고 개인의 맨파워까지 갖춰지면 주류가 되기도 합니다. 스포츠스타, 연예인들 혹은 개천에서 용났다고 뉴스를 장식하는 사람들 이들을 보면서 많은 사람들은 부러워할지도 모릅니다. 그러나 그들 중에 대부분은 더 큰 상처를 안고 마이너리티로 돌아옵니다. 그곳에 올라가면 예전 마이너리티로 살던 습관으로는 도저히 살 수가 없기 때문입니다. 스스로를 유지하기 위한 사람들의 경쟁이 겉으로 보기에는 젠틀해 보이고 화려해 보이지만 그 이면에는 음모와 배신으로 가득 차 있기 때문입니다. 그 음모와 배신이 자연스럽지 못한 마이너리티는 그만 되돌아오고 마는 것입니다. 많은 386정치인들이 사실은 정치적으로나 사회적으로 마이너리티 중에 마이너리티였습니다. 단지 대학을 동시대에 다니면서 저항운동을 했다는 것 하나뿐이었습니다. 물론 어디에 내어 놓아도 경쟁력 있는 자신들만의 공부는 다 했겠지만 나를 포함한 그 386들이 지금 마이너리티의 헌신성, 성실성, 뜨거운 사랑을 잊어버린 것 같습니다. 아니 가지고 있더라도 입술로만 달싹이지 잠꼬대 같은 되뇌임만 하고 있습니다. 이 땅의 마이너리티들이 사법고시 패스한 법조계의 마이너리티 노무현을 마이너리티의 대변인으로 뽑아 보았지만 결과는 마이너리티들이 더 큰 모욕만 당하는 세상이 되었습니다. 헌신성, 성실성, 그리고 인간에 대한 뜨거운 사랑을 잃어버린 마이너리티의 상승은 불행이라는 것을 어리석게도 이 모든 일이 있은 후에야 알게 되었습니다. 대한민국은 아직도 일탈을 허용하는 범위가 너무나도 좁다는 것, 그리고 경쟁이 순수하지 못하다는 것 (물론 아닌 곳도 많지만) 그러므로 마이너리티 때의 순결함을 유지하고서는 메이저리티가 될 수 없다는 것을 이제야 알게 되었습니다. 이 복잡한 言事를 예수님은 한 마디로 비유했습니다.

"부자가 하늘나라에 가느니 낙타가 바늘귀를 지나는 것이 쉽다"

그래서 정호승 시인은 예수를 두고 비유의 천재요 시인 중에 시인이라 했던 것입니다. 이번 주는 그 예수가 이 땅에 태어난 날이 들어있습니다. 갈릴리, 말구유, 목수의 아들, 그리고 로마의 식민지 이스라엘 마이너리티 중의 마이너리티 예수 – 그는 대학에 간 적도 없고 사법고시를 본 적도 없으며 국회의원에 당선된 일은 더더욱 없지만 유대인의 왕이라 일컬음을 받다가 형장에 매달리고 말았던 예수 그런 예수를 바라보면 마이너리티로 사는 법을 알 수 있을 것 같습니다. 유일한 방법입니다.

여러분! 축 성탄입니다. Merry Christmas!

2006년 12월 18일

...18

증오는 망국, 망신의 첩경 -2006년 보내며

2006년을 한 마디로 표현하면 어떨까? 대학교수들은 주역의 小過卦의 密雲不雨를 들었습니다. 뭔가 답답한 세상이라는 말일 것입니다. 어떤 대권후보는 이에 부응이라도 하듯이 旱天作雨를 꺼냈습니다. 밀운불우의 나라를 한천작우의 나라로 만들겠다는 꽤 괜찮은 댓구였습니다. 2006년, 뒤돌아보면 어떤 느낌이 남습니까? 여러분도 한 번 그 느낌을 언어로 표현해 보십시오. 사자성어도 좋고 한 글자도 좋고 한 문장으로도 괜찮습니다. 당신은 지난 한 해가 어떤 느낌이었고 내년은 어떤 느낌의 시간이 되었으면 좋겠습니까? 2006 대한민국! 그것은 증오였습니다. 어떤 통계에 한국인이 스트레스를 가장 많이 받는 나라에 산다고 했습니다. 스트레스의 가장 큰 원인이자 매개체는 증오입니다. 사람은 무엇이든 미워할 때 스트레스를 받습니다. 고통은 고통으로 끝나지 않고 반드시 원망과 증오를 만들어냅니다. 탐욕은 거짓과 증오를 낳습니다. 결국 증오는 바이러스가 되어 순식간에 퍼지고 집단성을 이루게 됩니다. 이유 없이 미워하고 미워하지 않으면 공격받을 것 같은 두려움이 듭니다. 사실 증오는 패자의 보호본능입니다. 증오의 최고 형태는 폭력이고 전쟁으로 완성됩니다. 증오는 사랑보다 더 눈에 잘 보입니다. 구름은 가득하지만 비가 오지 않는 답답함의 근원이 과연 무엇일까? 알아야 한천작우의 세상을 만들 수 있을 것입니다. 무엇이 이 나라를 이리도 답답하게 할까? 대부분의 사람들은 경제가 어려워서랍니다. 지금의 국민소득의 두 배가 된다면 사랑이 넘치는 사회가 될까요? 그렇다면 1980년대 천불시대에는 지금의 열 배 답답했을까요? 경제결정론적 사고가 내년 대선의 주류가 될지 모르지만 과연 그럴까요? 그런 연유로 대운하를 들고 나와 70년대 경제개발 하듯이 또 한 번 경제를 일으켜 한천작우하겠다는 것입니다. 대운하의 타당성은 차치하고라도 그 경제결정론적 진단은 명백한 오진이라고 생각합니다. 지금 대한민국을 답답하게 하는 것은 저 하늘의 빽빽한 구름처럼 국민들 가슴마다 빼곡히 들어찬 증오의 마음 때문입니다. 이런 증오를 걷어내지 않고는 우리는 더 이상 나아갈 수 없습니다. 단언컨대 지금 당장 국민소득이 두 배가 된다 해도 이 증오의 시스템을 걷어버리지 못하면 오히려 소득의 증가는 증오의 증가와 비례할 것입니다. 맹자는 이를 "利는 진정 亂의 시초이다"라고 갈파했습니다. 2006년은 386 수난의 해였습니다. 386이 아직 미숙하다 할지 모르지만 386에 대한 기성세대 그것도 60대 이상의 노년세대가 보내는 비판은 증오였습니다. 특히 조중동의 논객들은 이를 대변하고 부추겼습니다. 그 원인이 무엇이겠습니까? 그것은 복수였습니다. 80년대 군사독재에 기생했던 4~50대들이 지금 6~70대의 노년세대가 되었습니다. 그들은 386들로 상징되는 저항세대에 의해 보통 명예가 실추된 것이 아니었습니다. 한쪽은 민주화에 방점을 찍은 민주화 세력이라고 자신을 내세우고 한쪽은 산업화에 모든 것을 내걸었다고 자신을 소개하는 두 세력이 싸우고 있습니다. 이도저도 아닌 중도라고 치장하는 이도 있습니다. 어찌됐든 안타까운 것은 대한민국은 노년세대가 젊은 세대를 조직적으로 비판하고 저항하면서 살아야 한다는 데 그 불행이 있습니다. 386은 기성세대를 비판하면서 성장했습니다. 일방적 산업화의 맹점인 민주주의를 보완했습니다. 그 386이 각계각층에서 기성세대가 되어갑니다. 이제 젊은 세대가 386을 비판하며 성장해야 되는데 역할이 노년세대로 잘못되었습니다. 그 사회 원로의 역할은 비판이라기 보다는 관용과 조정입니다. 나라가 어수선한 이유가 여기에도 있을 것입니다. 핵무기를 보유했노라고 이젠 나를 더 이상 건드리지 말라고 만천하에 증오의 무기를 보유한 나라가 북한입니다. 수십 년 고립된 북한의 대외적 존재양식은 증오일 수밖에 없습니다. 어떻게 이 증오를 풀어갈 수 있을까? 증오를 자신의 존재양식으로 하는 세력들은 여기저기 많이 있습니다. 그러나 그 세력들은 강성해 보이지만 초라하기 이를 데 없습니다. 저도 정치를 하면 좀더 좋은 세상을 만들 수 있을 것이란 생각을 했었습니다. 그러나 지금의 정치는 증오만을 만듭니다. 원하든 원치 않든 증오의 대상이 되거나 증오하는 말을 할 수밖에 없습니다. 안타깝습니다. 그런 게 원래 세상이라는 자조 섞인 철학도 있지만 그건 아닙니다. 남을 미워하면 그와 동시에 자신의 영혼이 파괴된다는 사실을 모르고 있습니다. 사람들은 증오와 사랑을 동전의 양면이라고도 합니다. 그럴까요? 어떤 것을 증오하는 것은 그 나머지를 사랑하는 피할 수 없는 선택이라는 것입니다. 과연 그럴까요? 2006년을 보내며 절대 아니라는 사실을 깨달았습니다. 정치적 반대자를 증오하고 젊은 세대를 증오하고 같은 민족을 증오하고 자신의 사랑하는 것을 위해 그 나머지를 증오하는 것으로는 아무 것도 해결될 수 없다는 귀중한 사실을 이제야 깨닫습니다. 갈라지면서 도끼날을 향기롭게 하는 향나무가 될 수는 없다 해도 근거 없는 증오의 바이러스에 감염되지 않도록 기도해야 할 것입니다. 근거 없는 증오만큼 큰 죄는 없습니다. 조금씩 조금씩 증오를 키우는 것은 자기를 소리 없이 죽이는 것입니다. 2006년 그런 이유로 몸담았던 정당을 떠났습니다. 그곳에선 도무지 사랑을 나눌 수 없었습니다. 旱天作雨의 내년을 위해 저도 맹자의 한 구절을 인용하며 줄여야겠습니다. 맹자가 梁惠王에게 이렇게 물었습니다. 以刃與政이 有以異乎인가? 孟子曰 無以異也, 즉 칼과 정사(정치)로 사람을 죽이는 것이 차이가 있습니까? 맹자 왈 없습니다. 맹자가 가공인물 양혜왕을 끌어들여 문답하며 자신의 정치학을 설파한 것이 맹자의 양혜왕편입니다. 칼과 정치로 사람을 죽이는 것은 같은 것입니다. 정치는 말입니다. 말로 사람을 죽이는 것은 칼로 죽이는 것과 같은 것입니다. 노대통령도 후보시절에는 희망적인 말, 긍정적인 말을 많이 했는데 어찌된 일인지 날이 갈수록 부정적인 말, 공격적인 말이 많아졌습니다. 대통령이 한 마디 하면 또 더 공격적인 사람들이 벌떼같이 일어납니다. 이 증오를 어찌하겠습니까? 지금 우리 모두의 발목을 잡고 있는 것도 미움입니다. 그 미움이 극에 달한 이스라엘 민족에게 십자가의 사랑을 웅변했던 것처럼 우리에게 무엇이 필요하겠습니까? 이제 증오는 이만큼이면 됐습니다. 옆에 있는 아내, 자식, 부모, 친구, 이웃들을 보십시오. 얼마나 힘겹게 살고 있습니까? 비판보다 격려를 해주십시오. 미움보다 이해를 해주십시오. 그것이 내가 살고 이웃이 살고 나라가 사는 길입니다. 저도 2007년부터는 작지만 증오를 거두고 사랑을 회복하는 일을 하려 합니다. 그동안의 모든 욕심들을 내려놓을 것입니다. 여러분 한 해 동안 수고 많이 하셨습니다. 어눌한 편지 읽어주셔서 감사드립니다. 2007년에는 더 예쁜 편지로 사랑을 전하도록 하겠습니다. 새해 복 많이 받으십시오.

2006년 12월 마지막 주 월요일

...19

亞流正傳(아류정전)

"강한 것이 옳은 것을 이긴다"라는 책이 있습니다. 그 책의 소개를 보면 "대한민국 최고 정치컨설턴트가 제시하는 한국형 전략 지침서"라고 되어있습니다. 이 책은 90년대 초반 즉 6월 항쟁 이후 직선제가 보편화되고 심지어 지방자치까지 온통 선거로 정치적 선택을 하게 된 후 100여 차례 선거에 참여한 경험을 정리한 것이라고 합니다. 지난 15년간의 선거를 귀납적으로 추론해 본 결과 얻은 결론이 "강한 것이 옳은 것을 이긴다"이었다는 것이 인상적이 아닐 수 없습니다. 더 가관인 것은 자칭 "대한민국 최고의 컨설턴트가 제시하는 한국형 전략"이라는 것입니다. 승리하는 자는 결국 강한 자고 옳은 것을 이긴다는 것입니다. 한국 정치 그것도 선거문화를 가장 정확히 꿰뚫은 말인 것 같습니다. 물론 승리한 사람은 즉 강한 사람은 자신이 정의롭기 때문에 이겼다고 믿겠지만 말입니다. 이 책의 압권은 저자가 말하는 승리의 5가지 법칙 중 두 번째 법칙 "대중은 항상 옳다고 말하기는 어렵다 그러나 대중은 항상 단순한 것만은 사실이다"라고 갈파(?)하는 대목에 있습니다. 단순한 대중을 현혹할 수 있는 기술이 곧 정치요 선거라는 말입니다. 그것이 한국정치라는 말입니다. 얼핏 보면 참 맞는 말입니다. 한국정치를 있는 그

대로 묘사한 것이기 때문에. 그러나 사실이긴 할지 모르지만 무서운 사실입니다. 대중은 항상 옳지 않고 항상 단순하다는 속성을 영리하게 이용하는 사람들이 언필칭 亞流(아류)라고 합니다. 아류들의 속성은 이렇습니다. 그들은 성실하지 않으며 많은 것을 얻으려합니다. 그들은 늘 시기심에 사로잡혀 있습니다. 그들은 늘 대중들이 몰려가는 곳에 서성거리고 있습니다. 그들은 대중을 언제나 수단으로 생각합니다. 그리고 결정적으로는, 그들은 참 지도자를 늘 적으로 생각합니다. 물론 그가 나 자신일 수도 있습니다. 충신은 간신의 모함으로 쓰러집니다. 간신은 충직한 신하보다 능력(?)이 뛰어납니다. 왕을 속이고 대중을 현혹하는 능력이 뛰어납니다. 매국노는 온갖 궤변으로 외세를 안내합니다. 지금 "양심세력과 민주화세력" 이 우글거리는 정치판이 또 한 차례 亞流놀이를 하려 합니다. 사실 성실하고 정직한 사람들은 동네 이장선거를 해도 숨어버리는 경우가 허다합니다. 사람들이 추천을 해도 손사래를 치기가 일쑤입니다. 아마 그 사람들도 이미 올바름이 강함을 이길 수 없다는 것을 알고 있기 때문일 것입니다. 공직사회나 기업 그리고 사람들이 모여 있는 모든 곳에 올바름이 강함을 이길 수 없다는 것에 동의하는 사람들이 많을 것입니다. 그저 올바름은 그 조직이나 사회의 밑거름 혹은 희생양, 기독교의 표현대로면 빛과 소금으로나 필요한 덕목이 되었습니다. 일신의 영달과 가족을 버리고 독립운동을 했던 사람들은 거의 빨갱이로 몰려 비참한 인생을 살았고 민주화운동시절도 마찬가지입니다. 내년에 대학입학을 준비하는 딸아이가 있습니다. 논술이 당락을 좌우한다고 걱정입니다. 딸과 함께 논술이야기를 하면서 이들이 어떻게 논리적일 수 있을까? 걱정을 합니다. 부모들, 기성세대들의 삶을 보면 온통 비논리적인데 이들에게 어떤 논리를 기술하라고 할까요? 사실 논술학원이나 서울대 논술모의시험을 보면 이건 논술이 아니라는 생각이 듭니다. 진리가, 올바름이 승리하지 않는 사회에서 논리적일 수 있을까? 논리학의 중요한 명제는 참과 거짓입니다. 지금 우리 아이들은 논술게임을 배우고 있는지도 모릅니다. 이렇게 우리 교육이 허술합니다. "강한 것이 옳은 것을 이긴다" 다른 말로 바꾸면 亞流가 승리한다. 물론 모든 승리자가 아류는 아니겠지만 대부분 그렇다고 믿는 것이지요. 論語(논어)의 陽貨篇(양화편)에 사람들의 칭송을 받는 鄕原(향원)을 공자는 德之賊也(덕지적야)라 했습니다. 겉보기에는 근엄하고 사람들에게 선을 베푸는 고을의 명망가를 향원이라 합니다. 아마 그때나 이때나 세상사는 다 그런 모양입니다. 지금부터 1년 동안 우리는 엄청난 亞流 싸움을 지켜보아야 할 듯 합니다. 군사독재의 아류, 민주화운동의 아류. 이들의 한판승부에 "항상 옳지는 않지만 항상 단순한 대중"은 어떤 답을 내릴까? 참 답답합니다. 백성의 고난이 길면 길수록 亞流는 판치게 되어 있습니다. 모세를 따르던 광야의 가나안 백성들이 '밥을 달라', '물을 달라', 심지어 '神을 달라' 헤매고 또 헤매는 것을 우리는 알고 있습니다. 여기저기서 밥을 주겠다. 물을 주겠다. 내가 양심세력의 대표다. 민주화세력의 本流다 외칠 것입니다. 모두 "강한 것이 옳은 것을 이긴다"는 신념을 가지고 말입니다. 모두가 이러한 때, 아이들마저 제 부모의 비논리적인 삶으로 그 공부가 고민스러운 이때에, 이 나라와 민족에게 옳은 것이 강한 것을 이긴다는 福音은 어디에 있는 것일까요? 대중을 올바르고 강하게 만들 수는 없는 것일까요? 이번 한 주 여전히 이런 생각을 하며 살렵니다. 세상의 잠간 승리가 곧 인생의 승리가 아니라는 사실은 진리가 아닐까 생각합니다. 진정한 승리자가 되시길 바라면서…

2006년 11월 20일

20...

감사

지난 주말 밤에 서울에 모임이 있어 다녀오다가 그만 추돌사고를 당했습니다. 동부간선도로에서 갑자기 뒷차가 제 차를 들이받았습니다. 쿵 하는 소리에 순간적으로 브레이크를 밟는데 재차 쿵 하며 차는 멈췄습니다. 겨우 정신을 차리고 내려서 보았더니 뒷차는 차량 앞부분이 부서져 있었고 운전하는 젊은 친구는 연신 "죄송합니다", "괜찮습니까?" 하며 머리를 숙이며 당황해 하고 있었습니다. 전날 야근을 하고 이제 퇴근하는데 깜빡 졸았다는 것이었습니다. 나도 이만하길 다행이라며 서로 명함을 나누고 헤어졌습니다. 집에 오면서 연신 후사경을 보는 제 모습이 어찌나 우습던지. 그래도 혹시 뒷 차가 또 들이받지나 않을까 노파심에 보고 또 보고를 반복하며 집에 돌아왔습니다. 오늘 아침 100번째 월요편지를 쓰면서 문득 오늘도 이렇게 편지를 쓸 수 있다는 것이 얼마나 감사할 일인가? 생각하고 있습니다. 지난 99번의 편지가 대부분 정치적 사안에 대한 글이고 그러다보니 비판과 평가, 단죄하는 내용이 많을 수밖에 없었을 것입니다. 국회의원을 그만두게 되면서 숱한 배신과 위선 그리고 경제적인 고통까지 겹치면서 내 마음 깊은 곳에는 증오와 불신과 원망이 자리잡고 있었을 것입니다. 아무리 억누르려 해도 그것이 내 말과 글과 눈빛과 행동을 통해 드러나게 되어있으니까요. 편지 100통을 쓰는 동안 용서하고 잊어버리고 외면하고 내일을 위한 정돈을 하면서 감사로 100번째 편지를 쓰고 싶었습니다. 상대를 죽이고 단죄하는 것이 너무도 당연한 일이 되어버린 한국의 정치가 잔인하다는 생각이 드는 것은 내가 너무 약해진 탓일까요? 전두환 시절 이 세상 모든 걸 버려도 민주주의만은 찾겠노라 달려들던 패기는 그냥 젊음 탓이었나 봅니다. 현 정부와 이명박 정권의 국정운영을 찬성하는 사람들은 지난 10년간 얼마나 괴롭고 맘에 안 드는 삶을 살았겠습니까? 통계에 의하면 지금도 한나라당을 지지하는 사람들이 30% 정도나 된다고 합니다. 이들은 그야말로 "죽어도 좋아!" 에 속하는 지지자들입니다. 사실 이것을 인정하고 무슨 일이든 해야 할 것 같습니다. 그 30%를 나와 생각이 다르다고 비판하고 원망하고 단죄하는데 시간을 보내다가는 내 인생이 값없어 질 것 같습니다. 또 그 30%가 저를 볼 때는 얼마나 한심하겠습니까? 아니 답답하겠지요. 그래도 30%밖에 안 되는 것에 감사해야 할 것 같습니다. 어려운 일이겠지만 나머지 70%가 마음을 잘 합치면 새로운 나라를 만들 수도 있을테니 말입니다. 지금 민주당의 지지가 10%도 안 된다고 합니다. 당연합니다. 왜냐하면 그럴만한 이유는 민주당이 더 잘 알고 있을테니까요(이 문제는 다음 편지에 쓰겠습니다). 게다가 많은 국민들이 좌절감에 빠져있습니다. 사실은 이것이 더 큰 문제입니다. 56년 만에 개통한 경의선 열차를 1년도 안 걸려 중단하도록 한 우리의 현실에 대한 깊은 생각을 하면 좌절감을 느낄 만도 할 것입니다. 노대통령의 형이 감옥신세를 질지도 모르는 일이 벌어졌습니다. 극적인 화려함 뒤에는 그것에 맞먹는 비참함도 준비되어 있다는 세상사의 진리를 다시 한번 보여주는 듯합니다. 그래도 아무도 동정하거나 역성들지 않는 게 그들은 더 섭섭하겠지요. 그러나 어쩌겠습니까? 지금의 권세자들도 언젠가는 또 그런 일을 당할 수 있다는 사실만을 명심하면 더 바랄게 없을텐데 쉽지는 않은 것 같습니다. 권력의 속성은 대중의 환호를 그리워하고 스스로 환호받지 못하면 역적을 만들어서라도 자신의 우월함을 보이고 싶은 것 아니겠습니까? 그 가운데 끼어있지 않은 요즘의 내 처지가 오히려 감사할 따름입니다. 정의를 외치다 핍박과 고난을 당하는 것은 당연하고 자랑스럽겠지만 권력의 떡고물을 먹다가 부끄러움을 당하는 건 참으로 힘든 일이랍니다. 지금 우리사회는 온갖 비리를 색출해서 발본색원할 기세를 보이고 있습니다. 그것도 정치적 반대자는 각오해야 할 것입니다. 기득권에 조금이라도 위협이 된다 싶으면 모두 뒤질 것입니다. 당신의 통장, e-mail, 휴대폰, 아파트 CCTV가 당신을 바라보고 있고 당신을 기록하고 있습니다. 당신은 떳떳하십니까? 그렇다면 감사하십시오. 당신의 무력함에 감사하십시오. 험한 세월을 살아내는 지혜 중의 하나는 바로 이 무력함입니다. 아, 내가 너무 시니컬했나요? 여러분 우리가 잠시 무력하게 있다 해도 이 나라 어디로 가지 않습니다. 좌빨들 때문에 10년간 나라가 다 망했다고 소리 높이던 사람들이 이 나라를 책임지고 있습니다. 그들도 이 나라를 치리하기가 얼마나 힘든지 새삼 느끼는 요즘이리라 믿습니다. 그런 과정이 필요하지 않겠습니까? 현 정권의 지지자들은 지난 10년간 절대협조하지 않았습니다. 그래도 이 나라가 유지되었습니다. 앞으로도 국민의 30%는 현 정권을 절대 지지하지 않을 것입니다. 다만 나머지 40%의 지지를 받도록 노력해야 합니다. 그러면 '죽어도 좋아' 30%에 40%를 더하면 70%의 지지를 받을 것입니다. 정권이 70% 지지를 받으면 무슨 일이든 해도 됩니다. 5공으로 회귀하고 싶으면 해도 되고, 박정희 시절이 그리우면 그리해도 되고, 아니면 아예 이승만식으로 해도 됩니다. 쉽지는 않겠지만 말입니다. 요즘 사람들을 만나면 열이면 아홉은 인사가 '어렵다' 입니다. 그리고 원망과 불평과 증오와 불신입니다. 대화를 나누면 이는 전염병처럼 번집니다. 원인이야 어디에 있든 회복해야 합니다. 원망과 불평과 증오와 불신의 끝에는 죽음이 도사리고 있습니다. 개인이든 집단이든 나라든 마찬가지입니다. 여러분 너무 걱정하지 마세요. 걱정은 보통 현실에 없는 일이 90%, 당장 필요한 일이 10%로 구성되었다고 합니다. 정치인들끼리 서로 재묻었다, 똥묻었다 하면서 싸우면 나중엔 재묻은 개, 똥묻은 개 모두 사라지게 됩니다. 서로 물고 뜯고 싸우다 둘 다 죽는 거지요. 그래도 그들은 계속할 것입니다. 그것도 정의라는 이름으로 애국이라는 이름으로 심지어는 사랑이라는 이름으로도 계속할 것입니다. 이스라엘 백성이 틈만 나면 우상을 세워놓고 숭배합니다. 그 때마다 야훼는 직접 벌을 주기도 하고 선지자를 통해 경고하기도 하고, 메시야를 보내 그마저 희생하면서까지 그 어리석음을 깨닫게 하였습니다. 인간은 참으로 小慧 大愚한 존재입니다. 작은 것에는 지나치게 지혜롭고 큰 것에는 자신이 죽는 것도 알지 못하는 어리석은 존재입니다. 들판의 풀들은 바람 부는 대로 이리 누웠다, 저리 누웠다를 반복합니다. 그것이 그 풀들의 생존양식입니다. 그러나 그 풀들이 땅을 지키고 그 풀들은 모두 뽑아 버릴 수 없습니다. 그 풀들만이 누대를 거쳐 그 들판에 누가 지나갔는지 알고 있을 뿐입니다. 100번째 월요편지를 써왔던 시간은 제 인생에서는 16년전 4년 8개월의 감옥만큼이나 힘들고 많은 생각을 하게 한 시간이었습니다. 화려한 당선, 배신, 세상을 떠들썩하게 했던 간첩소동, 말도 안 되는 선거법재판, 그리고 경제적 어려움, 중국에서의 방황, 신체적 고통 등 이루 말할 수 없는 일들이 지난 4년 동안 있었습니다. 그 때마다 원망도 해보고 낙심도 하였고, 때로는 저주도 하였습니다. 그러나 어려운 순간순간에도 하나님은 저를 지켜주셨습니다. 건강이 나빠져서 힘들었지만, 경제적으로 어려웠지만 다 견디는 방법을 배웠습니다. 구름처럼 몰려들던 사람들이 다 떠나도 한결 같이 옆에 있어준 친구들도 있었기에 행복합니다.

오늘은 그 친구들과 100번째 월요편지를 자축하는 저녁이 될 것입니다. 감옥에서 4년 8개월 동안 매일 한통씩 아내에게 편지를 썼습니다. 그 때의 일기였지요. 지난 4년 월요편지는 제 일기였습니다. 오늘이 있게 한 하나님께, 그리고 모두가 떠나도 곁에 있어준 벗들에게 감사드립니다. 감사하며 행복한 한 주일 되십시오. 101번째 편지에서 뵙겠습니다.

2008년 12월 1일

21...

101번째 프러포즈

대공황에 대한 두려움, 남북관계 악화로 인한 전쟁에 대한 불안, 각종 부패와 비리로 인한 불신, 지식인들의 좌절, 그 위기의 원인조차 알고 싶어 하지 않는 민심, 이것이 2008년을 보내는 세모의 풍경입니다. 기근이나 전염병 따위의 산업사회 이전의 위기나 과잉생산과 인플레로 인한 대공황의 위기는 경험했지만 이번의 위기는 또 다른 차원입니다. 이번의 위기는 한 마디로 신뢰의 위기입니다. 금융은 신뢰의 경제적 표현입니다. 돈을 빌려 주었는데 돌려받지 못한다는 말입니다. 그러나 지금의 신뢰의 위기는 경제 분야뿐 아닙니다. 우리 삶의 전 영역에서 아니 밑바닥 서민의 삶 구석구석까지 진드기처럼 붙어 있습니다. 한탄강에서 그걸 보았습니다. "아! 망하겠구나. 민초들의 마음이 이다지도 완악하니 어쩔 수가 없겠구나! 아무리 생산력이 높아도 제아무리 반공정신이 강해도 이것은 당할 수가 없겠구나! 엄청난 세금이 이렇게 도둑질 당하는데 재간이 없겠구나!" 확신했습니다. 한동안은 고생스러워야겠다는 생각을 했습니다. 이제라도 되돌릴 수 있다면 절망은 거두어들일 수 있을텐데… 정부와 국민, 여와 야, 기업과 노동자, 작게는 이웃과 이웃, 가족과 가족 간에 엄청난 신뢰의 위기가 그 원인입니다. 우선 신뢰를 지켜주는 법과 사법부가 제대로 작동되지 않았습니다. 종교도, 도덕도, 윤리도, 양심도, 이웃 간의 정도, 그 모든 계약도 모두 物神앞에 굴복하여 이 신뢰의 위기가 왔습니다. 그런데 우익은 좌익 탓이라 하고 정부는 국민 탓이라 하고 여는 야, 기업은 노동자, 남은 북, 이웃은 옆집, 아내는 남편, 형은 동생, 이렇게 모든 원인을 상대에게 돌리고 있습니다. 그래도 남 탓할 겨를이 있으니 아직은 살 만한 모양입니다. 무조건 내 탓이라고 하는 종교적 자세도 중요하겠지만 신뢰위기의 단면은 확실히 남 탓의 만연만큼은 분명한 것 같습니다. 야훼가 소돔과 고모라 성을 불사르려 할 때 아브라함은 간청합니다. "의인 열만 있으면 심판은 거두시겠나이까?" 그러나 아브라함은 고개를 숙이고 돌아서야 했습니다. 당신은 믿을만한 사람이 몇이나 됩니까? 우리는 흔히 자신이 믿을만한 사람은 좋은 사람이라고 생각합니다. 왜냐하면 자신만은 옳다고 생각하며 사는 것이 보통이니까요. 어찌 되었든 당신은 몇 사람을 신뢰합니까? 어제 교회 중 · 고등부 친구들과 "우리 마음속에 하나님이 없다면 어떤 일이 일어날까?" 라는 주제로 이야기를 나누었습니다. 당신도 한번 생각해 보십시오. 어떤 일이 일어나겠습니까? 가장 먼저 자신을 믿지 못하는 일이 생길 것입니다. 자신을 믿지 못하면 우리는 모든 것을 믿지 못하게 됩니다. 여러 가지 파생상품을 판매했던 금융계가 일시에 신뢰가 깨지면서 금융위기가 왔듯이 모든 인간관계의 신뢰가 금이 가면서 다양한 위기가 밀려오고 있는 것입니다. 이것은 각 개인에게서는 종교적인 성찰의 문제이고 국가 사회는 리더십과 다양한 시스템의 문제입니다. "신뢰의 위기" 이것이 2008년을 보내며 던지는 월요편지의 화두입니다. 하나님을 믿습니까? 즉 당신의 양심을 들여다보고 있는 하나님의 존재를 믿고 있습니까? 그와 소통하는 존재인 당신의 현재의 모습을 신뢰합니까? 당신의 아내, 부모, 자식, 형제, 이웃을 믿습니까? 아니면 돈, 권력, 인기와 명예 또 다른 위세를 믿습니까? 그것도 아니면 무엇을 믿습니까? 우리가 오늘날의 위기를 이 신뢰의 위기로부터 회복하려 하지 않는다면 점점 더 어려워 질 것입니다. 747공약이 한순간에 추락의 위기에 있습니다. 연착륙이라도 하도록 도와야 할 시기입니다. 저는 애초부터 믿지 않았지만 노무현 정부와 비슷한 정동영 정부가 들어섰더라면 이 나라는 지금쯤 대공황 상태에 빠졌을지도 모릅니다. 왜냐하면 노무현 정부는 말만 개혁이고 진보고 좌파이지 실은 개혁과 진보를 좌절시킨 역사적 책임이 있습니다(이 점은 그동안 월요편지에서 숱하게 지적했음). 정동영은 더하면 더했지 덜하지 않을 것입니다. 아마 정동영 정권이 들어섰더라면 이 나라는 아수라장이 되었을 것입니다.

가진 자들은 완전 보이콧을 할 것이고 조중동은 연일 망국의 방성대곡을 써댈 것이고 국회 단상은 회기 내내 몸싸움으로 얼룩지고 국가 재정은 바닥나고 대공황이 몰아쳐 거리는 황량하고 해외로 해외로 탈출 행렬이 줄을 이었을지도 모릅니다. 그나마 그 비이성적이었던 야당이 여당이 되어 작금의 위기책임자가 되었으니 얼마나 다행스러운지 모르겠습니다. 진보 개혁세력도 자신을 돌아보는 시간을 가져야 하고 공멸의 정쟁으로 기진맥진할 국운을 이만큼에서 멈추게 했음에 국민들도 안도하였을 것입니다. 그런 의미에서 지난 대선은 우리 국민이 내린 솔로몬의 판결이었습니다. 서로 자기 아이라고 주장하는 여자 중 반 토막이라도 좋으니 나누어 달라는 여자에게 양보하는 심정으로 정권을 선택했으니 말입니다. 그렇지만 양보한 사람은 진짜 귀중한 것을 얻은 것입니다. 유한한 권력을 내어주고 나라와 민족을 공멸에서 구했다고 생각하면 되는 것입니다. 자 이제 나라는 그들에게 맡기고 우리는 무너져 버린 신뢰를 되찾는 운동을 해야겠습니다(물론 이런 제안에 순진한 생각이라고 말하는 사람도 있겠지요). 이제 어떻게 하면 될까요? 우선 자신에 대한 신뢰가 있어야 합니다. 그것을 찾으면 나머지는 술술 풀리는 것입니다. 우리는 우리의 산적한 문제를 해결하기 위해 백방으로 다 알아보았습니다.

돈만 있다면, 권력만 있다면, 인기와 명예만 있다면 그것도 아니면 실력만 있다면, 부모라도 잘 만났더라면 등등…

99% 후진남 박달재는 99% 완벽녀 한수정에게 남은 1%의 희망을 걸고 끈질긴 구애를 합니다. 외모 학벌 집안도 별 볼일 없는 노총각 박달재, 후진놈 박달재의 사랑이 특이하고 웃기고 서글플지 모르지만 박달재는 100번째 너머에 있는 101번째에 자신의 진실한 사랑을 걸었습니다(드라마 101번째 프러포즈 중에서). 지금도 사람들은 백방으로 이 위기를 벗어나고자 애쓰고 있습니다. 하지만 그 답은 101번째에 있습니다. 신뢰의 위기에서 찾아야 합니다. 전쟁도 해보고 쿠데타도 해보고 데모도 참 진저리나게 해보고 안 해본 것이 없는 우리 민족입니다. 이제 101번째 신뢰의 위기를 극복하는데서 찾아야 할 때가 되었습니다. 불신은 단절을 가져옵니다. 분단국 KOREA는 세계 최고의 불신국입니다. 불신은 단절을 단절은 미움을 미움은 싸움을 싸움은 죽음을 낳습니다. 나는 오늘 분단국 KOREA에 대한 101번째 프러포즈를 시작하렵니다.

2008년 12월 8일

22...

고난의 시작 -2008년을 보내며

정치와 경제가 쌍끌이 후진성을 보이는 오늘의 현실을 보면서 고난은 이제부터 시작이라는 생각을 합니다. 이제 1년 지났는데 이 정도인데 앞으로 4년을 생각하면 이명박 정권을 지지하는 사람도 낯빛이 어두운 것 같습니다. 태생적으로 경직된 이념을 소유한 사람들이 나이가 들면서 완고해지면 아무도 못 말리게 되는 것입니다. 그들은 국민을 통제하고 감시하고 반대자를 무력화시키면 효율적인 국가운영과 영속적인 집권을 할 수 있으리라 굳게 믿고 있는 모양입니다. 사실 '강부자' 들이 못 가진 것이 뭐 있습니까? 사법부, 검찰, 국정원, 경찰, 보수 언론 그리도 엄청난 재산. 게다가 '죽어도 좋아' 라면서 지지하는 이해 동일자 30%의 지지자들이 있는데? 못할 것이 뭐 있다고 그러는지 모르겠습니다. 지금 민심을 얻지 못해 조바심치는 마음들이 왜곡되게 표현되고 있는 듯합니다. 4년 전 '4대 개혁 법안' 의 상정 실패로 '열린 우리당' 이 몰락의 길을 걷다가 결국 정권마저 내어준 반면교사가 있었음에도 똑같은 일을 벌이는 것을 보면 우매하다고나 할까? 이러한 무리수가 자충수, 외통수가 되어 우리 모두를 힘겹게 하고 있습니다. 과연 법이 없어 통치를 못할까? 법이 허술해 지배할 수 없을까? 민심을 얻지 못하면 제아무리 총칼을 흔들어도 무너질 수 밖에 없다는 교훈을 벌써 잊었을까? 이 땅의 기성세대들의 빗나간 욕망에 민족의 운명이 흔들리고 있습니다. 지금 우리의 젊은이들은 꿈을 상실한 채 그들의 존재마저도 확인할 수 없는 그 미약함으로 남아있습니다. 도서관에 틀어박혀 호구지책의 취직시험이나 매달리는 젊은이들을 보면서 이 나라는 진정 위기라는 생각을 했습니다. 어느덧 기성세대가 된 우리를 강력하게 비판하며 더 나은 사회를 만들어야 한다고 외치기라도 했으면 바라는데 너무도 조용합니다. 그들은 무슨 생각을 하고 있을까? 그들이 기성세대가 되면 어떤 사회가 될까? 이 땅의 분단이 그로 인한 이념의 경직이 너무 오랫동안 못된 힘을 발휘하고 있습니다. 그 속에서 진정 소중한 젊은이들의 이상과 꿈이 죽어버렸습니다. 이 나라와 민족의 장래를 꿈꾸는 이상주의자들이 없습니다. 기성세대들의 억지에 눌려 그들의 자유분방함이 질식되어 버렸습니다. 이것이 고난의 시작입니다. 꿈꾸는 자가 사라졌습니다. 아무리 경제를 살리려 해도 국민의 마음을 얻지 못하면 불가능합니다. 제 아무리 강한 통치법이 있어도 민심마저 통치할 수는 없습니다. 이제 1년 지났습니다. 앞으로 4년 동안 엄청난 갈등과 혼란이 예상됩니다. 그것은 이명박 정권과 한나라당의 극우적 사상이 가장 큰 원인일 것입니다. 국민들은 쉽게 행동하지 않을 것입니다. 다만 무관심과 냉소로 사보타쥬 할 것입니다. 그렇게 되면 될수록 침체되고 우울해 질 것입니다. 위정자들은 더욱 조급해지고 무리수와 악수를 거듭할 것입니다. 현 집권층은 절대 마음을 돌리지 않을 것입니다. 그것이 권력의 속성입니다. 이것이 고난의 시작입니다. 욕망의 바벨탑 한탄강댐을 보면서 완공되기도 전에 이 나라는 심각하게 흔들릴 것이라 수없이 경고했습니다. 남북관계는 이왕 이렇게 된 마당에 앞으로 4년간 서로 무관심하게 있었으면 좋겠습니다. 친해지려고 노력할 것도 없고 으르렁대며 간섭할 것도 없이 당분간 자신의 문제를 잘 해결하는 편이 나을 듯 싶습니다. 어차피 많은 것은 시간이 해결해 주기도 합니다. 앞으로 4년이 우리 민족에게는 중차대한 시간입니다. 비록 고난의 시간이긴 하지만 많은 문제들을 이 고난의 시간을 통해 해소할 수 있을 것 같습니다. 문제 많은 사람에게는 일을 시켜보면 그 사람의 모든 것을 알 수 있습니다. 지금 국민들이 이 땅의 극우 세력들에게 일을 맡기고 있습니다. 그 전엔 국민이 맡긴 것이 아니라 극우들이 총칼로 권력을 잡았지만 지금은 국민들이 압도적으로 일을 맡겼습니다. 그러기에 극우정권을 선택한 국민들도 이제 반성의 주체가 되는 귀중한 체험을 해야 하는 것입니다. 이런 절차와 과정이 그동안은 없었던 것입니다. 노무현을 지지하던 사람들이 지금 반성하고 있는 것처럼 극우정권을 지지했던 사람들의 집단적 반성도 우리 역사에는 반드시 필요한 절차라고 생각합니다. 이것이 고난의 시작입니다. 북한도 그들의 말대로 '고난의 행군'이 연속되고 있습니다. 지도자를 잘못 만나면 백성은 고난의 행군을 해야 하는 것입니다. 2008년을 보내면서 신발 끈을 동여매야 할 것입니다. 그러나 이 고난의 시기는 분명 끝이 있습니다. 어리석은 백성에게는 고통을 통하여 회개하기를 기다리는 섭리가 있습니다. 이 백성의 반성과 회개가 진심으로 이루어지는 날이 고난은 끝이 날 것입니다. 백성을 사랑하는 지도자들은 모두 떠나고 젊은이들은 그들의 이상과 꿈을 시궁창에 버리고 권세자들의 공허한 외침만이 거리를 나뒹구는 지금 우리의 고난은 시작입니다. 그렇게 우리는 2008년을 보내고 있습니다.

2008년 세모에

…23

죽음에 대하여

J. 루소는 그의 저서 '에밀'의 첫 머리에서 이렇게 정의했습니다.

"神이 만물을 창조할 때에는 모든 것이 선하지만 인간의 손에 건네지면 모두가 타락한다. 인간은 어떤 땅에서 나는 산물을 다른 땅으로 옮겨 억지로 기르게 하고 어떤 나무에 다른 나무의 열매를 맺게 하려고 억지를 쓴다. 그리고 때와 장소와 자연 조건을 혼란케 한다. 자기의 개와 말이나 노예를 불구로 만든다. 인간은 모든 것을 깨뜨리고 일그러뜨리며 畸形과 괴이한 것을 좋아한다. 자연이 만든 상태 그대로는 무엇 하나 마음에 들어 하지 않는다. 인간 자신에 대해서도 그렇다. 그리하여 인간은 승마하기 위해 말을 훈련시키듯 인간을 훈련시킨다. 정원의 나무처럼 자기 주인의 취향에 맞게 뒤틀려야 한다."

(에밀 中에서)

300여년 전의 루소의 생각입니다. 이렇게 본성에 어긋나는 교육과 그로 인하여 빚어지는 세태를 두고 고민한 루소도 결국 결론은 이렇게 내립니다.

"그러나 그렇게라도 교육하지 않는다면 사태는 더욱 악화될 것이다."

어제는 지인의 장례식에 참석하느라 월요편지가 '화요편지' 가 되었습니다. 말기 암으로 힘겹게 투병하는 후배 아내의 병세 악화 소식을 접하고 문득 인간의 죽음에 대하여 생각해 보았습니다. 사람이 태어나면서 그 一聲은 아이러니 하게도 울음입니다. 힘차게 울어댈수록 건강한 아이라고 좋아합니다. 왜 인간의 一聲은 울음일까요? 웃음이 아니고 왜 울음일까요?

어쩌면 삶은 즉 생명은 그 존재 양식이 고통이라는 암시인지도 모른다는 생각을 했습니다. 가진 자나 못가진 자나 삶은 고통의 연속입니다. 행복이나 기쁨은 잠시 스쳐지나가는 것일 뿐 가진 자는 가진 것을 지키려고 못가진 자는 더 가지려고 발버둥을 치면서 고통을 사들입니다. 또 어떤 일이 일어나면 자신들의 가치와 이해관계를 잣대로 마음껏 재단하고 단죄하고 투쟁합니다. 자신의 입맛에 맞지 않으면 본능적으로 "저 사람 빨갱이가 아닐까?" 아니면 "친일파가 아닐까?" 이렇게 생각합니다. 과학과 기술이라는 이름으로 자연을 왜곡하는 것은 그렇다 치더라도 인간이 인간을 왜곡하고 기형으로 만들고 투쟁하는 것은 참으로 고통스러운 일입니다. 그러나 사람들은 지금까지 그 고통스러운 일들을 쉼없이 해오고 있습니다. 그것이 인간의 역사이기도 합니다. 보기에 따라 완전히 다른 세상이 되어 버릴 수 있는 그 이해관계의 대립이 우리에게는 이미 습관화 되어 버렸습니다.

이런 세상에서 과연 정치를 해야 할까? 요즘 심각하게 고민하고 있습니다. 과연 내가 정치를 하는 게 세상을 조금이라도 나아지게 할 수 있을까? 아니면 더 나빠지게 하지는 않을까? 아무도 이에 대한 답을 내려 주지는 않습니다. 젊은 시절에는 정의는 반드시 승리한다고 믿었습니다. 비록 패배한다 해도 그것은 일시적일 뿐 결국엔 승리한다는 믿음도 있었습니다. 그러나 그것은 세상에서 이루어지는 일이 아닙니다. 왜냐하면 정의는 보는 사람마다 다 다르기 때문입니다. 사람들은 언제나 편이 갈리게 되어 있습니다. 타고난 기질 때문이든 아니면 이해관계 때문이든 어떤 사안을 앞에 두면 꼭 편이 갈립니다. 인간은 그렇게 만들어져 있습니다. 물론 그것이 항상 한편이 되는 것 보다 덜 고통스러운 일인지는 모르지만 말입니다.

사람은 울면서 태어나서는 남은 사람의 눈물을 흘리게 하면서 삶을 마칩니다. 지난날의 그 많은 싸움들이 참 우스워 보이는 요즈음입니다. 사람들은 참 좋은 목적으로 모여서 결국엔 그 모임의 노예가 되는 경우가 허다합니다. 심지어 교회까지도 그렇습니다. 자신만이 옳다고 굳게 믿지만 그것이 더 큰 싸움을 만들고 맙니다. 지금 정권을 잡고 있는 극우세력들을 보고 있노라면 참 안쓰럽기도 합니다. 이 혼란한 나라를 책임지고 있으니 얼마나 힘들겠습니까? 사실 그들의 고통은 국민들이 그들을 향하여 무관심 하다는데 있을 것입니다. 대다수 국민들이 냉소적이기 때문에 작은 반대도 엄청 커보이는 것입니다. 그리고 언론의 속성은 호들갑이고 불난집의 부채질이기 때문에 네편 내편을 가릴것 없이 뭐든지 커보이게 할 뿐입니다. 이제 계몽적 정치철학을 가지고는 아무것도 할 수 없는 시대가 되었습니다. 왜냐하면 사람들이 사실은 모르는게 없기 때문입니다. 정부여당이 미디어법을 통하여 언론을 자기편으로 하면 세상이 다스려 질 것이라고 착각한다면 그건 슬픈 일입니다. 인터넷을 통제한다고 유언비어가 줄어들 것이라 생각한다면 그건 참 순진한 발상입니다. 세상은 그렇게 되돌릴 수 있는 것이 아닙니다.

아무리 힘이 있어도 사람은 단 한가지 죽음 앞에서 참으로 평등합니다. 전 요즘 한때 나를 공개 고발하며 애국심을 뽐내던 주성영씨나 사사건건 날카로운 시비를 만드는 전여옥씨를 물끄러미 바라보면서 저들도 죽을텐데 왜 저렇게 사나 싶은 생각이 듭니다. 무엇이 그들을 그리도 영악스럽게 하는지 모를 일입니다. 물론 그들만의 애국심과 정의라고 하겠지만 선뜻 내키지가 않습니다. 그래서 저는 제가 먼저 저의 애국심과 정의를 내려 놓기로 했습니다. 그러면 저들의 애국심과 정의만 덩그러니 남을 것입니다. 사실 상대 없는 애국심과 정의는 알코올 빠진 포도주나 다를바 없으니까요. 간첩없는 국정원이 얼마나 힘들겠습니까? 물론 도청 감청을 못해서 못잡는 것이라고 우기기는 하지만 과연 그럴까요?

같지 않은 애국자들의 상대가 되기 싫어 저의 애국심을 일단 내려 놓으렵니다. 그리고 그들에게 대꾸 할 만큼 한가하지도 않구요. 미국인들도 오죽하면 흑인을 그들의 지도자로 선택했겠습니까? 다 어려움과 고통때문입니다. 이제 산업혁명을 통한 기술 진보의 물질문명의 한계상황은 또 다른 문명의 시작을 알리고 있습니다. 사람들은 지금 무척이나 고통스런 삶을 살고 있다고 믿고 있습니다. 저도 동의합니다. J. 루소는 이렇게 부연하며 동의합니다.

"사람은 언제나 고통속에 사는 운명을 지녔다. 자신을 지키려는 노력 그 자체가 고통과 연결되어 있다. 유년 시절에 육체적인 고통밖에 몰랐던 사람은 행복하다. 육체의 고통은 다른 고통에 비해 훨씬 덜 잔인하고 덜 고통스러움으로, 그 때문에 삶을 단념하는 사람은 거의 없다. 사람을 절망시키는 것은 정신적인 고통뿐이다. 우리의 가장 큰 고통은 우리의 마음에서 비롯 된다."

(에밀 中에서)

그렇습니다. 생명의 존재 양식은 고통입니다. 들판의 작은 풀 한포기도 비바람과 엄동 설한을 견디어 내야 하고 땅위를 기어가는 벌레들도 날아가는 새들의 날카로운 눈매를 피해야 합니다. 인간의 생명 또한 예외는 아닐 것입니다. 그러나 죽음 앞에 당당히 맞설 수 있다면 그 모든 고통이 아무것도 아니라는 것을 발견하게 될 것입니다. 죽음은 생명체의 모든 고통을 사라지게 하지만 기쁨도 여하한 느낌도 사라지게 하기 때문입니다. 루소는 이렇게 결론을 내립니다. "우리들 가운데 인생의 좋은 일, 나쁜 일에 가장 잘 견디는 사람이야 말로 가장 잘 교육 된 사람이라고 생각한다." 저도 그렇게 생각합니다. 장례식을 마치고 돌아와서 문득 펼쳐든 책이 장자끄 루소의 '에밀' 이었습니다. 정의감이 넘치던 시절에는 모든 것에 감사하라는 말이 참 못 마땅 했었습니다. 그것은 부정한 자들이 약한 자들에게 좀 조용히 하라는 소리로 들렸기 때문입니다. 그러나 이제는 아닙니다.

"범사에 감사하라. 항상 기뻐하라. 쉬지말고 기도하라."

이 말을 조금 알 것 같습니다.

2009년 3월 10일

24...

성공한 사람들의 단 한가지 습관

중·고등부 친구들과 함께하다보면 그들의 성장과 변화를 마치 표본실에서 보는 듯한 기분이 듭니다. 그만큼 청소년들은 성장속도가 빠르고 변화무쌍하기 때문일 것입니다. 아이들은 모두 다양하게 저마다의 모습으로 성장 변화하지만 그래도 그 중에 눈에 띄게 보기 좋은 친구들이 있습니다. 그런 친구들이 학생회 회장이 됩니다. 처음 들어왔을 땐 정신없이 떠들고 그저 아무 생각 없는 것 같던 친구들이 4~5년이 지나면 의젓해지고 동생들을 챙겨주고 무슨 일을 해야 하는지 스스로 판단하고 맡은 일을 처리해 나가는 걸 보면 신기할 정도입니다. 아이들 세계에도 그들만의 룰이 있습니다. 어른들과는 판이하게 다른 룰이 있습니다. 요즘 아이들은 아주 현저하게 다른 사람들에게 무관심해보입니다. 그러면서도 쉬지 않고 문자를 교환합니다. 그 중에서도 리더십이 있고 보기 좋게 성장하는 친구들은 한 가지 점에서 다른 아이들과 확연히 구분이 가는 특징이 있습니다. 그것은 바로 책임감입니다. 책임감은 습관인 것 같습니다. 후천적으로 길러지는 아주 의식적인 행동양태입니다. 그것은 한 사람의 성장과정과 절대적인 관계가 있습니다. 가정에서, 학교에서, 사회에서 개인의 기질에 따라서 다양하게 훈련되는 이 책임감은 그 수준도 다양합니다. 사람을 평가하고 쓸 때에도 이 책임감이 제일의 덕목인 것은 아무리 강조해도 지나치지 않을 것입니다. 그러면 책임감은 어떻게 몸에 배일까요?

책임감이 중요한데 그걸 훈련하는 방법을 잘 모르는 사람들이 많습니다. 책임감이 어디에서 나올까요? 어떤 마음이 책임감을 느끼게 할까요? 그것은 두 말할 나위 없이 사랑입니다. 사랑의 크기만큼 꼭 그만큼 비례해서 책임감이 생깁니다. 물론 욕망을 실현하기 위한 노력도 책임감으로 보일 수 있습니다. 그러나 그것은 욕망이 사라지는 순간 그 책임감처럼 보였던 성실은 헛된 것으로 남거나 다른 이에게 상처를 줍니다. 사랑의 외적 표현인 책임감은 그 사랑이 식는다 해도 상처를 남기지 않습니다. 그러면 사랑하는 마음은 어떻게 가질 수 있을까요? 하나님은 자기의 형상대로 사람을 만들었습니다. 하나님은 사랑입니다. 그러므로 사람도 사랑입니다. 즉 사람의 존재양식은 사랑입니다. 그렇습니다. 인간의 본질을 싸고 있는 나쁜 것들을 걷어내어 그 본질인 사랑을 드러내는 훈련이 책임감을 기르는 일인 것입니다. 웬 철지난 사랑 타령이냐구요? 글쎄요? 사랑의 외적표현인 책임감과 욕망이 낳은 집념인 사이비 책임감을 구분하기 위해서입니다. 사람들은 저마다 다른 욕망을, 저마나 다른 사랑으로, 그로 인한 책임감으로 현혹하면서 정당성을 얻으려합니다. 사람들은 모두 성공하기를 원합니다. 그러나 많은 사람들은 자신이 가진 능력과 욕망의 편차가 너무 커 불행하다고 생각합니다. 불가에서는 욕망을 줄이라고 합니다. 한국의 교육은 능력을 무한히 높여서 욕망과의 편차를 줄이라고 합니다. 그러나 욕망으로부터 나오는 성실한 집념은 또 다른 상처를 만든다는 것을 우리는 잘 알고 있습니다. 그리고 이것은 그 목표를 달성한다 해도 성공이라고 할 수 없습니다. 그것은 어딘가에 그만큼의 상처를 남기기 때문입니다. 진정 사랑하는 마음에서 나오는 책임감, 그것은 상처를 남기지 않습니다. 여러분 우리는 아니 나는 책임감이 있는 사람인지 아닌지 잘 살펴보시기 바랍니다. 그리고 사람을 쓸 때 어떤 눈으로 보아야 하는지 생각해 보십시오. 욕망이 에너지인 "성실한 집념"을 택하시겠습니까? 사랑의 자연스런 표현인 "책임감"을 택하시겠습니까?

2009년 3월 16일

25...

두 가지 후회

이광재의원의 구속을 접하면서 "권불십년, 남의 눈의 티, 재 묻은 개, 털어 먼지 안나는 사람 없다 … " 등의 속담이 참 실감나는 말이라는 생각을 했습니다. 제가 간첩 누명을 쓰고 의원회관에서 발언할 때 충혈된 눈으로 나를 위로하던 모습이 문득 떠올랐습니다. 권력이 무언지 물론 법을 어겼다는 이유로 구속되었지만 더 큰 이유는 권력을 잃었기 때문이라고 모두 생각할 것입니다. 그런 이의원의 의원직 사퇴를 바라보면서 짧은 의정생활기간이 스치듯 지나갔습니다. "허위사실 유포혐의"로 의원임기도 시작되기 전에 경찰조사를 받고 무혐의 처분을 받았는데 어찌된 일인지 검찰이 다시 입건하여 조사를 받게 되었습니다. 자존심 상하고 불쾌했지만 제 스스로 떳떳하고 당당히 조사에 임하는 것도 중요하다고 생각하여 순순히 조사를 받았습니다. 그러나 기소가 되고 1심에서도 내 맘만 믿고 재판장에게 이렇게 말했습니다. "난 하나님이 나에게 물어본다 해도 결코 허위사실을 말한 적이 없습니다."라고 말입니다. 그러나 1심에서 벌금 250만원을 받았습니다. 그 때서야 뭐가 잘못되어 간다는 생각을 했습니다. 그래서 항소심만큼은 철저히 대응해서 무죄를 밝혀내야겠다고 나름대로 변호사 선임도 신경써서 하고 증인들도 세웠지만 2심재판부의 분위기는 더욱 싸늘했습니다. 결국 기각되어 대법원의 판단만을 남겨두게 되었을 때 저는 고민했습니다. 의원직 사퇴를 하면서 무죄를 호소할 것인가? 그래도 대법원까지 최선을 다해볼 것인가? 상고이유서가 아닌 상고포기이유서를 써놓고 며칠을 고민했습니다. 국회의원이 수만 명의 지역유권자들의 지지로 당선되었는데 사사로운 개인의 감정을 앞세우면 안 되지 하는 마음과 검찰과 사법부를 의원직을 버리면서라도 부정하고 싶은 마음이 뒤섞여 한동안 번민을 했습니다. 결국 현 대법원장인 이용훈 변호사님을 알게 되어 여러 조언을 듣고 상고를 하게 되었지만 결과는 의원직 상실로 끝이 났습니다. 그제서야 후회를 했습니다. 2심이 끝나고 과감히 의원직 사퇴를 하지 못한 게 지금껏 후회가 됩니다. 그 이후로도 우스운 일로 한 번 재판을 받았던 일이 있었지만 가능하면 검찰 법원에 호소하는 일을 만들지 말아야겠다고 다짐 또 다짐을 하곤 합니다. 전 지금까지 10번을 재판을 했는데 한 번도 이겨본 적이 없습니다. 제가 죄인이긴 죄인인 모양입니다. 사실 의원직 사퇴를 하지 못한 것은 그래도 사법부를 믿어보자 하는 마음과 열심히 해서 유권자들에게 무죄임을 보여주고 싶은 기대와 욕심이 있었기 때문이었습니다. 모르겠습니다. 의원직이 아까워서 못 버렸는지는. 하지만 지금도 최소한 2심이 끝나고 의원직 사퇴를 하지 못한 것이 두고두고 후회가 됩니다. 사법부를 믿었던 내가 너무 바보스럽게 생각되고 미웠던 것입니다. 또 다시 똑같은 일이 벌어진다면 아예 검찰 출석도 안 할 것 같은 마음인데 그 땐 참 순진한 의원이었던 것 같습니다. 아무튼 희대의 선거법 재판을 겪었던 저는 그때 의원직 사퇴로 깔끔하게 마무리 못한 걸 지금도 후회하고 있습니다. 두 번째 후회는 신행정수도 법률안입니다. 노무현 후보는 충청표심을 얻기 위해 행정수도 이전을 공약했습니다. 이 공약은 행정수도에서 행정복합도시로 확정되어 지금 부지매입이 완료되었습니다. 그러나 현정부 들어서 재검토를 하고 있는 모양입니다. 사실 법률안 심의 때 저는 개인적으로 행정수도 이전은 반대하는 마음이었습니다. 지역균형발전과 수도권 분산이라는 명분도 있지만 선거를 앞두고 졸속적으로 공약되었고 이를 특별법으로 추진하였을 때에 이건 아닌데 하면서도 여당의원으로 그저 당론에 따르는 쪽을 택했습니다. 다시 의원이 되어 이와 똑같은 일이 벌어진다면 반대의견을 분명히 피력하고 당론에 반대되는 투표를 할 것입니다.

비록 공약이지만 국익을 위해서는 재검토 될 수도 있다는 확신을 왜 굳건히 하지 못했는지 의원은 양심에 따라 투표할 수 있다는 큰 원칙을 왜 가벼이 했는지 후회가 됩니다. 신행정수도에서 행정복합도시로 점점 옹색해지는 노무현 공약의 최대실수였으며 혈세낭비와 토건족들의 배만 불리는 사업이 되었습니다. 마치 대운하와 같은 셈이죠.

사실 이라크 파병은 찬성을 했습니다. 이것은 찬성을 해야겠구나 생각했습니다. 지금도 후회하지 않습니다. 진보계열에서는 제가 이라크파병을 찬성했다고 비판도 했던 기억이 있습니다. 그러나 짧은 의정생활기간에 두 가지 큰 후회를 남기고 말았습니다. 이광재 의원의 의원직 사퇴를 바라보면서 그 사퇴가 사법부에 대한 항의의 표시가 아니라 의원직에 대한 예의 때문이라고 해서 좀 다른 기분은 들었지만 그 마음에 얼마나 만감이 교차할까 연민의 정이 느껴집니다. 이렇게 정치가 잔인한 것인지 내가 당할 땐 몰랐는데 다른 의원들이 사법처리 될 때에야 비로소 내 지난 시간이 되살아나는 아이러니는 무슨 이유입니까? 그러나 권불십년이니 십년정도는 또 참으면 또 다른 날도 오겠지요? 많은 사람들이 무대에서 사라지면 말입니다. 많이 어렵고 힘든 요즈음입니다. "권불십년"을 주문처럼 외우면서 우리 힘을 냅시다. 서양 속담엔 이런 말이 있습니다. "큰 돈에는 반드시 구린내가 난다" 몸으로 때우며 사는게 가장 행복한 거랍니다. 그리고 꽃은 바람에도 지지만 제 스스로 떨어지는 것이 꽃이랍니다. 여러분 참고 기다리세요. 지금 여러분이 가지고 있는 생각, 그것이 옳은 생각입니다.

2009년 3월 30일

…26

영혼을 팔아먹는 정치, 이제 그만

영혼을 팔아먹는 정치, 이제 그만 그만두렵니다! 제가 여러분을 더 나은 세상으로 안내하겠습니다. 그러니 부디 저를 뽑아 주십시오. 지금의 권력자들은 여러분의 행복을 가로막고 있습니다. 이것도 문제고 저것도 문제고 온통 문제투성이입니다. 이렇게 정치인들은 대중을 향해 목청을 높입니다. 그래도 여기까지는 보아줄 만합니다. 누구누구는 빨갱이요, 친일파요, 파렴치범이고, 패륜아요, 무능력자요, 천하의 사기꾼입니다. 그런 사람이 여러분의 지도자가 된다는 것은 우리 모두의 불행입니다. 이것은 흔히 있으나 짜증나는 일입니다. 그 다음엔 당선된 사람을 고발하거나 뒤를 캐거나 온갖 모함을 하고 끌어내리는 일입니다. 정치자금, 선거법, 기타 건수만 있으면 정치인은 치명적 상처를 입습니다. 사람들은 자신이 반대하는 정치인은 완벽한 인간이길 바라면서도 자신들과 이해를 같이 하는 정치인에게는 아주 너그럽습니다. 정치인들은 대부분 자기분야나 일반 지식에 있어 일가견을 가진 사람들 입니다. 젊은 시절 다 한가닥씩 했다고 자부하는 사람들입니다. 그들은 모두 자신의 큰 꿈을 위해 정치를 시작합니다. 그러나 현실은 그리 호락호락하지만은 않습니다. 마시기 싫은 술도 마셔야 되고 헤픈 웃음도 팔아야 하고 이곳저곳 눈치 보며 기웃거려야 하고 초상집, 결혼식, 칠순잔치는 물론 남의 아이 돌잔치까지 가야 하기도 합니다. 하루는 기독교인이 되기도 하고 하루는 합장기도를 하기도 합니다. 공천을 받기 위해 줄 대기는 기본이고 맘에 들지 않는 사람에게도 그 내색을 드러내서도 안 되고 굽신굽신 절을 해야 합니다. 가까운 사람에게 치명적인 배신을 당해도 묵묵히 참아야 하고 노골적인 모욕도 견뎌야 합니다. 그렇게 해서라도 당선만 된다면 모든 걸 보상받을 것이라 믿고 사는 겁니다. 진심으로 살려고 하면 정치는 정말 못할 짓이라는 생각을 합니다. 그래도 사람들은 정치가 중요하다며 정치에 무한 관심을 가집니다. 겉으로는 무관심한척 하는 사람일수록 냉소적인 사람일수록 알고 보면 더 정치적입니다. 여당도 야당도 싫어하는 사람의 대부분은 여당이 인기 없을 때의 여당지지자들입니다. 양비론자의 대부분은 아주 정치적인 사람들입니다. 6월 항쟁은 한국에서 민주주의를 최소한 파시즘으로 되돌리지는 못하게 한 역사적인 사건입니다. 지금은 최소한 그전 같은 무지막지한 고문은 할 수 없는 세상이 되었습니다. 그러나 또 다른 비열함으로 한 인간의 영혼을 파괴하는 일들은 여전합니다. 정치인들은 참 웃기는 선거법을 그들 스스로 만들어 놓고 그 안에서 허우적거리고 있습니다. 한국의 선거법은 표현의 자유를 극도로 제약하는 데 그 목적이 있는 듯합니다. 그러기에 유치하기가 이를 데 없습니다. 김밥은 밥이 아니고 다과라고 분류한 법이 바로 선거법이거든요. 하지만 아이들에게 물어 보세요 김밥이 밥이 아니냐고. 이용훈 대법원장이 사석에서 국회의원들이 법을 잘 만들어야 합니다. 법관은 그냥 법대로 할 뿐입니다. 이 말이 지금도 잊히질 않습니다. 사법부가 입법부를 쥐락펴락 하고 정치인은 법의 노예가 되어버린 현실이 오늘의 정치입니다. 이젠 국회의원이 와도 사람들은 그저 그렇습니다. 존경은 커녕 참 한심하다는 뒷담화만 안 해도 다행일 정도입니다. 그래도 지역 주민들과 일일이 악수하고 허리를 굽히고 만면에 웃음을 지어야 합니다. J. 루소가 한말이 생각납니다.

"그들(유권자)을 당신 마음대로 끌고 가기 위해서는 당신도 그들의 마음에

들도록 행동하지 않으면 안 된다. 그들은 사고방식을 바꾸기만 하면 되지만 당신은 무리를 해서라도 행동양식을 바꾸지 않으면 안 된다."

(에밀 中에서)

그렇습니다. 무리를 해서 행동양식을 바꾸다보면 정치인은 타락하고 변질되고, 급기야 망신을 당하게 되고, 영혼마저 팔아버리는 파우스트가 되는 것입니다. 지금 이땅의 가장 낮은 민중들까지 너무 약삭빠르고 혈세를 사유화하는데 선수들이 되어 있습니다. 나름대로의 부의 재분배라고 생각할 수도 있겠지만 한탄강에서 일어나는 일들을 보면서 저는 깊은 결심을 하게 되었습니다. 어떻게 그들의 마음에 들도록 제 행동양식을 바꾸겠습니까? 그들도 목소리 높여 외칩니다. 우리도 너희들이 한 대로 하는 것뿐이라고. 맞습니다. 그들이 어디서 배웠겠습니까? 성 상납, 박연차로 상징되는 이시대의 권력문화, 끝없는 고소, 고발, 폭로, 배신 그리고 증오 그 어디에도 사랑과 희생과 관용은 없습니다. 단지 힘이 있느냐 없느냐로 구별되는 정치판 아니 이 나라가 안타까울 뿐입니다. 힘 있는 자들은 법치와 정의를 외치고 있지만 세상은 말도 못하게 썩어 있습니다. 민초들까지 속속들이 병들어 있는 지금 더 이상 계몽의 정치는 의미가 없습니다. 술 마시고 헤픈 웃음 팔고 온갖 배신 앞에서도 의연한척 하고 인내하고 모욕을 견디며 살아야 하는 정치는 이제 그만 하렵니다. 이번 주는 고난 주간입니다. 예수님처럼 고난과 희생의 십자가를 메고 인류에게 하나님은 사랑이시다 나는 그 사랑을 전하러 왔다. 그러므로 너희들도 인간이라면 (여기에 방점을 찍고 싶습니다. 인간이 아니라면 상관없다는 뜻입니다) 서로 사랑하라. 이런 변하지 않는 메시지를 남기는 희생과 고난이어야 의미가 있는 것 아니겠습니까? 지금 한국에서는 정치적으로 희생되면 그냥 희생일 뿐입니다. 아무런 의미가 없습니다. 경찰청장 표현대로 재수가 없거나 더러운 판에 살아남을 힘이 없을 뿐이라 평가만 받을 것입니다. 이제 그런 정치를 그만두렵니다.

이제부턴 말도 안 되는 말을 하는 사람의 비위를 맞출 필요도 없고, 유권자라고 괜한 부채의식을 가질 필요도 없고, 식당에 가서도 맘 편히 밥 먹을 수 있을 것 같습니다. 더 큰 꿈을 위해 그리고 소중한 내 영혼을 지키기 위해 지금의 정치를 버리는 것입니다. 이제 더 큰 자유를 얻을 것 같습니다. 고난주간 새벽기도시간 내내 이런 결심을 했습니다. 지금과 같은 정치는 나 아니어도 할 사람 많고, 세상은 누가 되도 별 차이 없다는 것을 알게 될 것이고, 인간은 늘 어리석은 최선을 다하는 존재라는 것을 깨닫게 될 것입니다. 이제 진짜 새로운 삶이 간절히 필요한 시기입니다. 저도 나이 50의 문턱에 서서 비로소 하늘의 뜻을 헤아려 보는데 집중해보려 합니다. 그것을 위해 지금까지의 정치를 내려놓는 것부터 하는 것입니다. 지난 20년, 10년은 학생운동과 감옥, 또 10년은 지역운동과 정치 그리고 창살 없는 감옥(?), 앞으로 10년은 또 어떻게 살아갈 것인가?

바로 이렇게 살 것입니다. 그것이 부활절을 앞둔 제 기도이며 다짐입니다.

2009년 4월 6일

...27

쉰 번째 봄

올해 봄은

꽃은 있으나 향기가 없습니다.
훈풍이 없어져 그런 모양입니다.
들판에는 삭풍의 찌꺼기들만
웅성거리며 버티고 있습니다.

춘삼월이 다 지나도
꽃이 지고 초록 잎 살랑거리는 바람 끝에도
내 마음은 아직도 진눈깨비만
움츠려버린 달맞이꽃 위에
참 매정하게 내리고 있습니다.

겨울이 갔다고
부풀던 사람들도
이 봄이 언제나 지나가냐고
속절없이 여름을 기다립니다.
그래야 다시 가을이, 겨울이

그러다 보면 이 봄과는 같지 않을
아니 같으면 절대 안될
그런 봄이 올지도 모르니까요

올 봄처럼 나른하고 팍팍한 거라면
차라리 매서운 바람에 옷깃을 여미며
날카롭게 봄을 기다리는 편이
아직은 씨앗으로 누워있는 車前子가
수레바퀴에 온몸 헤져버린 질경이 보다
나음 같지 않을까
하는 사람들이 꽤 있는 듯 싶습니다.

탯줄로 아련히 느끼던 봄 이래로
쉰 번의 봄이었지만
아직은 모든 봄이 진정한 내 봄
내 봄을 노래하기 위한 似 以 非 春!

2009년 5월 4일

...28
또 벌 받았습니다.

또 벌 받았습니다. 선거법 재판으로 선고받은 벌금 250만원을 은행에 납부했습니다.

꼭 벌받은 기분입니다.

초등학교 다닐 때 미군들이 훈련 나오면 탱크 뒤를 따라 다니면서 연습탄 탄피도 줍고 가끔은 초콜릿도 얻어 먹었습니다.

그리고 다음 날 조회시간에 모두 불려나가 볼기를 맞았습니다.

죄목은 나라를 부끄럽게 했다는 것이었습니다.

그러니까 우리가 초콜릿이나 탄피를 줍는 모습을 미군들이 사진을 찍어 본국에 보내고 이런 것이 언론에 나면 나라의 수치라는 것이 그때 선생님의 논리였습니다

그럴 수도 있겠구나 생각했습니다.

그후로는 미군을 따라다니지 않았습니다.

운동회를 위한 연습 때 기마전 연습을 하다가 동작이 느리다고 곤봉으로 머리를 맞았는데 그만 머리가 터졌습니다.

상급생 누나들의 도움으로 지혈을 하고 겨우 집에 갔습니다. 저희 할머니가

이 사실을 듣고 학교에 단걸음에 오셨다가 아무 말씀도 못하고 돌아가셨다는 걸 나중에 알았습니다.

요즘 같았으면 그 선생님은 파면이었을 것입니다.
지금도 제 머리 정수리 옆에는 그날의 상처가 큼직하게 있습니다.

중학교 때 20리 길을 매일 자전거를 타고 통학했습니다. 어느날 자전거가 고장나서 지각을 했습니다. 그때 고등학교 교련 선생님께 무지하게 맞았습니다.

고3 때는 복장 위반으로 인상적으로 맞은 적이 있습니다.(이건 진짜 맞을 짓이었습니다.)

훈련소에서는 벌 받는게 곧 훈련이었으니 생략하겠습니다.

제5공화국 때 '전두환 물러가라' 고 전단 돌리다가 5일간 포천경찰서 유치장에서 구류 살았습니다. 그때 판사님은 '광주학살은 유언비어다' 라고 했습니다.

대학 4학년 때 학생운동 배후조종 혐의로 집행유예 받구요. 마무리로 실형 4년 2개월 벌 받았습니다.

아, 그리고 신호위반, 속도위반… 무지하게 많았습니다.
이번엔 또 선거법 위반으로 250만원 벌금 물었습니다.
이렇게 많은 벌을 받았습니다.
내 양심속에 느끼는 죄는 더 많습니다.
하지만 이번 벌금은 웃기는 벌입니다.

...29
사랑에 대하여

사람들은 사랑을 좋아합니다. 그래서 무엇인지 잘 모르지만 사랑하기를 원합니다. 사랑을 나누며 살고 싶어합니다. 그러나 딱히 무엇이 사랑인지 확연히 말하지 못합니다. 수 많은 사상가, 철학자, 시인들이 사랑을 정의하고 노래했습니다.

다시 한 번 묻겠습니다. 사랑이 뭐죠?

어떤 이는 성경 말씀을 들면서 말합니다. "하나님은 사랑이다. 하나님을 사랑하고 네 이웃을 네 몸처럼 사랑하라" 예수님의 훈계입니다. 이는 바울의 언어로 더 구체화(그러나 복잡하고 멀어짐)됩니다.

"사랑은 언제나 오래 참고 사랑은 온유하며 시기하지 아니하면 사랑은 자랑하지 아니하며 교만하지 아니하며 무례히 행하지 아니하며 진리와 함께 기뻐하고 모든 것을 참으며 모든 것을 믿으며 모든 것을 바라며 모든 것을 견디느니라. (고린도전서 13장 4절~s7절)

왜 사람들은 사랑에 대하여 정의하고 싶어할까요? 알아야 행동할 수 있다고 믿기 때문이겠죠. 지금 내가 살고 있는 모습이 어떤지 확인하는 방법이기도

할 것입니다. 도대체 무엇이 사랑인가요? 제 생각으로는 사랑은 일체의 생명을 살리는 것이라 생각합니다. 심지어 죽은 것 조차도 살려내는 것이라 생각합니다. 일체의 생명을 힘겹게 하는 것, 죽이는 것은 사랑의 반대편에 있는 것입니다. 그래서 사랑은 딱히 이거다 저거다 말할 수 있는 것이 아닌 철저한 실천의 언어입니다. 죽어 가는 사람들, 시들어 가는 생명들을 유심히 살펴 보십시오. 왜 죽어 가고, 왜 시들어 가는지를…

물론 모든 살아있는 것들은 다 죽습니다. 아무리 살리려 해도 죽습니다. 하지만 생명체는 그 스스로 자신을 죽일 수 없고, 죽여서도 안됩니다. 다른 것들에 의해 죽임을 당하고 고통을 당하고 주어진 생명을 다하지 못한다면 불행입니다. 인간은 그 스스로의 죄성 때문에 사망에 이른다지만 그것 조차도 무언가로부터 죽임을 당하도록 한 것입니다. 많은 자살이 엄밀한 의미에서는 타살인 경우가 허다한 것처럼 말입니다. 천수를 다하고 눈을 감는 모습은 아름답습니다. 그 생애 속에 비록 고난이 있었다 하더라도 그 고난으로 인해 그의 시간이 조금은 짧아졌다 하더라도 그의 눈 감은 얼굴에는 영원한 생명이라 부르는 평온함이 깃들어있습니다.

사람들은 사랑을 표현하는 숱한 언어들을 탐닉하느라 정작 사랑을 하지 못합니다. 우익의 사랑, 좌익의 사랑, 기독교의 사랑, 불교의 사랑, 유신론자의 사랑, 무신론자의 사랑. 그들은 숱한 사랑의 동어반복을 되뇌며 정작 자신은 실천하지 않는 사랑의 강요자가 되기도 합니다. 강남의 '사랑의 교회' 가 2천5백억을 들여서 교회 건물을 짓는답니다. 몇 년 전 러시아의 페제르부르크에 있는 이삭 성당을 가본 적이 있습니다. 그 거대한 건축과 정교함에 놀랐지만 그 곳이 그저 구경거리 밖에 되지 않고 있다는 사실에 더욱 놀랐습니다. 유럽의 그 엄청난 성당들의 현재의 모습이 이와 다르지 않습니다. 또 얼마간의 시간이 지나면 잘 지어진(오래갈 수 있도록 설계된) 교회들이 똑 같은 운명이 되지는 않을까? 하고 상상해 보기도 합니다. 이삭 성당을 지은 사람들이 그 건물을 지으면서 관광명소를 지을 것이란 생각이야 눈곱만큼이나 했겠습니까? 예루살렘 성전을 3일이면 짓겠다는 예수님의 호언장담이 무슨 뜻인지 알 듯 합니다.

아무튼 사람들은 사랑을 참 좋아합니다. 그래서 사람들은 사랑의 이름으로 행동하려 하고, 행동한다고 합니다. 그런데 사랑을 표현하는 언어가 넘칠수록 사람들 사이에는 사랑이 점점 멀어져 갑니다. 아마 너무 멀리 있는 사랑 너무 큰 사랑만을 생각해서 그런 모양입니다. 아니면 말은 그렇게 하고 실상은 자신의 유익만을 구한다고 표현하는 것이 정확할 것입니다.

여러분 사는 게 힘드십니까? 사랑이 필요하다는 뜻입니다. 누군가의 사랑이 필요하다는 신호입니다. 그렇습니다. 바로 이웃의 사랑이 필요합니다. 너무 먼 곳에 사랑을 베풀려 하지 마십시오. 사마리아와 땅 끝은 사마리아 사람과 땅 끝 사람들에게 맡기십시오. 왜냐하면 실천이 곧 복음이기 때문입니다. 사랑 그것은 일체의 생명을 살리는 일입니다. 그것을 우리는 수많은 책으로 장황하게 늘어 놓는 것입니다.

축구에 몰입(?)되어 있는 우리 중·고등부 친구들이 어제 철원의 강팀을 6 : 2로 이겼습니다. 몇 달 전 6 : 2로 졌던 바로 그 팀입니다. 스스로들도 어찌나 좋아하던지 정말 괜찮은 하루였습니다. 중학생 팀이 지역 내 조기축구팀을 이긴다고 생각해 보세요. 그 동안 얼마나 연습을 열심히 했겠습니까? 그들이 연습할 수 있도록 얼마나 많은 사람들이 그들을 뒷바라지 했는지 모릅니다. 그들이 방학 동안 몸이 크고, 협동을 알게 되고 더불어 자신감을 얻었기 때문에 승리를 했다고 생각합니다. 그들을 자라게 하는 것, 승리하게 하는 것. 그것이 바로 사랑입니다.

오늘 아침에는 그들의 삶도 축구처럼 되었으면 하는 기도를 합니다. 사랑하는 사람의 삶은 비록 고통스럽기도 하지만 결코 죽지 않으며 자신도 모르게 성장하며 고통 속에서도 자신만이 느끼는 기쁨이 있습니다. 그것이 진정한 축복이고 기독교인들이 그렇게 갈구하는 영원한 삶의 일부일 것입니다. 우리가 예수님을 믿는 것은 하나님의 아들이게끔 하는 십자가의 실천 때문이고, 바울을 존경하는 것은 현란한 수사 때문이 아니라 그의 죽음을 무릅쓴 본받음 때문입니다. 오늘 저도 사랑이라는 말을 위해 부질없이 또 하나의 언어를 추가했습니다. 그래도 사랑이 제일입니다. 그렇죠?

추신: 우리 중 · 고등부와 축구시합을 하실 분들은 언제든지 연락바랍니다.

2009년 9월 21일

Part II

기독교 안의 좌우

…1

오늘 기독교인들에게 십자가의 고난은 있는가?

기독교를 상징하는 것은 뭐니뭐니해도 십자가다. 어두운 밤 달동네에서 내려다 본 야경 중에 십자가가 하늘의 별만큼 많다는 생각을 하면서 '이 어둔 세상 과연 저 많은 십자가들이 별처럼 빛나고 있을까?' 깊은 상념에 잠긴 적이 있다. 십자가 사건이야 말로 기독교를 기독교이게 한 사건이다. 십자가와 부활은 타 종교와 확실히 다른 기독교의 정체성이다. 십자가는 형틀이요 교수대다. 그것은 죽음이요 세상살이의 끝이다. 그 교수대를 스스로 지고 골고다 언덕을 올라 가서 피눈물을 쏟으며 매달렸다. 십자가는 대신 지는 희생이다. 누구를 대신하여 그 고난을 받은 것일까? 바로 유대 백성들이다. 조금만 살만하면 우상 섬기기를 즐겨 하고 조금만 살기 불편하면 원망과 불평이 몸에 베어 있고 서로 시기하고 고자질하며 뇌물과 협잡은 관원의 상징이 되어 버렸으며 음란하고 진실을 외면하며 제 백성을 핍박하며 강대국 로마의 은전을 받아 챙기는 헤롯과 같은 그런 백성들 때문에 십자가를 졌다. 어느 누구도 이웃의 고난을 나눠지려 하지 않을 때 예수는 갈릴리 호숫가에서 자신의 처지가 곧 고난인 사람들 즉 자신의 고난 때문에 다른 사람을 괴롭힐 힘이 없는 사람들과 친구가 되었다. 그의 말은 지금까지 들어볼 수 없었던 통쾌한 진리의 말씀이었다(그래서 사람들은 비밀을 말한다고 했다). 바리새인, 사두개인들은 그를 비웃고 시험하고 늘 죽이려고 모의를 했다. 늘 근엄한 체 외식하는 사두개인, 돈 되는 일이라면 뭐든지 서슴지 않는 바리새인들은 예수의 존재 자체가 자꾸 그들의 양심을 일깨우기에 괴롭기만 했다.

이들은 얼마나 많은 X-파일로 백성을 속이고 현실에 맞지 않음으로 인해 자신들도 지킬 수 없는 율법으로 윽박지르며 살았겠는가? 제사장과 장로, 그리고 독사의 자식들이라 저주받은 바리새, 사두개파들에 의해 예수는 죽어야 했다. 이를 다 알면서 하나님은 예수를 이 땅에 보냈다. 바리새와 사두개人을 위해 그들의 깨달음을 위해 보낸 것이 아니다. 바로 바리새와 사두개인과 헤롯에게 핍박받는 백성들을 위해서였다. 메시야라고 따라 다니던 그 많은 군중들이 십자가 형틀의 예수에게 침을 뱉고 조롱하던 그 백성들을 위해서였다. 기존의 생각을 완전히 뒤엎는 십자가 사건이었기에 2000년이 지난 지금에도 사람들을 움직이고 있다. 그것이 기독교다. 세계에서 가장 교회가 많은 나라가 한국이다. 1000만 성도라고 하니까 4명중 1명은 교회에 나간다. 그것도 주일 낮, 주일 저녁, 수요일, 금요예배 등 1주일에 반은 교회에 가며 신실한 사람들은 매일 새벽기도도 빠지지 않는다. 게다가 여름, 겨울 수련회, 부흥회, 기도원 금식까지 예배는 일년 내내 쉬는 날이 없다. 장로대통령인 적도 있고 국회의원의 3분의 1이상이 기독교인이며 웬만한 지역의 내로라 하는 사람들, 군장성, 법조인 등 기독교인은 천지다. 그것도 사회적 지위가 높을수록 장로들이 많다. 그러나 세상은 빛과 소금이 너무 많은 탓인가? 너무 밝아 빛과 어둠을 분간할 수 없는지 너무 짜서 맛을 알 수 없는지 모든 것이 반기독교화 되어 가고 있다. 기독교인들이 기다리는 종말이 가까워 오도록 기독교인들이 노력을 하는 것일까? 기독교가 힘없는 사람들의 자괴를 위하여 있는 것인가? 예배가 삶 대부분이면서도 세상의 일을 마주쳤을 때 한국 기독교인들의 자세는 놀랍도록 반기독교적이다. 중세 유럽이 기독교가 지배한 세상이었지만 썩어 문드러져 성당마다 부패한 냄새로 가득 찼던 것은 단지 가톨릭의 문제만은 아닐 것이다. 농촌교회는 할머니, 할아버지들 몇몇만이 모이고 도시교회는 대형화되어 아무리 노력을 해도 대형화된 힘이 개인들을 압도해 버리고 있다. 그 속에 십자가가 있는가? 고난이 있는가? 물론 이름없는 기독교인들의 선행은 헤아릴 수 없이 많을 것이다. 그러나 그들의 선행의 힘보다 위선자들의 악행의 힘이 더 크기 때문에 오늘을 참회하고 있는 것이다. 어디에 원인이 있을까? 고난을 두려워하기 때문이다. 십자가를 외면하기 때문이다. 크리스천의 징표는 고난이다. 그 고난의 상징이 십자가다. 목걸이 장식으로 희화되어 버린 십자가는 이제 그냥 도로교통 표지판의 그것과 같은 역할도 못할 것 같다. "고난이 없는 자는 크리스천이 아니다"라는 역의 명제도 성립한다. 백성의 일상의 고난만큼 지도자는 그에 걸맞은 십자가가 있어야 한다. 그러나 우리는 어떻게 하면 그 고난을 피해갈 것인가만을 고민하는지 모른다. 크리스천의 또 하나의 징표는 그 내면에 있다. 고난을 짊어지고 갈 때에도 자신만이 아는 은밀한 기쁨이 있어야 한다. 고난을 원망하지 않고 나아가 대가를 바라지 않는 힘은 이 기쁨에서 나온다. 8월 15일 한국의 일부 기독교인들이 성조기와 태극기 그리고 십자가를 들고 격앙된 목소리로 기도할 것이다. 구국기도회다. 공산주의 앞에 절체절명의 위기에 있는 이 나라를 구하기 위한 기도회다. 그러나 이것은 아주 쉬운 일이다. 대한민국에서 반공하는 것이 십자가일 수 있는가? 물론 공산주의가 역사 속에서 기독교를 말살한 적도 있다. 북한도 예외는 아니다. 그렇기 때문에, 그런 편협성 때문에 공산주의가 그 종말을 고했다고 생각한다. 북한도 그런 편협성을 버리지 않으면 머지 않아 종말을 맛볼 것이다. 인간의 욕심으로 만들어진 이념은 언제나 끝이 있게 마련이다. 공산주의가 대표적일 것이다. 진정한 기독교인은 공산주의를 두려워할 필요가 없다. 괜히 신앙 없는 사람들이 자기 신앙을 과장해 보이려고 마녀를 탐한다.

우리에게 두려운 것은 십자가를 지지 않는 기독교인이고 십자가는 꽂혀 있지만 그 안에 예수가 없는 교회인 것이다. 모세는 백성들의 우상숭배와 많은 씨름을 했지만 예수는 바리새와 사두개와의 싸움으로 그의 공생애를 마쳤다. 모세의 시대에는 흙으로 빚은 바알, 나무로 깎은 아세라 금으로 만든 송아지가 우상이었지만 예수는 백성들의 마음속 깊은 곳의 우상과 제사장과 장로들의 우상을 본 것이다. 이 시대 우리의 우상은 무엇인가? 진정한 기독교인은 이 우상과 싸워야 한다. 그때만이 십자가는 기독교인의 것이 된다. 그 우상이 공산주의인 시대는 지나갔다. 그 우상은 예나 지금이나 변함없이 물욕과 음란이다. 말 많은 저 X-파일을 열어보라. 그 속엔 부패한 엽전과 음란뿐이다. 공산주의를 맞서는 일 그 쉬운 일에는 그렇게 잘도 나서면서 부패한 X-파일에는 침묵하는지 회개할 일이다. 부패한 사람은 공산주의가 두렵다. 왜냐하면 공산주의는 부패를 먹고 사는 기생충이기 때문이다. 진정한 기독교인은 인간의 이념을 두려워하지 않는다. 진정 두려운 것은 우상이요, 부패와 음란이다. 부패와 맞서면 십자가는 분명 당신의 것이 될 것이다.

2005년 8월 셋째 주 월요일, 광복 60주년 아침에

…2

하나님으로부터 자유롭기

전두환의 살인만행에도 침묵하고 관용(?)하던 사람들이 지금은 사람들의 양심에까지 자신들의 잣대를 들이대고 싸우고들 있습니다. 우리 사회의 공직자 윤리 기준이 섬세하게 그리고 보다 양심의 문제까지 높아진 것은 다행인지 모르지만 그러한 잣대가 상대를 죽이기 위함이라는데 그 위험함이 있습니다. 율법이 제사장을 위해 지배자를 위해 치밀해질수록 하나님은 인간과 멀어졌습니다. 그리스와 로마의 신들은 너무나 인간적 욕망을 채우기 위해 거리를 방황했습니다. 중세의 하나님은 교황의 권위를 위해 오랜 세월 지하실에 있어야 했습니다. 율법이 민중들의 족쇄가 되었을 때 예수는 그 율법으로부터 자유를 강변했습니다. 사람들이 그 죄로 인하여 하나님의 진노를 산다면 아무도 자유로울 사람이 없으며 하나님은 용서와 구원의 하나님이지 징치하는 하나님이 아니라는 것입니다. 하나님은 영이고 사랑이라고 정의한 것은 우연한 일이 아닙니다. 그리스와 로마의 신들은 분명한 인과응보의 인간성을 가지고 있고 신전의 숭배자들과 쉽게 속세에서 만나고 함께 삽니다. 이성과 세계 지배의 로마의 힘은 모든 신을 인간 아래 두었습니다. 결국 로마는 예수의 하나님을 받아들이게 될 수 밖에 없었습니다. 율법으로부터 자유를 얻은 히브리인들의 깨달음은 로마의 정신도 감화시켰습니다. 그러나 하나님은 여전히 속세 권력의 의탁자가 되었습니다. 캘빈과 루터의 외침은 중세 성당의 철탑에 갇혀있는 하나님을 부르짖는 소리였습니다. 예수는 아버지와 아들로 하나님과 인간의 관계를 설명했습니다. 아버지로부터 진정 자유로운 아들을 아버지는 원하고 있습니다. 그러나 탕자는 아버지로부터 자유를 얻으려다 더 큰 부자유와 생명의 위기까지 맞게 됩니다. 아버지와 함께 하지만 아버지로부터 자유로움을 얻는 것이 어쩌면 인간 자유의 궁극일지 모릅니다. 아버지 입장에서도 자유로운 아들을 원하고 있습니다. 초등학교부터 대학까지 가르치고 짝을 지워 독립시키는 것은 아들의 자유를 위해서일 것입니다. 아들이 사랑스럽다고 평생을 아이처럼 끼고 살고 싶어하는 아버지가 없듯이 하나님도 하나님으로부터 진정 자유로운 사람들을 원하실 것입니다. 자신을 탕자라고 자학하는 사람도 아니고 스스로의 죄를 부끄러워하며 숨는 사람도 아니며 용서하며 사랑하며 자유로워지기를 언제까지 기다리는 하나님을 신뢰하는 사람을 원하고 있을 것입니다. 제사장들은 치밀한 율법이라는 그물로 사람들을 옭아매고 로마의 권력자들은 속세로 귀화한 신들의 이름으로 살벌한 인과응보를 하였습니다. 하나님의 대리인을 자처한 교황은 아주 오랫동안 사람들의 자유를 장원에 가두어 놓았습니다. 오늘날까지 사람들에게 끊임없는 죄의식의 강박감을 갖게 하며 징계하는 하나님을 우리는 섬기고 있는지 모릅니다. 때로는 마녀를 만들어 사람들을 두렵게 합니다. 아직도 분단된 이 땅엔 공산주의가 기독교의 최대 위협이라고 목소리를 높입니다. 제가 보기엔 기독교의 최대 위협은 언제나 위선이었습니다. 연일 터지는 사건들을 보면서 자신을 돌아보게 됩니다. 사람이 율법으로부터 얼마나 자유로울 수 있을까? 사람이 사람으로부터 얼마나 자유로울 수 있을까? 사람이 자신의 양심으로부터 얼마나 자유로울 수 있을까? 사람이 하나님으로부터 얼마나 자유로울 수 있을까? 지금 사람들은 광장에 내동댕이 쳐진 창녀에게 손가락질과 저주하기에 여념이 없습니다. "죄 없는 자가 돌로 치라" 외치기가 너무너무 두려운 세상입니다. 하나님으로부터 자유롭기가 이렇게 힘듭니다.

2006년 3월 둘째 주 월요일 아침에

...3

밀알들의 찬양제

한 달 동안 우리 교회 중 · 고등부 친구들과 함께 꼬박 지냈습니다. 해마다 2월이면 우리 중 · 고등부 친구들은 찬양제를 만듭니다. 올해 벌써 여덟 번째를 성황리에 마쳤습니다. 추수감사절 때 하던 감사제를 합하면 열 두 번이 넘게 했습니다. 처음 감사제를 할 때 첫돌박이 친구들이 올해에는 중학생으로 무대에 섰습니다. 얼마나 귀엽고 예쁜지 모릅니다. 찬양제를 준비할 때는 길게는 두 달, 짧게는 한 달을 매일 모여서 연습합니다. 그야말로 완벽할 때까지 합니다. 중간에 1박 2일 합숙 캠프도 만들어 리허설도 합니다. 스물 일곱 명의 친구들이 한마음으로 만드는 찬양제는 정말 감동적입니다.

처음부터 스스로 만들어 갑니다. 춤추고, 노래하고, 다른 교회 친구들을 초청하고, 무대 만들고, 밴드 만들고 할 일이 너무도 많지만 우리 친구들은 이제 척척 해냅니다. 그들만의 전통이 만들어진 것입니다. 중학교 1학년 친구가 어엿한 고3이 되어서 후배들을 지도하는 것 보면 그렇게 대견하고 기쁠 수가 없습니다. 중학교 꼬맹이들은 지금은 뭣도 모르고 좌충우돌하지만 그러면서도 알게 모르게 몸에 익히는 리더십이 있는 것이죠. 방학 한 달 내내 우리는 같이 살았습니다. 아침부터 밤 늦게까지 웃고 떠들고, 야단맞고, 노래하고, 춤추고, 기도하고, 맛있는 것도 먹으며 한 달 동안 같이 살았습니다. 저도 그 중에 한 사람으로 뒹굴고 놀았습니다. 제일 행복하고 맘 편한 시간이지요. 아마 제 정신 수준이 중 · 고등부쯤이 딱 어울리는 모양입니다. 복잡하게 계산할 것도 없고 뒤끝도 없고 마냥 좋기만 합니다. 내가 하는 일이라야 그저 그들이 노는 것 지켜보는 일입니다. 그래도 제가 있어야 더 잘 논다고 믿고 매일 가는 겁니다. 그렇게 찬양제가 만들어지고 발 디딜 틈 없이 꽉. 이제 찬양제가 끝나면 우리 친구들은 한 학년 씩 올라갑니다. 작년보다 부쩍 성장한 자신을 느끼며 새로운 한 해를 시작합니다. 그 중에는 참 어려운 친구들이 대부분입니다. 남모를 가슴 아픈 사연들이 있는 친구들이 너무 많습니다. 그래도 내색 않고 꿋꿋이 살아가는 친구들이 너무 고맙고 예쁩니다. "얘들아 조금만 참자! 너희들도 금방 어른이 된단다" 이렇게 강조하곤 합니다. 열심히 찬양하고 율동하고 함께 만드는 찬양제가 우리 아이들에게는 그 모든 어려움을 잊게 해주는지도 모릅니다. 남자애들은 축구를 너무도 좋아합니다. 기도시간에도 "하나님 오늘도 부장선생님(나를 지칭함)이 축구를 할 것 같은데 모두 다치지 않게 해주세요." 이렇게 기도합니다. 그러면 전들 어쩌겠습니까? 하나님의 응답을 보여줘야죠. 어제도 그렇게 축구를 했답니다. 이번에 신학대에 진학한 광범이, 배우가 되겠다고 예술대에 진학한 형선이, 사회복지과에 간 선화, IT를 전공하게 된 기현이, 용기, 세광이, 동식이, 지식이, 규원이, 문기, 준민이, 준영이, 민혁이, 희락이, 준수, 석기, 원영이, 사랑이, 지혜, 순미, 유진, 윤아, 혜리, 가은이, 새로 중학생이 된 현아, 혜지, 경진이 모두모두 사랑스런 우리 아이들입니다. 내 바람은 돈 좀 많이 벌면 교복도 사주고, 자장면도 사주고 그들의 아픔과 고민을 함께 나누고 싶은데 그래서 돈 좀 벌려고 했는데 그 재주는 영 없는 것 같습니다. 지금쯤 이 친구들은 쿨쿨 자고 있을 겁니다. 나름대로 큰 행사를 치뤘으니까요.

지난 12년 동안 함께 했던 친구들이 떠오릅니다. 상용이는 새학기에 정식 중고등학교 체육선생님이 됩니다. 너무 반가운 소식입니다. 시집 간 친구도 둘 있고 삼성전자에 다니는 친구도 있고 모두 잘 살고 있습니다. 지금 스물 일곱 명의 친구들도 모두 훌륭하게 자랄 거라고 확신합니다. 왜냐하면 하나님이 그들과 함께 하시기 때문입니다.

2009년 2월 16일

4...

부활절 달걀

부활은 기독교의 정체성입니다. 십자가의 고난과 죽음 그리고 부활의 이극적인 사건은 지금도 인류를 움직이는 힘입니다. 우리가 존경하는 수많은 사람들의 공통점이 바로 고난, 죽음 그리고 부활이라는 삶을 살았다는 것입니다. 보통 사람들은 고난을 두려워합니다. 되도록이면 고난을 피하려 애씁니다. 저도 마찬가지입니다. 그러나 바른 삶을 살고자 하면 고난은 피할 수 없는 일입니다. 대부분의 설교는 이 고난이 없는 삶을 축복이라고 강변합니다. 자신의 삶에서 고난이 멀어졌다고 느껴질 때 그 삶이 바르게 가지 않는다는 말과 같을 것입니다. 모든 고난은 다 그만한 가치가 있습니다. 저는 매주 특별한 일이 없으면 장애인들이 있는 교회에 갑니다. 그곳에서 그들을 물끄러미 바라보는 것이 저에게는 가장 큰 공부이기도 합니다. 그들을 바라보는 것만으로도 말로 형용할 수 없는 깨달음이 옵니다. '그들은 왜 저리 힘들게 살까?' 처음엔 그렇게 생각했습니다. 그들의 고통에 그 고된 인생에 어떤 의미가 있을까? 예수는 그 의미를 어리석은 저에게 일러 주었습니다. 네 이웃의 고통은 그 무엇이라도 너를 대신하는 것이라고 말입니다. 사실 종교는 인생의 고난 때문에 생겼습니다. 피할래야 피할 수 없는 고난을 어떻게 이겨낼까? 그 방법론이 어쩌면 종교의 이유일 것입니다. 아니면 가장 현실적인 방법 즉 세상의 힘으로 그 고난을 해결하려 노력하는데 많은 시간을 할애하기도 합니다. 그러나 궁극적 해결을 도모하는 사람들은 종교를 의탁합니다. 많은 사람들은 고난을 피하기 위해 뒤집어 말하면 축복을 받기 위해 자신들의 신을 받들지만 그 축복은 어떤 신에게도 받을 수 있습니다. 대학입시 때 얼마나 많은 부모들이 각자의 신에게 간절한 기도를 합니까? 중 · 고등부 예배를 마치고 우리 중 · 고등부 친구들이 정성스럽게 만든 부활절 달걀을 받았습니다. 그 달걀을 몇몇 사람들에게 주었더니 이렇게 묻는 것입니다. "부활을 하려면 삶으면 안되지 왜 삶은 계란을 부활절 날 주는 거야!" 그래서 제가 대답했습니다. 생 계란에서 병아리가 나오는 것은 부화고 삶은 계란에서 병아리가 나오면 부활이라고 말입니다. 부활은 완전히 죽은 이후에 일어나는 사건입니다. 고난은 이러한 죽음의 전주곡일 뿐입니다. 고난을 피하려는 것은 그 고난의 끝이 죽음이기 때문입니다. 죽음을 대하는 자세에 따라 삶 또한 달라집니다. 고난을 대하는 마음가짐에 따라 그 삶의 빛깔이 달라집니다. 이웃의 모든 고통이 바로 자신의 고통을 대신하고 있다고 생각하십니까? 그렇다면 삶은 달걀도 병아리가 될 수 있다고 믿을 수 있을 것입니다. 완전히 죽어야 부활은 의미가 있는 것입니다. 장애인의 날이 있는 한 주일입니다. 주위에 있는 장애인들을 다시 한번 생각하는 한 주일 되시길 바랍니다. 그들이 여러분의 고통을 대신 짊어지고 있습니다.

2006년 4월 17일 월요일 아침에

5...

이단에 대하여

"여기 교회 믿는 사람 누구야?"
"어, 나!"
"나도!"
"그런데 철우 너는 왜 가만히 있어?"
"응, 나는 예수 믿어."
"야, 임마 그게 그거지~"
"아냐, 아주 다른데"

언제부턴가 '예수 믿는다'는 말이 '교회 믿는다'는 말로 등치되어 버렸습니다. 사실 예수를 믿기에 교회를 다닌다는 말이 정확하겠지요. 그것은 예수를 안 믿어도, 아니 못 믿어도 교회를 다닐 수 있다는 말도 됩니다. 즉, 교회만 믿고 예수는 안 믿는다는 말도 성립될 수 있다는 뜻입니다.

지금 한국의 교회 안팎에서는 이단 논쟁이 한창입니다. 통일교, 여호와의 증인은 이미 대표적인 이단으로 분류된 지 오래고 재림파니, 구원파니 때만 되면 불거졌습니다. 그 동안 많은 이단들이 생겨났다 잊혀지기를 반복해왔고, 최근에는 신천지가 단연 이단 논쟁의 화두입니다. 뿐만 아닙니다. 각 교회와 목회자들은 자신의 교회와 뜻에 맞지 않으면 아주 쉽게 이단시 하는 것이 더욱 심화되어 가고 있습니다. 이것은 한국교회가 성장의 한계를 심각하게 노출하자 각 교회가 각기 생존의 절박함을 배타성으로 표출하는 것입니다. 게다가 이를 부추기는 것은 수많은 새로운 교회성장이론들이 출현하면서 사소한 차이를 부풀리고 있는 경향도 무시할 수 없습니다. 많은 교회 성장 비전들이 그들만의 논리에 몰입하고 결국엔 타 교회나 다른 방식은 이단시하는 오류를 범하는 것입니다.

보통 이단이라 함은 기독교 입장에서 보면 타 종교, 즉 불교나 이슬람이나 힌두교를 말하는 것이 아닙니다. 사이비(似而非), 즉 비슷하나 아닌 것, 겉으로는 하나님, 예수님을 말하나 알고 보면 기독교의 정통이 아닌 것, 더 엄밀히 말하면 나와 다른 것이면서 주류가 아닌 것을 말합니다.

순복음 교단도 한때 이단성 여부를 놓고 논쟁하던 대상이었던 시절이 있었습니다. 성령주의를 들고 기세 좋게 교세를 늘려갈 무렵이었습니다. 그러나 지금 그 누구도 순복음 교단을 이단이라 말하는 사람은 없습니다. 심지어 선교 역사의 기적이라 칭송하는 사람이 더 많습니다. 최소한 기성 교단 내에서는 말입니다.

그러면 이단의 조건은 무엇인가?

일단 그 수가 적다는데 있습니다. 어떤 비난과 핍박을 무릅쓰고라도 신도수가 가장 많다면 이단 소리를 듣지 않을 수 있습니다. 아니 그 영향력이 무시당하지 않을 만큼만 된다면 충분히 이단소리를 피할 수 있습니다. 다음은 속세의 권력과 타협하거나 무관심하면 이단 소리는 들어도 존재할 수 있습니다. 많은 이단들이 이에 속합니다.

이는 타 종교도 마찬가지입니다. 어느 종교든 한국에서 공식적 교단이 되는 조건 몇 가지가 있습니다. 신도수가 어느 정도 되어야 하고 최소한 대학을 하나 이상 가지고 있다면 안전합니다. 게다가 방송채널을 가지고 있으면 완벽한 종단이 됩니다. 아무리 황당하다 해도 종교의 자유라는 울타리 안에서 보호받을 수 있습니다. 물론 그런 조건을 갖추려면 그만큼 설득력 있는 교리가 있음은 물론입니다. 수많은 이단들은 언젠가는 자신들도 기성교단처럼 주류가 되고자 하는 욕망을 가지고 있을 것입니다.

이단들이 공통적으로 가지는 생각은 기성교단, 주류교단이 혹세무민하고 있다고 믿는 것입니다. 한국의 종교수가 많고 종교인구가 많은 것은 역으로 말하면 이성적인 생각만으로는 살기가 쉽지 않다는 뜻과 통할 수 있습니다. 때로는 기적이 필요하고 때로는 현실도피가 필요하고, 상부상조가 필요하고, 피안의 세계가 간절히 그리울만한 상황과 조건이 수두룩한 것이 한반도의 현실 아닐까요?

불가피하고 불가측하면서도 엄연히 존재하는 우리의 현실과 그동안의 기막힌 역사는 이 민족을 세계의 어떤 민족보다 종교심을 강하게 하지 않았을까 생각합니다.

그러면 누가 진정 이단인가?

구약시대에는 우상숭배자가 이단이었습니다. '아세라 목상', 토우, 놋쇠로 만든 각종 우상을 섬기는 우매함이 가나안을 향하는 대열에서는 이단이었습니다. 사람들은 짬만 나면 이 우상을 섬겼습니다. 그 때마다 가차 없이 징계를 받습니다. 예수는 바리새인의 율법을, 제사장의 탐욕을 이단이라 증오했습니다. 그러던 것이 사도들의 눈에는 거짓 선지자들이 이단이요, 적 그리스도가 이단이라고 했습니다. '천년왕국' 을 세운 로마 가톨릭은 니케아 종교회의 결의사항을 위반하면 이단이라 했습니다. '천년왕국' 가톨릭은 그 종말에 루터나 캘빈을 이단이라 했고 수많은 마녀들을 만들어냈습니다. 결국 가톨릭은 송두리째 이단으로 전락했다가 새롭게 자신의 모습을 정립하고 있습니다. 지금도 일부 개신교 사람들은 천주교를 이단이라 말하는 사람이 없지 않습니다.

하지만 그것은 이미 논쟁거리가 되지 못한다고 생각합니다.

'천년왕국' 로마 가톨릭은 십자군 전쟁을 포함한 그들의 과거를 참회하고 반성했습니다. 그리고 다시는 그런 속세의 권력을 가질 수도 없습니다. 어쩌면 본연의 모습으로 돌아갔다고 봐야할 것입니다. 이것은 지금의 개신교가 반면교사로 삼아야 할 역사 속의 살아있는 교훈이 아닐까 싶습니다. 지금도 스스로를 주류가 아닌 이단이라고 자처하는 종교인들이나 평신도들이 많습니다. 이름 없이 빛도 없이 예수를 따르려는 사람들도 참 많습니다. 때로는 기성교단의 비판자이기도 하고 속세권력에 대항하는 종교인이기도 한 사람들이 그들입니다. 확연히 구분이 갑니다. 그런 반면 정교분리를 외치면서 몸은 언제나 권력의 편에 있는 종교인도 더 많습니다. 누가 이단이었는가는 나중에야 알게 될 것입니다.

제 생각에는 이런 사람이 이단일 것 같습니다. 자신의 이익에 반한다고 생각되면 무슨 수를 써서라도 딱지를 붙이려고 하는 사람도 결과적으로 이단이 될 것입니다. 예수 당시의 이스라엘에서, 그 제정일치 사회에서 예수만한 이단이 어디 있었겠습니까?

나는 사람들에게 이렇게 말합니다.

"당신이 한국에서 예수처럼 살면, 당신도 3년 안에 죽을 것이다."

우리 모두는 그럴 용기가 없어서 모두 장수(長壽)를 꿈꾸는 것 아니겠습니까? 이단은 예수를 잃어버린 곳에서 싹트고 부흥하며 결국 자신이 군림합니다. 마치 초기자본주의가 부패하면서 공산주의로 하여금 세계의 절반을 차지하도록 했던 것처럼 말입니다. 이단이 싫거든 예수를 잃지 마세요! 공산주의가 싫거든 부패하지 마세요!

2009년 10월 19일 경기북도 한탄강가에서 이철우

8...

복 있는 사람들

2002년 말 월드컵 4강 열기가 채 식지 않던 그해 IMF라는 시련의 끝이 보일 것 같았던 그 해 "부자되세요"라는 인상적인 광고 카피가 있었습니다. 아마 지금도 여러분 귓전에 울리는 느낌이 드실 것입니다. 그해 연말연시 덕담은 가히 "부자되세요" 신드롬이었다고 해도 과언이 아니었을 것입니다. 카드대란으로 어려워진 국민경제의 주인공인 카드사의 광고 카피가 "부자되세요"라는 아이러니도 재미있지만 정작 그 덕담을 했던 사람들의 대부분이 아직도 부자가 아니라고 느끼는 것도 더 재미있는 일입니다. 그 후 장기적 경제불황 즉 양극화의 가속화로 "부자되세요"는 쏙 들어갔지만 누군들 부자되라고 축복해주는 것 싫어할 사람이 있겠습니까? 부자가 된다는 것은 사람이 일생을 사는 동안 만드는 많은 걱정을 해결해 준다는 말과 일치한다고 믿고 사실도 그렇기에 사람들은 부자 즉 돈을 벌기를 원하는 것입니다. 사람들은 대개 나에게 얼마정도만 있으면 걱정할게 없을텐데 하는 돈의 양이 있을 것입니다. 그 돈의 양은 천차만별이겠지만 말입니다. 그중 서민들은 빚 없고 작으나마 내 집 한 칸 있고 매일 열심히 일하고 해고 걱정 없는 직장 하나 있으면 더 바랄 것이 없다고 생각합니다. 이것이 서민들이 바라는 부자의 象일지도 모릅니다. "부자되세요"가 지금 같은 희박한 가능성의 시대에서는 어쩌면 덕담이 아니라 험담이 될 수도 있습니다. 부자가 될 수 없는 뻔한 현실을 모두가 알고 있는데 "부자되세요"라니 오히려 불쾌감을 일으킬 수 있기에 이젠 누구도, 어느 광고 카피도 이런 류의 말은 하지 않습니다. 불확실한 미래 경제적 양극화의 오늘을 사는 사람들에게 직설화법인 "부자되세요"보다는 "황금돼지"가 더 효과적일 것입니다. 그 기원도 찾을 수 없고 누가 먼저 말했는지도 모르는 "황금돼지"해가 바로 올해랍니다. 이 역시 돈에 대한 사람들의 욕망을 충족시켜주는 상징으로 신년새해와 함께 떠오르고 있습니다. 기업의 마케팅이나 크고 작은 이벤트에 황금돼지는 필수가 되었습니다. "부자되세요"의 2007년 판 "황금돼지"는 돈에 대한, 부에 대한 꿈은 그 어떤 것보다 강렬하다는 것을 보여줍니다. 수출이 3000억불을 넘고 1인당 국민소득이 1만5천불을 넘고 자가용에 휴대폰에 고학력 고령화 사회를 이루어 선진국 폼은 다 만들었는데 사람들의 마음속엔 돈에 대한 갈증이 더욱 커지고 더 목마른 이유가 무엇일까요? 올 대선의 최대 이슈가 경제문제일 것입니다. 누가 과연 국민의 이 목마름을 풀어줄 것인가? 사람들은 입만 열면 경제가 어렵다고 합니다. 여기에 동조하지 않으면 아주 "나쁜 놈"이거나 "무식한 놈"이 됩니다. 정치인들도 그냥 어렵다고 해야지 이유를 달거나 섣부른 대안을 말하면 가차 없이 욕을 먹게 됩니다. 그래서 가급적 경제이야기는 피하려고 하는 정치인이 많습니다. "경제불황 신드롬" 이는 정치적 적대감에 상승작용을 거듭해 이념적으로는 우경화, 경제적으로는 개발성장론의 박정희 향수로 나타나고 있습니다. 누가 대통령이 되든 국민이 행복하면 되겠지만 과연 성장통이 싫다고 다시 어린 시절로 돌아가기를 원할 것인지 이 또한 국민이 판단할 몫이겠지요. 사람들은 한국경제에 대해 극히 비관적입니다 그에 대한 반증으로 "공무원이 최고야", "대기업, 재벌 밖에는 살아남지 못할 거야" 이런 말들이 공공연합니다. 다시 말해 일자리로는 공무원이 최고고 기업으로는 대기업밖에 없다는 것입니다. 이 말처럼 요즘 우리경제사회의 모습을 단적으로 표현하는 말은 없을 것입니다. 대기업과 수출, 재정 운용과 세금징수라는 뼈대만 튼튼하면 서민들은 그 속에서 아우성 치며 사는게 세상인지도 모릅니다. 무한경쟁이라는 용광로 속에서 사는 것이지요. 당연히 행복지수는 낮아집니다. 그리고 그 용광로를 탈출하기 위해 부자가 되려고 애쓸 수밖에 없습니다. 노력해서 부자가 될 수 없다면 황금돼지라도 붙잡아야 합니다. 그래서 "부자되세요" 에서 "황금돼지" 로 신년 덕담이 바뀐 것입니다. 그렇습니다. 사람들은 복 받길 원합니다. 복중의 복은 재물의 복이라고 생각합니다. 돈만 있으면 뭐든지 할 수 있다고 믿습니다. 심지어 판결까지도 바꿀 수 있다는 것은 상식이 되었습니다. 하지만 돈으로 할 수 없는 게 훨씬 더 많은데도 사람들은 그것을 볼 수 없기에 아니 일부러 외면하기에 돈이 모든 것을 해준다고 믿는 것입니다. 사실 진정한 행복은 돈으로 할 수 없는 것에 있는지도 모릅니다. 이런 상상을 해 봅니다. 지금 이 세상에 있는 돼지를 하나님께서 모두 황금돼지로 만드신다면 하고 말입니다. 돼지고기 파동이 나고 수많은 식당이 문을 닫고, 금값이 하락하고 경제는 대혼란에 빠질 것입니다. 그렇게 되면 황금은 돼지로 전락(?)하게 되는 것이죠. 사람들은 삼겹살을 달라고 아우성칠 것이고 그때가 좋았다고 망향가를 부를 것입니다. 우스개 상상에 불과하지만 마이더스의 신화가 이와 다를 게 없습니다. 얼마 전 어느 송년회 장에서 네손가락의 피아니스트 희아양의 연주를 가까이서 본 적이 있습니다. 연주가 끝나고 희아는 우리에게 "여러분 가지지 못한 것만 보지 말고 여러분이 가진 것에 감사하시길 바랍니다" 그 순간 나는 내 온전한 열손가락을 보았습니다. 희아가 쇼팽의 즉흥환상곡을 연주하는 동안 희아의 어머니는 두 손을 모으고 끝날 때까지 기도하는 것이었습니다. 쇼팽의 영혼이 이렇게도 살아나는구나. 아니 쇼팽이 희아의 연주를 보았다면 무릎을 꿇고 경의를 표했을 것이라 확신했습니다. 돈이 없어서 행복하지 못한 사람도 많지만 돈이 있어도 행복하지 못한 사람은 훨씬 더 많습니다. 사실 국민들에게 돈을 더 많이 주겠다고 공약하는 정치인들 뿐입니다. 또 국민들은 그것을 좋아하구요. 그러나 그것은 조삼모사일 뿐입니다. 아침에 세 개, 저녁에 네 개를, 아침에 네 개, 저녁에 세 개로 바꾸었을 뿐입니다. 제 주변의 불행한 일들을 보면 모두 돈 이외의 이유 때문입니다. 불치의 병, 이혼, 폭력, 불신, 시기와 질투, 과음, 과식… 어쩌면 돈 걱정은 가장 행복한 걱정일지 모릅니다. 나는 다 가졌는데 돈만 조금 있으면 좋겠다고 하는 사람이 가장 행복한 사람일 것입니다. 시편에는 진정한 행복에 대해 아주 잘 노래하고 있습니다. "복 있는 사람은 악한 일을 행치 않으며 죄인의 길에 서지도 아니하며 오만한 자리에 앉지도 않으며…" 그렇습니다. 여러분 행복의 장애물은 결코 돈이 아닙니다. 아주 작은 악행이 더 큰 악을 부르고 아주 작은 죄가 돌이킬 수 없는 죄악을 낳고 아주 작은 오만이 세상을 삼킬 불만을 낳습니다. 이 시에 예수는 여덟 가지 복으로 화답합니다. 심령이 가난한 자는 천국이 저희 것이요. 애통하는 자는 복이 있나니 위로를 받을 것이요. 온유한 자는 복이 있나니 땅을 기업으로 받을 것이요. 의에 주리고 목마른 자는 저희 배 부를 것이요. 긍휼히 여기는 자는 긍휼히 여김 받겠네. 마음이 청결한 자는 하나님을 볼 것이요. 화평케 하는 자는 하나님의 아들이라 일컬음을 받을 것이요. 의를 위해 핍박받는 자 천국이 저희 것이다. 저는 올 한해 여러분이 이런 복을 구하기 원합니다. 새해 복많이 받으세요.

2007년 새해 첫 월요일

7...

기독교인들은 사무엘의 마음으로 선거를

도올이 "한국 기독교는 정치에서 손을 떼야 한다"고 쓴 소리를 했다. 독재정권 시절 한국 교회는 조찬기도회를 열거나 반독재투쟁을 하거나 아니면 '순복음'을 외치며 거친 세상과는 무관하게 사는 것이 신앙적이라고 하던 다양한 입장이 있었다. 그러던 기독교가 한손엔 성조기를 한손엔 태극기를 들고 격앙된 목소리로 이념투쟁의 전사가 되었고, 사학법을 둘러싸고는 삭발투쟁도 불사하며 현 정권의 반대세력의 핵심역할을 하고 있다. 이뿐인가? 이젠 한 발 더 나아가 '장로 대통령'을 꿈꾸며 제정일치를 이뤄보겠다는 심산이다. 아직은 일부 대형 교회만을 중심으로 일어나는 현상이라고는 하지만 한국 기독교의 특성상 가벼이 볼일만은 아니다.

기독교인은 정치에서 손을 뗄 수도 없고 떼어서도 안 된다.

나라와 민족의 운명에 깊은 관심과 애정을 가지고 기도하고 하나님의 뜻이 무엇인가를 구해야 하는 것이 기독교인의 의무다. 그러나 그 방식은 신앙인의 자세에 따라 전혀 다른 모습으로 나타나게 된다. 이스라엘의 초대왕 사울은 백성들의 열화와 같은 지지로 왕위에 올랐다. 그러나 그의 말년엔 고집스럽고 잘못을 시인하지도 않으며 권력욕에 사로잡혀 백성의 마음으로부터 떠나고 만다. 이스라엘은 새로운 왕이 필요했다. 이때 사무엘은 이새의 집에 이스라엘의 지도자가 있다는 야훼의 이끌림에 따라 베들레헴으로 간다. 이새는 사울왕의 전장에 나가있는 세 아들을 불러 사무엘에게 면접을 보게 한다. 사무엘은 큰 아들 엘리압을 보자 속으로 "이 사람이 바로 그로다" 생각하였다. 그러나 야훼는 사무엘에게 속삭였다. "나는 겉모양만 보지 않는다. 나 야훼는 속마음을 들여다본다" 둘째 아미나답 또 셋째 삼마도 모두 퇴짜를 맞았다. 이렇게 일곱 아들을 보아도 마음에 들지 않았다. 사무엘이 그 밖에 아들이 없느냐고 묻자 이새는 민망한 표정으로 양치기 막내가 있긴 하다고 말한다. 사무엘은 그 소년을 데려오라고 하여 첫 대면을 한다. 이것이 사무엘을 통하여 다윗이 선택받는 장면이다. 궁중의 악사로 전쟁의 소년 병으로 나중엔 사울의 질투로 쫓김을 당하는 우여곡절을 겪고 난 다윗은 이스라엘의 가장 위대한 왕으로 기록되었다. 이 세상 모든 권력자들이 다윗과 같은 왕이 되게 해 달라고 염원하는 것은 이런 극적인 스토리가 있기 때문이다. 지금 이 땅에서는 사람 셋만 모이면 대선후보이야기는 필수다. 검증공방도 시끄럽다. 어떻게 선택하는 것이 좋은 것인지 설왕설래 분주하다. 마침 우리도 예닐곱 명의 후보가 자천타천으로 백성의 선택을 기다리고 있다. 사람들은 저마다의 잣대 호 불호를 말하고 있다. 어떤 눈으로 어떤 마음으로 이들을 바라보아야 하는가? 아직도 자신의 잘못이 무엇인지 깨닫지 못하는 노무현 정권 때문에 마음 둘 곳을 잃어버린 백성의 판단이 어디를 향해야 할지 방황하고 있다. "경제를 발전시킬 것 같다", "이념적으로 치우치지 않을 것 같다" 그 판단의 기준도 다양하다. 하지만 노무현 정권에 대한 실망과 미움이 더 큰 판단의 기준이 되어 있는 것도 부인할 수는 없는 현실이다. 그 많은 후보 중 어느 누구도 국민들 앞에 비전을 보여주지 못하고 있고 국민들도 진심으로 행복한 지지를 못하고 있다. 모두들 자신과 자신들의 이해집단이 우선이다. 기독교마저도 예외가 아니라고 도올은 일갈한 것이다. "노무현 정권이 너무 싫어 그 반대편이면 된다" 거나 아직도 "평화 개혁 세력의 대통합"이라는 지난날의 편짜기를 반복하려는 것이거나, 하는 것은 모두 과거 지향적이다. 노무현에 대한 실망이 박정희식 개발론의 향수를 불러일으킨 것이나, 입으로만 평화 개혁을 외치면서 실제로는 토건개발에 의지한 현 집권세력이나 이제는 그 수명을 다했다. "용모로 사람을 보지 않는다. 사람의 눈으로 보지 않는다. 속마음을 본다" 이것이 한국 기독교가 지켜야 할 원칙중의 원칙일 것이다. 기독교인은 사무엘의 마음이 되어야 한다. 장로대통령이니, 친미반북대통령이니, 아니면 그 반대의 어떤 논리든 그것은 사람, 즉 그것도 일부 이해관계의 대변에 불과한 것이다. 기독교가 스스로 그 이해관계의 일부가 되어서는 안 된다는 것이다. 지구상에 수많은 왕조가 명멸했어도 하나님은 지금도 그대로의 모습이듯이 참기독교인은 사무엘이 이스라엘을 위하여 기도하듯이 그런 심정으로 살아야 한다. 자신들의 속세적 이해와 이데올로기가 신앙보다 우위에 있는 교권의 타락을 우리는 수없이 보아왔다. 대한민국이 그 어느 때보다 물질적으로 부유하면서도 온 백성이 고통에 신음하는 것은 바로 영적인, 정신적인 빈곤에 그 이유가 있을 것이다. 교회가, 교권이 정치를 하는 것은 이미 스스로 신앙적이지 않다는 것을 말하는 것이다. 야훼가 신실한 선지자 사무엘을 왕에 앉히지 않은 단순한 이유를 깊이 생각해 보아야 한다. 도올의 말대로 한국 교회는 세계 교회사에 유례없이 아직도 열광적이다. 그 열광을 속세적 이해에 사용한다면 한국 교회는 불행해질 수밖에 없다.

현재의 예닐곱 명 후보 중에 대통령이 없을 수도 있다.

그것은 하나님이 백성을 통하여 어떤 뜻을 가지고 있느냐에 따라 다르게 된다. 국민들도 대통령은 하늘이 낸다고 하지 않는가? 자신들만의 이해관계와 이익을 대변하는 이념에 따라 사람을 보지 말고 진정 하나님의 원칙과 나라와 민족의 나아갈 길에 지도자가 될만한 사람이 누구이겠는가 저 베들레헴 구석까지 찾아가는 사무엘의 심정이 기독교인들에게 필요한 것이다. 교회와 교권은 정치를 해선 안 되지만 기독교인은 나라와 민족의 장래에 대하여 깊은 관심과 애정이 필요하다. 사람의 이해로 사람을 보지 말고 진정 하나님의 뜻을 구하고 백성의 선택을 기다리는 지도자를 구해야 하는 것이다. 그럴 때에 구약은 성황당이 아니라 살아있는 하나님의 말씀이 되는 것이다. 이 땅의 크리스천들이 진실로 진실로 사무엘의 심정으로 2007년을 살기를 기도한다.

2007년 2월 20일

▲ 다락대에서 본 한탄강

8 ...

노무현의 죽음을 대하는 기독교인들의 초상

부랴부랴 봉하 마을에 다녀왔습니다. 일국의 대통령의 시신이 안치된 제단은 너무나 어수선하고 초라했습니다. 5천년 내 최대의 민족적 수치를 당한 역사적 현장이었습니다. 작은 마을 회관에 거적과 천막을 깔고 일국의 재상들이었던 사람들이 구름떼처럼 몰려드는 조문객을 맞고 있습니다.

노무현 대통령의 정적들이 문상을 오지만 번번이 퇴짜를 맞습니다. 누가 시킨 것도 아니고 그렇다고 말릴 수도 없는 형편입니다. 덕수궁 앞의 분향소는 일촉즉발의 긴장감이 감돌고 있습니다. 그들을 학살하고 수천억을 횡령한 전두환은 두 눈 시퍼렇게 뜨고 있는데 어찌하여 노무현 대통령은 스스로 목숨을 끊어야 하는지 아무리 이해하려해도 이해할 수 없는 광주시민이 다시 일어나고 있습니다. 조중동의 겁먹은 위선은 차라리 찬가만도 못하게 국민을 구역질나게 하고 있습니다. 사실 노무현은 역대 대통령 중에서 가장 검찰을 사랑하고 진정 검찰의 독립을 보장했고 정말 바르게 하라고 기회를 준 대통령이었습니다. 그러나 무한 권력을 보장받은 검찰은 선을 악으로 갚았습니다. 검찰이 중앙정보부, 안기부로부터 받던 치욕은 이제와 생각해보니 치욕이 아니었습니다. 대한민국 검찰은 또 다시 치욕을 원하는 것 같습니다. 아니 검찰의 본성이 그런 모양입니다. 이제 국민은 모든 걸 알게 되었습니다. 이명박 정권이 나라를 이렇게 밖에 다스릴 줄 모르는 정권이라는 사실을 이제 확실히 알았습니다. 어느 한구석 희망을 가질 곳이 없고 어느 한 구석 잘되는 일이 없습니다. 오직 극우들의 이념놀이에만 열을 올리는 세상이 되었습니다. 이제 한나라당의 분열과 투쟁은 격화될 것입니다. 왜냐하면 그들은 더 이상 탄압할 곳을 찾을 수 없기에 그들끼리 싸울 수밖에 없습니다. 일제의 만행에 숨 막히며 사는 민족을 보다 못해 온몸을 내 던진 안중근처럼, 뻔히 분단되어 가는 나라를 앞에 두고도 친일파와 공산주의가 제 잇속만을 위해 싸울 때 분연 했던 김구처럼, 참 말도 안 되는 나라가 되어 버렸는데도 무력하기만 한 정의와 백성들을 바라보며 너무나 답답하고 답답해 온 몸을 내던져 버린 노무현은 이렇게 열사가 되었습니다. 가난한 농부의 아들에서 법조인으로, 민주화 운동가로, 국회의원으로, 대통령으로 그의 인생은 드라마와 같았습니다. 그 드라마는 고향에서의 편안한 여생으로 막을 내리는가 했지만 또 다른 파국과 결말이 기다리고 있을 줄은 아무도 몰랐습니다.

이에 국민들의 가슴엔 거대한 분노가 타오르기 시작했습니다. 그런데 기독교계는 너무도 냉정합니다. 한국의 기독교계는 그들의 영혼이 마비되어 있음을 알지 못하고 있습니다. 좌로도 우로도 치우치지 말라 한 예수의 경고를 잊고 지금 기독교의 자세는 이미 자신들이 극우 기득권이 되었음을 인정하고 있습니다. 이번 사태를 계기로 기독교는 급격히 쇠퇴할 것 같습니다. 새로운 종교운동이 시작되어야 할 필연적 시기가 된 것이라는 반증일 것입니다. 그것은 전적으로 기독교 지도자들과 기독교인들에게 있습니다. 또 극우 집단이 민중과 한판 겨루기를 할 수 밖에 없을 것입니다. 그러나 어느 누구도 민중을 영원히 이길 수는 없습니다. 비이성적이고 탐욕스럽고 잔인한 극우집단이 우리 민족의 주류에서 사라지지 않는 한 이런 불행과 혼란은 계속될 것입니다. 남북관계는 계속 악화될 것입니다. 그것은 극우집단의 그릇된 돌파구로 이용될 수도 있으나 그것은 공멸입니다. 북한은 스스로 변화할 수밖에 없도록 기다리고 인내하고 선의의 교류를 확대해 나가는 것이 진정 자신감 있는 사상의 소유자만 할 수 있는 전략일 것입니다. 극우집단은 이를 할 수도 없고 할 마음도 없습니다. 극우집단은 그 태생이 친일이고 친일의 근본사상은 나라와 민족은 망해도 나만 잘 살면 된다는 것이기 때문입니다. 물론 공산주의도 절대 안 된다는 것도 덧붙여 강조하고 싶습니다.

이 나라가 남북으로 다시 남쪽은 극우집단과 그렇지 않은 집단으로 두 동강 났습니다. 엄청난 혼란과 피를 흘릴 것인가 아니면 민족적 슬기를 발휘할 것인가는 전적으로 국민들에게 달렸습니다. 이제 하나님께 간절히 기도드릴 뿐입니다. 우리 국민들에게 지혜와 용기를 달라고 말입니다. 봉하 마을 뒷산의 부엉이 바위를 한참이나 바라보다 왔습니다. 야트막한 야산에 어울리지 않을 만큼 지나치게 큰 바위였습니다. 모든 걸 위압하는 느낌이었습니다. 어쩌면 우리 국민들에게는 그 바위처럼 안 어울리는 지도자가 노무현이었다는 생각도 해 보았습니다. 한탄강댐 추진 때문에 노무현 주변인들을 무척이나 싫어했던 나로서는 노무현 측근들에게도 노무현은 어울리지 않는 사람이었을 것 같았습니다. 극우세력들은 노무현을 파렴치한으로 만들려 노력했지만 오히려 그들에게 돌아가고 말았습니다. 우리 국민들은 노무현 대통령이 그 높은 바위에서 몸을 던지고 나서야 얼핏 그간 우리가 얼마나 비겁한 삶을 살았는지 깨닫고 있을 것입니다. 극우세력들에게 휴머니즘이 어울리지 않는다는 사실을 노무현은 진정 몰랐을까? 노무현 대통령의 장례는 당연히 국민장이어야 하고 영결식도 시청 앞에서 해야 합니다. 그리고 이명박 대통령도 애써 봉하 마을로 가는 무리수를 두지 말고 시청 앞 광장에서 분향하며 명복을 빌면 됩니다. 그렇게 하지 않으면 이번 일은 어지럽게 되고 말 것입니다. 이명박 정부의 능력으로 수습하기가 참 쉽지 않을 것 같습니다. 이명박 정부는 극우세력과 이 기회에 단절하지 않으면 엄청난 불행을 맞이할 것입니다. 검찰은 이미 심판대에 올라간 형국입니다. 더 이상 검찰은 국민의 신뢰를 받을 수 없습니다. 사법부도 마찬가지 일 것입니다. 이번 사태가 어떻게 전개되는 것과 관계없이 국민의 가슴 속엔 이미 그렇게 각인되어 있습니다. 그것은 아주 오랫동안 해왔던 결과일 뿐입니다. 노무현 대통령은 농민의 아들에서 법조인으로, 민주화 운동가로 지역주의라는 극단주의와 싸운 정치인으로 반쪽의 국가이지만 일국의 대통령에서 이제 이 민족의 불행의 근원인 분단 앞에 분단을 좋아하는 극우들의 면전에서 십자가를 지고 갔습니다. 그는 그렇게 열사가 되었습니다. 극우들은 지금 어떻게 이 사태를 진압할 것인가에 몰두하고 있을 것입니다. 게다가 극우집단은 노무현은 그의 죄의식을 못 이겨 자살한 사울왕이라고 굳게 믿고 싶을 것입니다. 이 백성들이 극우집단을 추종하고 따르는 한 우리는 계속 고통스런 삶을 살아갈 수밖에 없습니다. 이 나라 기독교인들에게 다시 한 번 경고하고 싶습니다. 중세 가톨릭이 자신도 모르게 이단이 되었었다는 사실을 이제라도 늦지 않았으니 깨닫기 바랍니다. 이 민족의 위기를 극복하는 데는 기독교가 어떻게 역할 하는가에 달려있습니다. 그것은 현재의 기독교 위기를 극복하는 길과 일치하기도 합니다.

2009년 5월 25일

9 ...

이스라엘과 예수 그리고 한국의 기독교인

날씨가 너무 춥습니다. 사람들은 '동장군 축제' 라고 추위마저 즐기기도 하지만 이번 강추위가 가뜩이나 어려운 경제에 처한 서민들과 소외된 사람들에게 얼마나 힘겨운 일인가 가슴속까지 한기를 느낍니다. 전방에서 연대장으로 있는 동생 부대의 병사들이 오늘처럼 많이 생각난 적은 없는 것 같습니다. 모두 몸 건강하게 생활하기를 기도합니다. 여러분도 내복 챙겨 입으시고 목도리도 꼭 하세요. 체온이 2℃는 올라갑니다. 그리고 사랑하세요.

이스라엘과 팔레스타인 하마스의 전쟁이 보름을 넘기고 있습니다. 아무도 제어할 수 없는 이 전쟁에서 어린이를 포함한 사상자들이 수천을 헤아립니다. '선민' 이스라엘과 처음에는 같은 형제였지만 원수가 된 팔레스타인(블레셋)과의 수천 년의 싸움은 어쩌면 보는 이로 하여금 전쟁도 습관이 될 수 있겠다는 생각을 해 봅니다. 성경을 보면 하나님은 이스라엘을 선택하셨습니다. 이스라엘 사람들로 하여금 인간의 창조의 이유와 삶의 궁극의 목적을 깨닫게 하려고 아브라함을 택하고 가나안을 지정합니다. 이에 반해 이스라엘 사람들은 시간만 나면 그들의 신인 야훼를 배신하고 우상을 섬깁니다. 그 대가로 그들은 애급에서 400년간 종살이를 합니다. 바빌론에게 또 그만큼 노예로 살았습니다. 블레셋과 전쟁은 이루 헤아릴 수 없습니다. 그 때마다 유대민족은 고초

끝에 다시 그들의 신 야훼를 발견하곤 합니다. 그런 이스라엘이 로마의 식민지가 되어 고난을 당할 때에 야훼를 믿는 제사장과 장로들은 그들의 신마저 율법으로 묶어 놓고 우상화합니다. 이 때 그들이 그토록 기다리던 메시야를 야훼는 보냈습니다. 그러나 이스라엘 사람들은 그 메시아를 죽였습니다. 그들은 아직도 메시아를 기다리고 있습니다. 왜냐하면 예수를 메시아로 인정하는 순간 유대인들은 씻을 수 없는 죄악을 저지른 것이기 때문입니다. 이것이 이스라엘과 유대인과 유대교의 현재 모습이고 이스라엘은 거의 전부 유대교를 신봉하고 있습니다. 그들은 아직도 구약의 역사를 살고 있습니다. 그러나 그들이 죽인 메시아 예수는 로마를 기독교화 했고 대영제국을 기독교화 했고 미합중국 대통령이 성경에 손을 얹고 취임 선서를 하도록 하였습니다. 그럼에도 정작 '선민' 이라고 자처하는 이스라엘은 예수를 고작 '랍비' 의 한 사람으로 '선지자' 의 한 사람으로 치부합니다. 구약의 시간이 계속된다고 믿는 이스라엘은 유대인에게 나치정권이 자행했던 수 없는 학살도 성경적으로 판단하면 야훼의 이스라엘에 대한 경고로 알아야 할 것입니다. 그러나 예수를 메시아로 믿는 사람들은 히틀러의 죄악이라고 합니다. 전 세계에 흩어져 있는 유대인들이 아무리 재력이 있고 미국의 무기상들이 유대인이 대다수일지라도 이스라엘은 예수를 인정하지 않는 한 그들의 고초는 계속 될 것입니다. 예수를 이 땅에 보낸 그들의 신 야훼의 참 뜻은 사랑과 용서를 모르는 유대인들에게 그리고 온 인류에게 하나님은 곧 사랑이라는 것을 깨닫게 하기 위함이었습니다. 애급, 바빌론, 로마제국, 미합중국이 이스라엘을 바라보고 대하는 자세는 하나입니다. 이스라엘을 통해 자신들의 이익을 실현하는 것입니다. 그런데 사람들은, 얼빠진 기독교인들은 이스라엘이 기독교계의 첨병으로 최전선에서 이단인 이슬람과의 성전(聖戰)을 치루고 있다고 생각합니다. 이스라엘이 예수를 깨닫지 못하고 구약의 時計를 사는 한 이슬람은 결코 약화되지 않을 것입니다. 이스라엘의 싸움은 결코 성전(聖戰)이 아닙니다. 성경을 한번이라도 제대로 읽은 사람은, 예수를 진정 메시아였다고 생각하는 사람은 이스라엘은 선민이지만 우매한 선민이라는 것을 알아차릴 수 있을 것입니다. 그렇다고 이슬람과 하마스를 옹호하는 것도 결코 아닙니다. 그들의 코란도 그들의 신념도 사랑과 용서와는 거리가 먼 듯합니다. 구약과 코란의 인과응보 '이에는 이, 눈에는 눈' 으로 대적하는 한 이스라엘과 하마스는 동급입니다. 이에 프랑스, 영국, 유럽의 지식인들은 반전과 종전을 외치고 있습니다. 유엔도 휴전 결의안을 냈습니다. 그러나 이스라엘은 콧방귀도 뀌지 않습니다. 든든한 후원자가 있는 모양입니다. 그 유엔의 수장이 한국인입니다. 이때에 사실상 기독교 국가인 한국의 입장과 자세는 어떠해야 할까요 정부가 나설 수 없다면 종교계나 시민단체라도 유엔 사무총장에게 힘을 실어주어야 할 텐데 참으로 아쉽습니다. 북한의 남침을 부도덕한 전쟁의 상징으로 믿고 있는 우리와 기독교인들은 유엔의 참전을 구세주처럼 받아들이고 있습니다. 그런 유엔이 이스라엘 앞에서는 초라한 모습일 뿐입니다. 이제 기독교인들은 이스라엘에 대한 시각을 온전히 교정해야 할 때가 되었습니다. 예수를 메시아로 인정하지 않는 유대교는 반기독교입니다. 유대교와 이슬람교는 그런 의미에서 동급입니다. 메시아를 십자가에 매달았던 유대인들은 어쩌면 인류 최후로 예수를 메시아로 받아들이는 민족이 될 것입니다. 왜냐하면 그들의 손으로 죽였기 때문입니다. 그런 이스라엘을 뭣도 모르고 기독교의 첨병으로 사고하는 무지한 기독교인이 있다면 그 또한 예수를 진정 사랑과 용서의 하나님의 아들로 받아들이지 않는 사람이라고 단정합니다. 하나님은 이스라엘의 지배자를 애급에서 바빌론으로 로마제국에서 미합중국으로 바꿔왔습니다. 끊임없이 이슬람 세력을 통하여 이스라엘을 전쟁 속에서 살게 하고 있습니다. 이스라엘 사람들은 야훼를 '전쟁의 신' 이라고 합니다. 그러나 이미 그것은 약효를 잃었습니다. 유대인의 마음속에 야훼가 보냈던 그의 아들 예수가 없는 한 그 모든 행위는 우상숭배에 불과합니다. 단지 그들의 고난은 또 다른 섭리를 위한 도구에 지나지 않을 뿐입니다. 왜냐하면 하나님은 모든 인류를 창조하였고 선택하셨기 때문입니다. 이스라엘은 인류의 종족 중 맨 마지막으로 예수를 인정하는 종족이 되리라 성경은 말하고 있습니다. 한국의 기독교인들이여, 이제 더 이상 이스라엘의 전쟁과 학살에 침묵으로 동의를 보내지 맙시다.

2009년 1월 12일

10...

내 정치학 교과서는 성경

열린우리당 이철우 의원(45)이 "내 색깔은 예수님을 닮는 것이며, 내 정치학 교과서는 성경" 이라고 고백했다.

▲ 이철우 의원. ⓒ사진 제공 이철우 의원실

독실한 기독교인으로 알려진 이 의원은 1월 16일 서울 방학동에 위치한 열방교회(문홍대 목사)에서 열린 신앙간증 집회에서 모태신앙으로 자라난 자신이 학생운동과 수감 뒤 정치활동을 통해 하나님을 다시 만나 신앙적 변화를 겪은 과정을 밝혔다.

이 의원은 "나는 국회의원이고 그 유명한 '간첩의원' 이며 안수집사" 란 말로 자신을 소개하면서 "어느 의원이 나에게 '정체가 뭐냐' 고 물어 내가 굉장히 유명한 의원이 됐는데, '내 색깔은 예수님을 닮는 것' 이라는 고백을 하게 하시려고 주 성령이 역사하신 것" 이라고 전했다.

"의정활동을 하면서 지금까지도 숱한 고난과 고통 중에 있었지만 마음속에 두려움이나 원망이 없다"며 '간첩' 논란에 대한 솔직한 심경을 고백했다. 그러나 "주 성령의 역사로 폭탄을 피했는데 소총이 날아왔다"면서 최근 선거법 위반 관련 재판 과정에 대한 불편함을 드러내기도 했다.

이 의원은 "되돌아보면 지난 45년 동안 주님은 나를 불속에 넣었다 꺼냈다 물속에 넣었다 꺼냈다를 반복했다"는 말로 자신의 신앙여정과 함께 변화를 겪은 인생의 굴곡을 자세히 밝혔다. 온 가족이 섬기던 교회가 분규를 겪자 교회를 떠나 방황하며 보낸 청소년기, 늦깎이로 들어간 대학에서 학생운동을 하다 겪게 된 4년 8개월의 수감생활을 '요나가 물고기 뱃속에 들어간 것과 같다'고 고백했다. 그러나 아버지의 임종 후 감옥에서 회한의 시간을 보내던 그는 옥중예배에서 새로운 하나님의 은혜를 겪고 이후 교회 중·고등부 교사와 성가대원으로 봉사하면서 신앙생활을 성실히 하고 있다고 전했다.

민주화운동이 한창이던 80년대 중반 '기도만 하지 말고 죽는 한이 있어도 정의롭지 못한 것과 싸워야 한다'는 각오로 학생운동을 한 이 의원은 당시 "교만하게 민중신학·해방신학을 공부했다. 대학 때 마가복음에 나온 민중과 예수님을 수십 차례나 읽었지만 그 속에 재림과 영생과 부활은 없었으며, 그때 읽은 것은 성서가 아니라 사회과학이었다"면서 자신의 신앙과 세계관이 큰 변화를 겪었음을 보여줬다.

이 의원은 "다들 경제 성장을 얘기하는데, 기독교인들의 경제관은 달라야 한다"면서 "물질적 빈곤보다 우리 영혼의 빈곤이 더 큰 문제"라고 지적했다. 또 "우리는 나와 다른 사람, 다른 교회 다른 지역을 인정하지 않으려고 한다"면서 "우리가 화평과 화합의 전도사가 돼야 한다"고 강조했다. 또 "우리 기독교인들이 공산주의와 같은 세상의 이데올로기를 두려워할 필요가 없으며 공산주의와 같은 숙주가 끼어들지 못하도록 부패하지 않은 사회를 만들면 된다"고 강조했다.

다음은 이철우 의원이 1월 16일 주일예배에서 한 간증문 요약문이다.

나는 국회의원이고 그 유명한 '간첩의원' 이고 안수집사다. 사람들이 "너는 정체가 뭐냐" 면서 헷갈려 한다. 어느 의원이 "당신 정체가 뭐야" 고 하면서 일주일 동안 9시 뉴스에 톱으로 나왔다. 정신이 없더라. 주 성령의 역사로 굉장히 유명해졌다. 주 성령이 역사해서 나를 이렇게 유명한 의원으로 만들었다. "네 색깔이 뭐냐" 고 했을 때 나도 모르게 "내 색깔은 예수님을 닮고자 한다, 내 정치학 교과서는 성경이다" 는 말이 저절로 튀어나왔다. 저 싸움밖에 모르는 국회에서 내가 이런 말을 하게 하시려고 주 성령은 역사했다. 나는 의정활동을 하면서 지금까지도 숱한 고난과 고통 중에 있었다. 그러나 하나도 두렵거나 걱정되지 않는다. 마음속에 미움도 없고 원망도 없다, 세상은 바글바글 끓는데. 아마 하나님을 다시 만나기 전에 이런 일이 일어났으면 난리가 났을 것이다. 쫓아가서 성명서도 내고 했을 것이다.

아버지가 세운 교회 분열 보며 신앙 떠나 방황

하나님의 역사는 놀랍고 놀랍다. 내 나이가 45살인데, 되돌아보면 주님은 나를 불속에 넣었다 꺼냈다 물속에 넣었다 꺼냈다를 반복했다. 나는 모태신앙이다. 모태신앙이 보통 뜨뜻미지근하다. 뜨뜻미지근한데 출석은 잘한다. 아버지는 하나님의 명을 받들어 교회를 세우셨다. 초가집인 우리집에 십자가를 꽂고 서울에서 전도사님을 모셔와 예배를 드렸다.

포천 산골에 있던 우리 집은 보리밥을 먹고 유난히 가난했지만 어머니는 우리집에서 숙식하시는 전도사님에게는 쌀밥을 해드렸다. 아버지는 하루도 안 빼놓고 새벽기도를 하셨다. 새벽기도에서 교회 성도들 이름을 한 명 한 명 다 부른다. 그 다음에 동네 사람들 이름 부르고 가족 친척까지 한 30명은 부른다. 맨 마지막에 건강하게 살게 하시고 사랑하며 살게 하소서라고 한다. 사람이 늘어나면 기도 시간도 늘어난다. 아버님이 기도하시고 교회를 일으키시는 것을 보면서, 부른다는 게 참 중요한 기도라고 느꼈다. 지금의 나는 유권자가 많아서 일일이 다 부를 수는 없고 뭉뚱그려서 한다.

나에게도 신앙적 방황이 있었다. 중3 때 교회에서 부흥회를 했는데, 교인들이 뜨거워져서 방언을 하고 난리가 났다. 은혜 받은 교인들이 그 다음해인가 부흥강사를 섭외해서, 목사님으로 오셨는데 오시고 나서 교회에 분란이 일어났다. 뜨거워진 다음이 더 중요하다. 분열로 인해서 아버지가 상처를 받았다.

이건 아니란 인간적인 생각이 들어 아버지와 싸웠다. 이런 교회 안 다니겠다고 아버지에게 선언했다. 도망가는 요나가 된 것이다. 15살부터 10년 동안 청소년 시절을 방황했다. 주님과 함께 하지 않으면 시련이 많다. 대학도 못 가고 군대를 제대하고서 배운 것도 없고 할 것도 없고 앞이 안 보여 죽어버리기로 마음 먹었다.

시골에 가면 농약이 많다. 방에서 농약을 한 병 갖다놓고 먹으려고 하니까 어머니가 눈치 채고 들어오셔서 침착하게 "네가 죽을 마음 먹고 하면 이 세상에 못할 게 어디 있겠냐" 고 하셨다. 그 말이 내 마음을 쪼갰다. 그래서 아버지에게 찾아가 "학력고사가 다섯 달 남았는데, 50만 원을 주면 서울에서 먹고 자고 하면서 공부하겠다" 고 했다. 그래서 서울 올라와 12시에 자고 4시에 일어나 공부하면서 매일매일 기도했다. 기도하면서 공부하는데 공부가 그렇게 재밌었다. '아버지에게 효도 한 번 하게 해주세요' 라고 기도해서 대학에 합격했다.

학생운동으로 인한 수감생활 도중 아버지 장례 치르고 회심

사단은 그 때부터 또 벌어진다. 84년도에 대학에 갔는데, 대학가 여기저기서 데모하고 혼란스러웠다. 나도 그냥 넘어갈 수 없지 않나 고민도 많이 했다. 그래서 교만하게 민중신학 · 해방신학 별 신학 책을 다 봤다. 그랬더니 그런 얘기만 들어오는 거다. 이러한 사회에 이런 거 가만 있으면 안 되고 죽는 한이 있어도 정의롭지 못한 것과 싸워야 한다.

아버지에게 또 한번 대들었다. 우리가 기도만 하고 교회만 잘 나간다고 되겠냐고, 자기를 부인하고 십자가를 지고 따라가지 못한다면서 학생운동을 해야 하는 명분을 강요했다. 아버지는 아무 말씀도 안 하셨다. 얼마나 속이 쓰라렸겠나. 나는 정의가 바로 서야 한다는 생각에 학생운동을 정말 열심히 했다.

그것만 가지고 안되니까 맑스, 주체사상도 공부하고 다 공부하면서 세월을 보냈다. 감옥도 두 번 가서 총 4년 8개월을 살았다. 아버지가 딱 한번 면회 오시더니 성경책을 넣어주시고 다시는 안 오셨다. 그 이후 지금까지 아버님을 못 뵈었다. 내가 감옥에 있을 때 돌아가셔서 5일간 형집행정지로 나와서 장례를 치렀다.

그 이후 다시 감옥으로 돌아와 '이건 아니다' 는 생각을 너무 많이 했다. 아무리 옳은 일도 하나님 앞에서 간구하지 않으면 인간이 하는 일은 한계가 있다. 이 복잡한 세상을 어떻게 살아야 하나 하고 매일 기도하고 공부했다. 감옥에서 한 평 짜리 방에서 지내는데, 사방의 벽이 다 하얗다.

요나가 들어간 물고기 뱃속이 여기구나 생각했다. 내가 보기에 요나가 선지자라면 나도 선지자일 것 같다. 뻔하다. 니느웨로 가랬더니 다시스로 도망가는 요나, 물고기 뱃속에서 죽겠다고 기도하는 요나, 니느웨 백성들에게 회개하라고 외치고 전도하는 요나. 또 박넝쿨 앞에서 배우는 요나. 도망가는 철우, 기도하는 철우, 전도하는 철우, 계속 배우는 철우, 뭐가 다른가.

하나님이 우리를 아무나 들어서 쓰면 다 선지자가 될 수 있구나. 성경에 많은 선지자 중에 요나가 나와 비슷할 것 같아 친근감 있다. 지금도 또 도망가고 있진 않는 것일까. 도망가다 딱 걸렸다, 주 성령의 역사로. 나와 다른 사람을 존중하지 않는 것을 하나님께서 요나를 통해 가르쳐 주셨다.

죄수들의 고백 속에 은혜스러운 옥중예배

감옥에서 하루는 교도관에게 예배를 봐야겠다고 요구했다. 그랬더니 교도관들이 회의를 했다. 많은 사람이 집회하는 데서 선동할 것 같다는 것이다. 그래서 양쪽에 교도대 두 명을 입회하에 왔다갔다 한다는 조건으로 허락했다. 300명의 수인들이 죄수복을 입고 예배를 드리는데 그렇게 은혜스러울 수가 없었다. 하나님 바로 여기 계셔야겠구나.

감옥에 가면 죄수들이 다 죄 없다고 한다, 교회 오면 다 죄인이고 하나님께 회개하고 죄송하다고 하는데. 죄수들은 다 억울하다고 한다. 예배 나온 사람은 죄인이라고 고백하니까 은혜스럽다. 그래서 나는 (감옥에서) 나가면 무조건 성가대를 한다고 마음 먹었다. 나오자마자 성가대를 했다.

또 감옥에서 소년수감원 하나를 만났는데 이 친구가 한글을 못 읽었다. 그래서 내가 한글을 가르칠테니 하루 한 시간씩 시간을 내달라고 했다. 방에서도 다른 수감원들에게 맞지 못하게 했다. 그런데 아무리 가르쳐도 가망이 없다. 이름이 박용선인데 자기 이름만 외웠다. 나올 때쯤 되니까 아저씨를 만나려면 어떻게 해야 하냐고 해서 전화번호와 주소를 알아야 한다고 했더니 공부가 절로 됐다. 다섯 달까지 안되다가 여섯 달만에 다 뗐다.

나중에 나와서 전화가 왔다. 내가 용선이라고. 기분이 좋더라. 지금도 전화가 온다. 하나님을 알면 얼마나 더 확 바뀌게 되는지 사람들은 모른다. 용선이를 통해서 나가면 중 · 고등부 교사를 해야겠다. 잃어버린 10년 찾아야겠다고 생각해서 중 · 고등부 교사를 자원했다.

정치든 뭐든 기독교인이 화평하게 해야

우리는 화평의 전도사가 돼야 한다. 이게 모든 사람의 바람이 아닐까. 화평하고 싶은데 현실은 정반대다. 근심도 많고 나를 위협하는 놈들 뿐이다. 이 행복을 말할 때 가장 중요하다고 보는 게 물질과 건강이다. 어쩌면 두 가지가 우리가 세상에서 추구하는 전부다. 정치도 그것밖에 없는 것 같다.

대통령도 경제정책과 국민의 경제 발전이 내 정치의 최고다고 한다. 그럼 국민들도 올 한해 나에게 돈 많이 들어오려나보다고 한다. 그러나 물질적 빈곤보다 우리 영혼의 빈곤이 더 큰 문제다. 우리 믿는 사람의 경제관은 달라야 한다. 지금 대한민국은 물질적으로 넘쳐난다. 물질적 풍요보다 정신적 영혼의 빈곤이 이 나라를 어렵게 하는 근간이 아니겠나 생각한다.

화평, 갈등의 조정, 화합, 우리가 그렇게 좀 살아보자는 얘기를 한다. 마태복음 10장을 보면 예수님이 열두 제자들에게 이렇게 살아라는 내용이 함축돼 있다. 비둘기같이 순결하고 뱀같이 지혜롭게 살라고 하는데 우리는 마음은 뱀 같고 겉으론 멍청하고 지혜는 없다. 반대로 산다. 예수님은 역설의 왕이시다. 이 땅에 내가 화평을 주러 온 것이 아니라 검을 주러 왔다고 하셨다.

우리는 이 땅의 평화가 성탄절에 눈 내리듯 내리는 줄 아는데 예수님은 그렇게 말씀하지 않았다. 화평을 주러 온 게 아니라 검을 주러 왔다는 것은, 이 검을 통해 화평에 이르라는 것이다. 하나님이 우리가 원하는 대로 주는 것 같은가? 반대로만 주시는 것 같다. 1억 정도만 있으면 헌금도 잘하고 남도 돕고 잘 살 것 같은데 이런 기도를 하는 순간 더 가난하게 만든다. 그러면서 나를 겸손하게 만든다.

하나님이 언제 우리가 구하는 대로 주셨나? 내가 살아본 바로는 그것은 절대 아니다. 역설의 하나님. 우리가 원하는 것은 하나님이 원하지 않으니까 안 주신 것이다. 하나님과 내가 먼저 화평하지 않은 것이다. 다음 절에 또 역설하신다. 난 너희들을 불화하게 하기 위해 왔다. 얼마나 열 받겠나. 이 땅에 불화가 왜 생기나. 애들 싸움이 어른 싸움 된다는 얘기다.

옛날에 앞뒷집 있는데 내 애를 이웃보다 더 사랑하면 불화가 끊이지 않는다. 내 지역을 다른 지역보다 더 사랑하고 내 교회를 이웃교회보다 사랑하고 불화가 끊이지 않는다. 화평이 여기에서 깨진다. 교회 다니고 열심히 예수 믿는 사람도 이 사실을 놓친다. 나와 다른 사람을 용납하는 게 안 된다.

이방인 원수를 사랑하라는 게 왜 중요한지 치밀한 깨달음이 없을 때 가는 곳마다 불화의 전도사가 된다. 나도 모르게 내 주머니가 좀 더 두둑해야 하고 정치인도 우리 지역에 길 하나라도 고속도로 더 놔야지. 정치를 하든 무엇을 하든 화평하게 하려고 하는데 그게 안 된다.

우리 믿는 이들은 공산주의를 겁낼 필요 없다

내가 국회에 있어봤는데 희망이 없다. 기도는 많이 해주셔야 한다. 언론이나 국민이 국회의원을 욕하면서 스트레스 푸는 게 너무 많은 것 같다. 가끔은 칭찬도 믿는 사람이 먼저 했으면 좋겠다. 심각한 사회 현상이다. 믿는 사람은 국회의원보다 권세가 높다. 대통령보다 높다. 권세가 그보다 높아야지 그것과 타협하면 안된다. 기독교 역사를 보면 속세와 타협한다. 이 나라 이 민족 많은 기독교인들이 타협한다. 이러면 화평이 안 온다.

세계에서 제일 복잡한 나라는 이스라엘이고 그것과 거의 비슷한 나라가 대한민국이다. 이렇게 복잡하고 전쟁과 갈등이 끊이지 않는 나라를 하나님은 사랑하신다는 증거다. 이게 역설이다. 그렇게 하나님이 우리에게 다가오셨다. 단지 우리에게 마음과 지식과 지혜로 다가오는 것이 아니라, 바로 예수님이 다시 오실 것이라는 굳건한 믿음이 필요하다.

다시 오실 거라는 믿음이 없으면 이 모든 말도 언사도 헛된 것에 불과하다. 그 전에는 다 지식이다. 대학 때 마가복음에 나온 민중의 삶과 예수님을 수십 차례나 읽었지만 그 속에 재림과 영생과 부활은 없었다. 성서가 아니라 사회과학이다. 영으로 깨닫는 것은 전혀 다르다.

우리 기독교인은 공산주의를 겁낼 필요가 없다. 내가 다 공부해봤다. 왜 겁내나. 사람들이 왜 겁내는지 모르겠다. 선불리 알아서 그렇고, 아직 자신이 엄청난 검을 가졌다는 생각을 못해서 그렇다. 곰팡이나 버섯이 끼는 것을 숙주라고 한다. 뽕나무에는 상황버섯, 미류나무에는 느타리버섯이 낀다. 나무가 숙주다. 부패한 사회는 공산주의의 숙주다. 사회가 부패하면 반드시 끼어드는 곰팡이가 공산주의다. 왜? 같이 나눠먹자는 것이다.

기독교인들이 부패하지 않은 사회를 만들면 된다. 공산주의라는 우상을 배격하려고 하면 안 된다. 기독교는 세상의 이데올로기를 막는 게 아니다. 그런 것은 아무런 영향력도 없다. 다윗이 골리앗을 이긴다. 이기게 돼 있다. 그런 것을 보면서 두려워 할 게 아무것도 없다. 이 세상의 이데올로기, 나는 그것을 실증적으로 온 몸으로 체험했다. 그 때 만난 하나님이 진짜 하나님이다. 두려워할 게 없다.

나 이후로 한국에 주사파는 거의 없었다. 내가 상당히 영향력 있는 운동권이었는데, 내가 고백하고 나니까 그 이후 소문이 났다. 그러고도 계속 운동하는 사람은 바보다. 국가보안법도 겁내지 마라. 이미 힘을 다 잃었다. 젊은이들은 무장해야 한다. 공부하고 기도하고 체험도 해야 한다.

정치인이니까 가끔 세상에 섞여야 할 때가 있다. 굉장히 고통스럽다. 이번 연말 지나고 하나님께 안 하겠다고 고백했다. 경건하게 돼야 변화되고 성장하지 않겠나 하는 생각을 했다. 주 성령의 역사로 폭탄을 피했는데 소총이 날아왔다. 선거법 관계로 벌금을 받았더니, 동네 할머니 집사님이 "250만 원 그냥 내면 되지"라고 하시고, 좀 나이 드신 집사님이 "더 보태면 안 될까" 하신다.

한국 정치 해보니까 보통 어려운 게 아니다. 이 어려운 것을 풀어나가는데는 단 한 가지 기준이 필요하다. 예수님이 주신 화평의 검, 이것을 들고 있을 때에만 한국에서 정치를 해도 뭘 해도 제대로 하겠다. 이 땅이 보통 땅이 아니다. 동방의 이스라엘이라고 한다. 그 정도로 복잡하다. 경제학자·정치학자가 풀 일 아니다. 믿는 성도들이 검을 가지고 풀 일이다. 박해도 각오해야 한다. 하나님과 먼저 화평하고 하나님 안에서 화평해야 지상의 평화가 오리라 생각한다.

Part III

나라 안의 좌우

…1
과거만을 말하는 사회

제5공화국의 방영 때문인지 포탈사이트 정치인 조회수를 보면 과거 정치인이 무척이나 많습니다. 전두환, 박정희, 노태우, 허화평, 허삼수, 허문도, 김대중, 김영삼. 모두 상위에 랭크 되어 있습니다. 과거사법, 친일인명사전, 국정원 등 권력기관의 과거사 진상조사위 등. 온통 흘러간 옛날 이야기뿐입니다. 하기야 풍찬 노숙하며 독립운동을 한 독립운동가와 그 후손이 한국처럼 비참하게 살아온 나라는 지구상에 없습니다. 오히려 그 반대로 친일파의 후손들은 지금도 땅 반환소송을 하며 각계각층에서 이 사회의 기득권을 장악한 채 잘 살고 있습니다. 이것을 어찌해야 합니까? 친일매국보다 더 나쁜 것은 공산주의이며 북한이며 그 증거는 6.25라는 아주 단순한 이유 하나가 친일파를 이 땅에서 승승장구하게 한 단 하나의 이유였습니다. 지금도 만 악의 근원 북한이 있습니다. 거기에 주변 강대국의 이해에 따라 울고 웃으며 우리는 이 좁은 땅에서 상식보다는 생존의 승부만이 우리의 일상이 되었습니다. 아마 과거 정치인들의 면면이 그 어지러운 승부의 정점에 있던 사람들이 아니었나 싶습니다. 그래서 우리는 꼬이고 엉키고 뭔가 답답해지는 것입니다.

90년대 중반까지는 젊은이들이 사회문제를 가지고 비판하기를 활발히 했는데 DJ정권부터는 50대 이상의 세대들이 비판과 저항에 앞장서있는 것 같습니다. 젊은이가 비판과 저항을 하는 것은 그들의 특성상 이상적이고 정의에 관한 문제가 많습니다. 그리고 미래지향적일 수 밖에 없습니다. 그들의 미래를 위해 싸우는 것이니 말입니다.

그러나 이제 이 사회에서 많은 경험과 기득권을 가진 50대 이상 세대의 비판과 저항은 확실히 다릅니다. 보통 어른들이 자식들에게 꾸중을 할 때는 보통 '내가 젊었을 때는 그러지 않았는데' 라며 비교를 합니다. 특히 기득권 언론이나 세대의 비판과 저항은 더더욱 과거 지향적입니다. 그들은 그것을 일컬어 보수라고 하는 모양입니다. 그러나 우리사회는 젊은이들이 자신의 미래를 공론화하지 않는데 더 큰 불행이 있습니다. 젊은이들의 침묵은 곧 굴종입니다. 이 대목이 우리를 더욱 힘겹게 하는 것 같습니다.

한 극우 언론인의 "20~30대여 386을 비판하라" 고 한 논설을 읽고 차라리 그게 훨씬 낫겠구나 싶었습니다. 대학생들이 활발하게 386을 비판하고 분석하고 우리는 386보다 더 나은 꿈과 미래를 만들 것이라고 외치고 주장하면 얼마나 좋겠습니까? 그리고 그 논설위원 세대는 지금의 40대를 격려하고 애정 어린 지적을 하면 오죽 좋겠습니까? 논설위원의 말은 기득권 세대만 비판할 것이 아니라 젊은 20~30대와 함께 40대를 협공하자는 말이었지만 그래도 20~30대가 나서주길 간절히 바랍니다. 협공이라도 좋을 듯합니다. 서울대논술 논란이 일어났을 때 서울대생들도 이에 찬성하는 것을 보고 아득했습니다. 우리의 화두가 미래에 있지 않고 늘 지난날만을 말하는 것은 바로 이 사회에 젊은이의 목소리는 없고 기성세대의 목소리만 높기 때문입니다.

이번 한 주, 앞선 세대는 좀 점잖게 격려와 함께 젊은 세대의 이상과 정의를 뜨거운 가슴에 담도록 북돋아 주어야 하겠습니다. 할아버지, 아들, 손자가 함께 사는데 할아버지는 매일 아들을 비난하고 원망하고 손자는 집안 일은 나 몰라라 놀기 바쁘다면 어떻겠습니까? 할아버지의 경륜과 덕망, 아들의 부지런함과 추진력, 손자의 생기발랄한 탐구! 이것이 되는 집안 아니겠습니까?

기성세대의 비판만이 있는 사회, 그것은 '과거만을 말하는 사회'를 만드는 것입니다.

2005년 7월 셋째 주 월요일 아침

2...

'타인의 상식' 을 숨막히게 하는 '당신의 생각'

숨막히는 폭염, X-파일, 총기 탈취, 6자 회담. 이번 주 우리나라 사람들이 함께 겪어야 할 일들입니다. 에어컨이 없이는 잠시도 살 수 없는 도시의 찜통더위는 다른 것은 관심도 둘 수 없게 합니다. 중3 때인가? 영구기관에 대한 이해가 깊지 못한 이유로 영구기관을 생각해내고 기뻐했던 적이 있었습니다. 전기 모터에 발전기를 달고 그 발전기에서 만들어진 전기를 다시 원래의 모터에 연결하면 영구히 돌아간다는 것입니다. 그러나 이것이 불가능하다는 것을 안 것은 얼마 가지 않아 에너지 불변의 법칙을 알고 난 후였습니다. 우리가 더위를 식히는데 사용하는 에너지를 열로 환산하면 아마 에어컨이 없어도 되지 않을까 생각합니다. 세상 만물의 이치를 모르면 우리가 얼마나 헛수고를 해야 하며 남에게도 얼마나 많은 수고로움을 주는지 생각하게 하는 한 주일입니다.

조지 오웰의 소설 '1984' 와 같은 을씨년스러운 풍경의 단면인 'X-파일' 또한 세상의 이치를 몰라 일어난 일입니다. 자신들의 권력이 영원할 것이라는 착각. 그리고 돈이면 안될 것이 없다는 허망한 믿음, 세상에는 비밀이 있을 수 없다는 평범한 진리가 'X-파일' 이 우리에게 주는 교훈입니다. 엿듣기, 엿보기 이것은 불안한 사람들의 행동양식입니다. 돈, 권력이 이 불안을 감소시키지 못한다는 반증이 바로 'X-파일' 입니다. 만약에 이회창씨가 대통령이 되었다면 대한민국은 어떻게 달라졌을까? 여러분의 상상에 맡기겠습니다. 저는 아마 또 구속되었을지도 모르겠다는 생각을 했습니다.

정권교체와 참여정부까지 우리는 10년을 새로운 경험을 하고 있습니다. 아마 이 10년의 역사적 가치는 '해체' 에 있을 것입니다. 권위주의 시대 우리를 숨막히게 했던 불합리를 해체하는 시간입니다. 그러다 보니 일시적 안정감의 저하로 사람들 특히 과거시대에 기득권을 누렸던 사람들의 불만이 고조된 것도 사실입니다. 그러나 이러한 '해체' 작업도 더 밀고 나가야 합니다. '타인의 상식' 을 숨막히게 하는 '당신의 생각' 이 해체되어야 하지 않겠습니까? 저도 다른 사람의 상식을 숨막히게 한 적이 많이 있었을 것입니다. 선거와 짧은 국회의원을 하는 동안 보 잘 것 없는 제 주변에도 눈앞에서 상식에 어긋나는 일들을 하는 사람들을 많이 보았습니다. 정치도 사람들이 좀더 나은 생활 최소한 인간의 상식이 통하는 사회를 만들기 위함인데 오히려 정치하는 사람들이 세상을 어지럽히는 것도 많이 보았습니다. 그러기에 그런 사람들과는 단절하는 것이 올바른 정치의 시작이라고 생각합니다.

오늘도 시원한 에어컨 바람이 나오는 차 안에서 내가 달릴 수 있는 능력보다 훨씬 빠르고 바깥의 더위보다 훨씬 시원하게 앉아 있기 위해 만들어낸 열은 얼마인가 생각하면서 또 하루를 시작합니다. 이런 세상을 뒤로 하고 저는 아내와 함께 기도하러 갑니다. 방학중인 아내와 함께 신혼여행 이후 처음으로 함께 합니다. 피서지가 아닌 기도 모임에 갑니다. 거기서 '타인의 상식' 을 숨막히게 하는 '나의 생각' 을 회개하려 합니다. 그리고 난 후 지식이 아닌 지혜를 구해보겠습니다.

뜨거운 여름은 탐스런 결실의 전주곡이라 생각하면 폭염마저도 감사하게 될 것입니다.

2005년 7월 마지막 주 월요일 아침

3 ...

내 마음 속의 'X-파일'

대한민국 권부의 역사는 'X-파일' 이 正史이고 국민이 알고 있는 것은 野史가 아닐까 생각되는 요즘입니다. 지금 'X-파일' 을 두고 내심 쾌재를 부르며 이제 대한민국의 권력은 완전히 우리 손에 있노라고 좋아하는 조직이 아마 검찰일지도 모르겠다는 씁쓸한 생각이 앞설 때마다 제 마음은 더욱 어두워집니다.

중앙정보부, 안기부로 불리던 지난 시절 무소불위의 정보기관이요, 권부의 상징이었던 국정원이 검찰에 의해 낱낱이 해부되고 그 생사여탈권을 빼앗겼으니 이 얼마나 통쾌(?)한 일이겠습니까? 이제야 비로소 헌법기관인 사법부가 온전히 법질서를 회복했으니 말입니다. 그러나 어딘가에 검찰에 대한 'X-파일' 이 존재할지도 모르겠습니다. 사실 검찰이, 안기부가 호가 호위하던 시절을 떠올려보면 쉽게 알 수 있을 것입니다. 대통령이 무력해 보일 때마다, 아니 검찰이 요즘 또 다른 'X-파일' 을 만든다고 생각이 들 때마다, 국민들은 '대통령이 국정원을 놔뒀다 뭐 하는지 모르겠다' 고 볼멘소리를 할 때가 많습니다.

저 또한 지난 선거법 수사와 재판을 지켜보면서 온갖 상상을 다 하게 되었습니다. 은밀한 곳에서 한잔 술이 오가고 부정한 돈이 오가며 음험한 웃음이 교환되면 밝은 곳에서 짓밟히는 진실과 힘없는 자들의 탄식이 바로 저 'X-파일' 이구나 하는 것이었습니다. 그런데 우리를 더욱 슬프게 하는 것은 'X-파일' 을 바라보는 우리들의 무딘 마음이었습니다.

도청하면 떠오르는 사건은 아마 닉슨을 물러나게 했던 워터게이트 사건일 것입니다. 당시 미국 언론과 미국인들을 바라보며 전세계인들은 미국에 대해 얼마나 존경과 부러움을 보냈는지 모를 것입니다. 핵무기와 막강한 자본의 힘으로 전세계인의 마음을 그렇게 사로잡을 수 있을까? 미국은 닉슨이 하야하는 대신 전세계인의 마음을 사로잡는 길을 택했던 것입니다. 그런데 우리는 그 엄청난 도청이 자행되고 증거가 명백한데도 '엄청난 혼란' 운운하며 검찰이 모든 열쇠를 쥐고 있는 듯합니다. 도청은 증거가 될 수 없다느니, 공소시효가 지났다느니 다양한 이유가 세상을 떠돌아 다닙니다. 사실 'X-파일' 에 거명된 사람들은 모두 공인이고 출세한 사람들일 것입니다. 심지어 검사들의 이야기도 있다고 합니다. 과연 누가 그 'X-파일' 로부터 자유로울 수 있을까요? 이것이 국민들의 생각의 전부입니다. 언론도 사실 침묵하고 있습니다. 사실 언론이 침묵해야 할 것은 제보자에 대한 것입니다. 워터게이트 사건 당시 워싱턴 포스트는 'Deep throat' 를 알고 있었습니다. 그러나 30년이 지난 최근 FBI 요원이었다는 것을 본인의 고백으로 알게 될 때까지 침묵했습니다. 그러나 우리는 제보자부터 잡아들이고, 'X-파일' 내용은 취사선택해서 언론에 흘리고, 언론은 이를 떡고물 주워 먹듯 흥미진진하게 보도하고. 세상을 주무르는 사람들의 또 다른 'X-파일' 이 만들어지고 있습니다. 검찰 세 사람이 각서 쓰고 테이프를 듣는답니다. 이 얼마나 우스운 일입니까? 이것이야말로 특별검사를 임명하여 철저히 수사하고 다시는 이런 일이 없도록 해야 하는 것입니다. 워터게이트와 특별검사 콕스, 그리고 하원의 대통령 탄핵, 언론의 용기와 절제… 우리는 이런 것을 보아야 합니다.

그러나 이번 'X-파일' 사건, 저는 잘 해결될 것 같지가 않습니다. 왜냐하면 검찰이 모든 것을 요리하기 때문입니다. 언론은 국민의 알 권리가 어디까지인지를 놓고 입방아를 찧고 있습니다. 그러나 국민들은 이미 그 내용을 다 알고 있습니다. 한두 번 경험한 일입니까? 지난 반세기 대한민국 권부의 음모와 협잡을 모르는 국민이 어디 있겠습니까? 오히려 더 실감나는 상상을 하고 있고 '권력이란 다 그런 거야!' 하면서 무감각한 게 사실입니다. 국민들이 'X-파일' 을 향해 분노하지 않는 이유가 여기 있습니다. 초원복집 사건이 일어나도 전혀 다른 결과가 나오는 걸 우리는 경험하지 않았습니까? 도청은 우리 국민들이 지난날 누구나 '나도 그 대상일 수 있다' 고 생각했습니다. 사실 이 세상에는 크고 작은 'X-파일' 이 무수히 존재합니다. 서로 약점을 잡고 물고 물리는 먹이사슬이 바로 그 'X-파일' 입니다. 지금 지역비리, 자치단체의 비리가 횡행하고 있는데도 좋은 게 좋은 거라고 넘어가는 이면에 바로 꼬마 'X-파일' 이 우리사회 곳곳에 있기 때문이라고 국민들은 믿고 있습니다. 국민들이 분명 '심증은 있는데 버젓이 이권들이 오가는지' 의문을 가질 때 해답이 '똑같은 놈들이지 뭐!' 하며 자조하고 마는 것, 그것이 바로 우리 마음 속의 'X-파일' 입니다. 부패와 부조리를 말하면 '경제가 안 돌아가는데 왜 자꾸 그러냐' 고 당당히 항변하는 사회, '털어서 먼지 안 나는 사람이 어디 있냐' 고 한결같은 '속죄의식' 을 가진 사회, '내 마음 속의 X-파일' 입니다.

영화 '누구나 비밀은 있다' 의 세 자매가 되어버린 우리의 의식이 있는 한 오늘도 '이병헌' 은 그 야릇한 미소를 우리에게 날리며 거리를 활보할 것입니다.

이번 주 '내 마음의 X-파일' 을 한번 Rewind 해보세요.

저는 중 · 고등학생들과 3박4일 수련회를 떠납니다.

주님께 그 'X-파일' 을 다 꺼내놓고 오렵니다.

2005년 8월 첫째 주 월요일 아침

...4

편견의 폭력과 위선의 혼란

어떤 사람을 내 마음같이 믿었던 적이 있었습니다. 그래서 그에게 모든 일을 맡겼습니다. 처음에는 아무런 문제가 없는 듯이 보였지만 세월이 갈수록 마음 문을 닫더니 급기야 내 마음의 상처가 되고 그 스스로 원수가 되었습니다. 아마 많은 사람들이 이와 비슷한 경험이 있을 것입니다. 요즘 우리를 힘들게 하는 것은 경제적인 어려움보다 인간 관계의 어려움이 더욱 크기 때문이 아닐까 생각합니다. 우리가 끼니 걱정이 제일 큰 걱정일 때에도 이웃과 사랑을 나누고 정을 나누며 행복하게 살았는데 물질적 풍요는 더 큰 갈등을 불러오고 인간성의 파괴마저도 일상사가 되었습니다. 사람들은 입만 열면 경제가 어렵다고 합니다. 어렸을 적 그 가난하던 시절에도 사람들은 경제가 어렵다는 말은 지금처럼 자주 하지 않았을 것입니다. '경제가 어렵다' 라는 말은 곧 현 집권세력이 맘에 안 든다는 말과 동의어가 되어 버린 지도 오래되었습니다. 과거에는 반정부 선동이 주로 학살, 고문, 부도덕, 부패 등등이었는데 '요즘은 경제가 어렵다' 한 마디인 것 같습니다. 거기에 좀 살을 붙이면 아마추어 정권 내지는 운동권 정권 정도로 추상적인 표현이 전부입니다. 사실 저도 지금까지 살면서 돈 걱정 안하고 살아온 날이 별로 없는 것 같습니다. 어려서는 남들이 사는 운동화 따위가 갖고 싶어서, 좀 커서는 등록금이나 용돈 문제로, 신혼 시절에는 자취생 같은 살림살이로, 이제는 좀 커졌지만 여전히 쪼들리며 삽니다. 아내와 같이 머리를 맞대고 살림살이 걱정을 하다가 언제나 내리는 결론은 똑같습니다. "여보! 그래도 돈 걱정이 제일 행복한 걱정이지?" 내가 이렇게 말하면 아내는 씩씩하게 "그럼요" 하며 동의하는 것으로 저를 격려합니다. 만약에 어디가 아프던지 아니면 자식이 속을 썩이던지 우리의 힘으로 참 해결하기 힘든 일이 얼마나 많습니까? 그래도 돈 걱정이 가장 행복한 걱정입니다. 물론 돈이 있으면 불편함은 많이 줄어듭니다. 그러나 불편함이 곧 불행은 아니거든요. 사실 제가 사람들을 만나서 가만히 얘길 듣고 있노라면 재산이 많은 사람일수록 경제가 어렵다고 강하게 말을 합니다. 나라를 다스림의 근본은 백성을 배부르게 하는 것이 제일 우선입니다. 그 기준이야 시대를 따라 다르겠지만 지금 우리의 배고픔은 무언가 생각을 많이 해볼 필요가 있는 배고픔입니다. 영어에 Mistake와 Error라는 단어가 있습니다. 우리는 보통 실수라고 번역을 합니다. 두 단어는 언어학적으로는 약간의 경우에 따라서는 아주 큰 차이가 있습니다. Error는 어떤 분야에 지식이 없어 저지른 실수나 잘못을 표현할 때 쓰는 단어고 Mistake는 알면서 순간적 착각이나 부주의로 일어난 잘못입니다. '앗' 하면서 고칠 수 있는 것. 이것은 Mistake입니다. 우리는 매일매일을 살면서 숱한 Error와 Mistake를 일삼고 있습니다. 그러나 Error든 Mistake든 이것은 곧 고치고 바로 잡으려 노력하면 오히려 발전의 계기가 되는 긍정성이 있습니다. 구더기 무서워서 장 못 담근다는 말의 뜻이 이와 비슷한 것 같습니다. 그런데 잘못을 했음에도 불구하고 회개하지 않는 경우가 있습니다.

그것이 바로 편견과 위선이지요. 편견은 Error와 비슷합니다. 뭘 몰라서 고집이 세고 잘못을 저지릅니다. 한 마디로 외눈박이죠. 편견의 폭력이야말로 우리 사회의 가장 큰 폭력이 아닐 수 없습니다. 많은 사람들이 저를 만나고 나면 그렇게 말합니다. 굉장히 무섭고 강하고 외골수고 뭐 그런 줄 알았는데 아니라 나요. 그러니 저를 직접 만나지 않은 사람 중에 저에 대해 편견을 가지고 사는 사람이 얼마나 많겠습니까? 저 또한 얼마나 많은 편견을 가지고 살아왔고 사는지 저도 잘 모를 것입니다. 저도 그 편견의 폭력을 휘두르고 사는 셈이죠. 그 편견의 정도가 대한민국은 세계 제일입니다. 이념, 지역감정. 지난 세월 만들어진 각박한 사회구조가 편견을 생산, 확대, 재생산하고 있습니다. 대통령이 TV에서 국민과의 소통을 호소하는 절박한 목소리를 들어 보셨죠? 실눈을 뜨고 비웃음을 얼굴에 가득 머금고 바라보는 사람을 상상해 보세요. 차라리 주먹으로 한 대 맞는 게 나을 겁니다.

다음은 위선입니다.

한 마디로 겉은 천사인데 속은 악마라는 이야기입니다. Mistake와 비슷할 것입니다. 알면서 저지른다는 의미에서는 말입니다. 자신에게 이익이 된다면 손금이 닳고 헛웃음을 흘리면서 온갖 아양을 떨다가도 손해가 된다 싶으면 찬바람이 돌도록 바뀌는 사람들이죠. 편견과 위선은 그 차이야 어찌되었든 둘 다 타인을 괴롭힌다는데 있고 폭력적이라는데 그 심각함이 있습니다. 더 큰 문제는 편견과 위선은 회개하기 힘들다는데 있고 편견과 위선으로 인해 그 스스로 영혼을 갉아먹는다는 것입니다. 그리고 편견과 위선일수록 더욱 확신에 차 보이기도 합니다. 종교라는 이름의 편견, 이데올로기라는 허울의 편견, 불쌍한 자들에 대한 자비라는 외투의 위선들. 이 얼마나 확신에 차 보입니까? 사기꾼일수록 그럴 듯 해 보이거든요. 무더운 여름을 이겨낸 곡식들이 열매를 맺습니다. 뜨거운 태양과 비바람을 맞은 그대로 열매를 맺습니다. 쭉정이는 다 그만한 이유가 있었던 것이지요. 편견의 폭력과 위선의 혼란이야말로 경제의 어려움보다 크고 또 큰 것입니다. 가을이 성큼 다가왔습니다. 엊그제 산속에 있는 공사현장에 갔더니 제철을 놓치기 안타까워하는 매미들의 노래소리가 장엄하리만큼 대단했었습니다. 가을의 눈으로 보면 매미의 울음은 시사하는 바가 많았습니다. 편견과 위선 그것은 폭력이요 혼란입니다.

편견은 다양한 독서가 필요하고 위선에는 믿음이 즉 신앙이 필요합니다. 편견은 무식하다는 뜻이고 위선은 설불리 안다는 뜻입니다. 편견은 인간의 지식으로도 많이 고쳐지지만 위선은 궁극적 진리에 대한 탐구와 믿음이 있어야 고쳐집니다. 편견과 위선을 적당히 배합하여 복제한 인간이 새삼 떠올려지는 요즘입니다. 돈 걱정은 가정사에서는 가장 행복한 걱정이고 경제 걱정이 나라를 다스림에 있어서는 가장 편한 걱정이라고 서로를 격려하면서 한주일을 시작합시다.

2005년 8월 마지막 주 월요일 아침에

...5

옳고 그름이 없는 것이 우리의 위기

어제 참 기막힌 일이 일어났습니다. 영중면 거사리 석산 확장개발을 반대해 온 마을 이장이자 지난 지방선거에서 열린우리당의 도의원 후보였던 박낙영씨가 테러를 당했습니다. 시청에서 마을 주민의 동의만 받아오면 허가를 내주겠다고 했다면서 마을 이장을 사찰 법당으로 불러 폭력을 행사하며 합의를 종용했습니다. 이것이 과연 있을 수 있는 일인지, 이런 사실을 알고도 우리가 침묵한다면 이 사회가 희망은 있는지 우리 포천의 수준이 이것밖에 되지 않는지 심각하게 우리 자신을 돌아보지 않을 수 없게 합니다. 독재정권하에서는 통제된 정보 속에서 진실을 몰라 옳고 그름을 알 수 없었던 때가 있었습니다. 전두환이 광주 폭도들의 만행을 진압하고 국난을 극복했다고 조선일보가 떠드니까 우리들은 그것이 사실인양 한동안 믿어 왔습니다. 독재정권하에서 숱한 고문, 테러 온갖 불법이 가능했던 것은 이러한 진실에 대한 통제 때문이었습니다. 그러나 한 사람을 영원히 속일 수는 있어도 만인을 영원히 속일 수는 없었습니다. 들불처럼 일어난 민주화 운동은 바로 진실에 대한 민중들의 갈구였습니다. 그렇게 통제된 사회가 해체되기 시작한지 20년이 되었습니다. 이제 우리는 정보의 홍수 속에 살게 되었습니다. 겉으로는 고문은 할 수 없고 어떤 공권력의 폭력도 용납되지 않습니다. 모든 사람들이 당당하게 자신을 주장하게 되었습니다. 심각하게 거짓된 정보 때문에 옳고 그름이 왜곡되는 예는 현저히 줄어든게 사실입니다. 그러나 폭력적 공권력과 색깔론에 의존하여 반대 세력을 억누를 수 없게 된 것은 진전이지만 그 덕분인지 사람들은 이제 물질만능주의에 안겨 버렸습니다. 나에게 이익이 되느냐 아니냐가 가치의 기준이 되어 버렸습니다. 그렇다 보니 이익이 큰 집단이 더 적극적으로 목소리가 커지고 합법을 가장한 불법을 일상적으로 벌이고 있습니다. 현재 일어나고 있는 모든 갈등도 마치 이익단체들간의 대립으로만 비춰지고 있습니다. 당연히 과정이나 절차의 합리성은 자신들의 추한 이익을 가리기 위한 수단으로 전락했습니다. 질 낮은 이해관계는 대개 감정적 대립을 부추깁니다. 지난 5.31 선거도 예외는 아닙니다. 다분히 감정적인 요소가 전체 분위기를 압도했습니다. 국민소득 1만 5천불이 되었어도 우리의 옳고 그름에 대한 판단 기준은 1천5백 불 때 보다도 못한 것 아닌지 심각하게 고려해보고 있습니다. 우리 민족의 한계가 여기까지인가, 지금 이정도 옳고 그름을 판단하는 능력으로는 선진국은 어림없습니다. 종교인들의 설교도 아무런 감흥이 없습니다. 진실로 이 민족의 장래를 걱정하는 지도자의 간절한 호소도 들리지 않습니다. 법원의 판결도 이해관계에 있는 한 측을 손들어 주는 것 이상도 이하도 아니게 되었습니다. 진리이냐 아니냐는 차치하고라도 어떤 사안이든 그것이 우리 사회와 민족에게 그리고 공공의 이익에 부합하는지는 의미가 없습니다. 그저 나에게 우리 편에게 이익이 되느냐 아니냐 입니다. 독재정권의 폭력과 압제를 벗어난지 20년 동안 우리는 당당히 자신의 욕심만을 앞세우는 사회를 만들었습니다. 정신적으로 퇴행한 사회가 되었습니다. 이제 어느 누구도 옳고 그름을 논하려 하지 않습니다. 왜냐하면 아무도 귀 기울이지 않기 때문입니다. 폭력과 압제보다 더 무서운 힘으로 사람들을 위축시키고 있습니다. 모든 것이 경제가 어려워서라고요? 천만에 옳고 그름에 대한 가치를 상실한 부는 그 소유자를 노예로 만듭니다. 가슴살 1파운드 속에 숨어 있는 핏방울을 볼 수 없었던 샤일

록의 어리석음이 이 시대 우리들의 어리석음과 무엇이 다르겠습니까? 지금 입 가진 자는 모두 살기가 어렵다고 합니다. 물질적 빈곤함 때문이라고 합니다. 경제 정책의 실패라고 목소리를 높입니다. 그러나 저는 지금 우리가 힘들어하는 것은 바로 옳고 그름에 대한 가치를 상실했기 때문이라고 생각합니다. 분명 돈은 많은 것을 충족해 주는 가치가 있습니다. 그러나 모든 것을 충족하지는 못합니다. 부자의 삶은 돈이 지켜줄지 모르지만 백성의 삶은 옳고 그름이 지켜줍니다. 가난해서 망한 민족보다 옳고 그름이 없어 망한 민족이 훨씬 많다는 사실은 이를 반증해 줍니다. 우리는 오늘 아침, 황당하고 참담한 사건을 접하면서 다시 한번 우리 사회의 척박한 가치관을 돌아보게 됩니다. 과연 무엇을 믿고 그런 테러를 했을까? 그렇게 해서 얻는 게 무엇일까? 우리는 이 엄청난 반문명적 사건을 바라보면서 지자체 허가사업에 대한 옳고 그름을 따져보아야 할 때가 늦었지만 필요하다는 생각을 하게 됩니다. 폭력과 테러가 용납되는 사회는 우리가 목숨을 걸고라도 막아야 합니다. 포천시청의 영중면 석산 확장개발 사업에 대한 태도를 우리 모두는 예의주시할 것입니다. 그리고 하루속히 폭력과 테러를 저지른 사람들을 법과 우리의 양심 앞에 세워야 합니다. 옳고 그름이 없는 사회는 가난한 사회보다 더 위험한 사회입니다.

2006년 7월 둘째 주 월요일 아침에

6...

전쟁의 조건

이라크는 미군의 점령아래 총성과 학살이 계속되고 있습니다. 우리도 그곳에 군대가 파견되어 있습니다. 지금은 아무도 이라크의 참상에 대해 말하려 하지 않습니다. 이스라엘은 압도적 신무기의 위력을 앞세워 레바논으로 밀고 들어가고 있습니다. 아무도 이를 말하려 하고 있지 않습니다. 강 건너 불 보듯 이 전쟁에 관하여도 우리는 아무 말 하려 하지 않습니다. 금강산 이산가족 상봉센터 공사인부들이 철수하고 쌀, 비료 등의 대북지원이 중단되고 6자 회담 테이블엔 뽀얀 먼지만 수북합니다. 지난 몇 년간 남북관계는 비교적 어느 때보다 안정되었습니다. 퍼주기라고 비난을 받아도 일관되게 교류협력의 폭을 넓혀왔습니다. 그러나 이제 남북관계는 그렇지 못할 것 같습니다. 미국이 핵을 문제시하면 핵개발을 하겠다고 하고, 미사일을 문제시하면 미사일 시험발사를 합니다. 통일은 남북 당사자만의 문제가 아님을 또 한 번 절감하게 되었습니다. 한 순간에 문을 닫아버리고 순식간에 전쟁분위기가 될 수 있는 곳이 바로 우리가 사는 이 땅입니다. 전 세계 모든 전쟁에는 미국이 직 · 간접적으로 개입되어 있지 않은 전쟁이 없습니다. 얼마 전 유럽인들의 설문조사에도 미국이 전쟁의 원인이라고 압도적으로 답을 했습니다. 그러나 한국에서 똑같은 설문조사를 하면 어떻게 나올까? '북한이 모든 문제의 근원이다' 라고 나오겠지요. 유럽 사람들처럼 말하면 좋은 소리 들을 기대는 하지 말아야 할 것입니다. 아무튼 세계의 모든 전쟁에 미국이 개입되어 있다는 것은 세계의 모든 곳에 미국의 이해가 얽혀 있다는 말과 같을 것입니다. 그러면 언제 어떤 조건이 만들어 지면 전쟁이 일어날까요? 보통 전쟁은 돌발적이고 우연한 충돌로 이루어지는 것 같지만 사실 전쟁사를 자세히 보면 내·외적 조건이 무르익고 무르익어야 일어납니다. 우연한 사건은 단지 심지에 불을 붙이는 역할을 할 뿐입니다. 전쟁의 조건에는 여러 가지가 있을 수 있습니다. '적개심', '국익', '정의의 전쟁', '일방적 침탈', 신의 저주, 자위를 위함, 세계평화를 위함, 공산주의 척결 등등 이루 헤아릴 수 없는 조건을 달고 참혹한 전쟁을 합니다. 베트남 전쟁이 끝난 지 30년이 되었습니다. 아무도 베트남이 불행해졌다고 말하지 않습니다. 미국이 참 잘했다고 말하지도 않습니다. 우리나라도 숱한 사람이 죽어가며 참전했었습니다. 6.25가 끝난 지 50년이 지났습니다. 그러나 우리는 서로 잘했다고 합니다. 그래서 아직도 끝나지 않은 전쟁을 하고 있습니다. 남북관계가 스스로의 노력으로 진전될 수는 없을 것 같습니다. 리비아는 갑자기 미국과 화해를 했습니다. 이유는 모르지만 후세인처럼 될 수도 있다고 판단한 모양입니다. 이란은 버티고 있습니다. 북한도 버티고 있습니다. 쿠바는 아예 미국 없이 사는데 익숙해 있습니다. 전쟁의 조건은 미국과 어떻게 관계를 푸느냐에 달려있음을 짐작하실 수 있을 것입니다. 왜냐하면 미국을 선제 공격할 나라는 아무도 없기 때문입니다. 진주만을 공격했다가 맥아더 앞에 비 오는 날 개꼴이 되어버린 히로이토를 전 세계인은 생생히 기억합니다. 그러므로 전쟁을 하고 안하고는 순전히 미국 마음입니다. 물론 사람들은 말합니다. 후세인이 대량 살상무기를 가지고 있다. 북한에 핵이 있다. 그 핵을 실어 나를 대륙간 탄도 미사일이 있다. 위조지폐와 마약이 있다. 인권탄압을 참을 수 없도록 저지르고 있다. 헤즈볼라가 까불고 있다. 테러의 지원국이다. 이란의 핵무기는 불법이다. 이러한 조건들만 사라지면 미국은 절대로 전쟁을 하지 않을 것입니다. 그리고 또 다른 전쟁의 조건 하나는 바로 퇴로 없이 쫓기는 쥐가 고양이를 향한 마지막 몸부림이 또 하나의 조건입니다. 다른 곳에서는 이런 상황이 연출될 수 없지만 유독 한반도에서는 가능한 시나리오입니다. 사실 국민의 정부 참여정부가 퍼주기라는 말을 무릅쓰고서라도 남북관계를 풀어보려고 노력한 것은 이 때문입니다. 전쟁의 완승보다 평화가 더 소중하기 때문입니다. 북한을 완전히 봉쇄하면 중국의 북한에 대한 영향력은 급증할 것입니다. 그렇게 되면 더더욱 미국은 북한을 공격하기 어려울 지도 모릅니다. 오히려 남북의 긴장상황만 고조되고 대한민국은 다시 한 번 살벌한 사회가 될 수도 있습니다. 물론 과거와 같은 살벌한 세상을 선호하는 사람도 꽤있는 모양입니다. 물론 대한민국이 독자적으로 전쟁을 일으킬 힘은 어디에도 없습니다. 왜냐하면 아직은 전시 작전권이 없기 때문입니다. 북한도 극도에 달하지 않는 한 전쟁을 일으키기는 쉽지 않습니다. 미국도 그리 쉽게 한반도에서 선제공격을 할 수는 없습니다. 남북이 전쟁을 일으킬 능력보다는 전쟁을 피하는 능력과 노력이 훨씬 쉽다는 것을 말하고 싶습니다. 우리 역사 속에서 100년간 전쟁이 없었던 시대는 조선조 초기밖에 없었을 것입니다. 이제 6.25포성이 멈춘 지 반백 년 밖에 되지 않았습니다. 100년 안에 전쟁이 다시 일어나지 않을 수 있을까요? 지금 6.25를 겪은 세대가 아직 사회의 주역으로 있습니다. 자신의 일생에 전쟁을 두 번이나 겪고 싶은 사람은 아마 없을 것이라 믿습니다. 전후 세대는 전쟁 없이 일생을 마치는 운 좋은 세대가 되고 싶은 마음도 간절할 것입니다. 전쟁의 조건, 그것은 상대방에게만 있는 것은 절대 아닙니다. 도덕이 땅에 떨어지고, 동물적인 욕심이 횡행하고, 약자가 짓밟히고, 정의가 불의로 둔갑하고, 자신의 이익을 지키기 위해 수단과 방법을 가리지 않게 되면 백성들의 마음속에 적개심이 생기게 됩니다. 그 적개심의 총합이 전쟁입니다. 정의의 전쟁은 없습니다. 모든 전쟁이 불의입니다. 그러므로 전쟁은 하나님의 저주입니다. 당신이 생각하는 전쟁의 조건은 무엇입니까? 혹시 오늘도 당신의 마음속에 전쟁을 준비하고 있지는 않습니까?

2006년 7월 넷째 주 월요일 아침에

...7

이미지 정치의 원조는 색깔론이다.

이미지는 무언가 생각이 떠오르게 하는 것을 말한다. 과거의 기억이나 학습 등 다양한 경로로 획득된 정보들을 통해 순식간에 얻어지는 상징성을 말한다. 정치인들은 자신의 이미지를 대중에게 호감 있게 보이려고 모든 걸 다 쏟아 붓는다. 대중에게 평가 받고 그 인기를 생명으로 하는 사람들은 모두 그럴 것이다. 또 경쟁상대의 이미지를 나쁘게 하기 위해 다양한 공격을 한다.

그런 의미에서 이미지 정치의 원조는 다름 아닌 색깔론이다. 한국정치사에서 붉은 색은 '火印'과 같은 이미지이다. 왠지 음험하고, 이중적이며, 잔인할 것 같고, 피보다도 진하며 인간으로서 최악의 상태가 바로 빨갱이인 것이다. 이는 대대로 이어지며 사돈의 팔촌까지도 그 영향력이 막대했다. 이 엄청난 이미지 체험을 한 세기 동안 집단적으로 해왔던 우리의 정치사를 두고 누가 이미지 정치의 허망함을 논할 수 있겠는가? 6.25의 비참하고 쓰라린 체험은 엄청난 강도로 색깔이미지를 강화시켰다. 독재정권과 이에 저항하던 민주화 세력들은 서로에게 씻을 수 없는 낙인을 하고 말았다. 친일수구독재와 친북좌경급진의 탈을 씌우고 아직도 서로만을 바라보고 있다. 그것은 비단 정치인들만의 인식이 아니다. 정치인들은 대중의 模寫에 불과하다. 저잣거리의 논쟁에 잠시만 귀 기울여 보라! 어김없이 이런 이미지에 매달려 있다. 이런 이미지는 각자 자신의 정체성이고 자신을 지켜주고 있다고 믿고 있다. 이는 자신에게 우호적이거나 위협이 되지 않을 때는 씌워지지 않는다. 선거 때처럼 심각한 경쟁을 해야 할 때마다 쉽게 등장했던 이유가 바로 이 때문이다. 선거 때마다 야당은 황색(노란색)을 들고 나왔다. 그 내적 동기는 붉은 색이 아님을 강변하기 위한 몸부림이었을지도 모른다. 한국정치는 언제나 단죄와 단정과 매도가 몸에 베었다. 논리와 철학을 찾는다는 것은 무모하거나 어리석은 일이 아닐 수 없었다. 이러한 난타전의 역사가 한국의 정치사다. 최근 '보라색 강금실' 을 계기로 이미지 정치에 대한 논란이 일고 있다. 이미지 정치의 원조들이 이미지 정치의 허구를 논하고 있다. 자신들은 정책과 비전으로 승부한다고 한다. 이제 한국정치가 한 차원 높아지려는 모양이다. 파란색은 경상도 이미지! 노란색은 전라도 이미지! 지역감정을 대신하던 색깔이기도 하다. 이제 그 색깔들을 벗어버리고 진정 새로운 이미지를 만들어가야 한다. 원색의 시대에서 융합의 시대로 변화하고 있다. 원색적인 비난에서 조화로운 공생을 찾아야 한다. 강금실의 말대로 정치인이 철학을 말하고 품격 있게 언행을 해야 하는 시대가 되었다. 그런 면에서 강금실은 야무지다. 그것을 국민들은 좋아하는 것이다. 허풍떨고 목소리 크고 천박한 고집쟁이가 기존 정치인들의 이미지였다면 야무지고 소탈하고 진정 인간성이 소통되는 이미지 그것을 국민들은 원하는 것이다. 파란색, 노란색 망토를 걸친 투우사들은 이제 경기장에서 퇴장해야 할 때가 되지 않았을까? 상대방의 망토가 언제나 붉은색으로 보이는 깊은 병이 치유되려면 우리는 또 얼마나 많은 색깔의 망토를 갈아 입어야 할까? 보라색은 고난의 상징이다. 강금실의 고난이 시작되었는지도 모른다. 아직도 끝나지 않은 이미지 정치의 원조들의 틈바구니에서 보라색은 어떤 모습으로 그 고난을 헤쳐 나갈까? 이 대목이 정치인 강금실의 이미지 메이킹의 출발점인 것이다.

2006년 4월 12일

...8

간첩이 필요한 사람들

참으로 오랜만에 고전적인 '간첩' 사건이 터졌다. 그동안 간간히 직파간첩 검거소식이 있었지만 그 정도는 이제 국민들은 눈 하나 깜짝하지 않는다. 역시 간첩은 운동권이나 정치권과 연계가 되어 있어야 사람들의 눈길을 끈다는 것이다. 그런 의미에서 이번 사건도 고전적이라는 말이다. 그리고 대선이 가까워오는 시점이고 사회가 불안하다는 '타이밍' 도 고전적이다. 간첩이라는 말은 사람들을 순식간에 선동할 수 있는 가장 효과적인 말이다. 그것은 미국에서도 위력을 발휘한 바가 있다. 정치권 그것도 상대 당과 '깊은' 연관이 있는 것처럼 재야시민단체에 잠입해 그동안의 반미투쟁을 선동한 것처럼 이번에는 마치 386이 모두 간첩인 것처럼 음산한 선동을 하고 있다. 그러나 대개 간첩사건의 유효기간은 대선이 끝나면 같이 끝이 난다. 이번 사건도 태산명동에 서일필에 불과할 것이다. 과거에는 반정부세력을 간첩으로 모는데 열중했다면 지금은 친정부세력을 간첩으로 모는데 열중하는 것만 달라졌다. 한나라당이 집권하면 어떤 일이 벌어질지 그 서곡을 듣는 듯한 느낌이 여간 께름칙하지 않다. 시대가 많이 변했다해도 간첩을 필요로 하는 사람들은 여전히 많이 있는 것 같다. 심지어 대한민국에 5만여 명의 간첩이 있다고 하는 극우인사의 심리상태는 자신의 반대세력은 모두 간첩으로 보이는 정신분열적 사고라고 밖에 할 수 없다. 그러면 누가 간첩을 필요로 할까? 친일, 군사독재를 통해 부와 기득권을 가진 사람들이다. 그들의 마음속에는 끊임없이 친일하고 군사독재에 앞장선 삶을 정당화 해야 할 간절한 필요가 있다. 그것은 두말할 것도 없이 6.25의 비극을 불러온 북한이고 공산주의고 이를 상징화한 간첩이다. 그래서 그들의 역사는 항상 6.25 이후부터 밖에 없다. 독립운동사를 가르치는 것은 좌경적이라고 한다. 외세로부터 독립을 위해 싸우며 나라의 정체성을 세우는 것이 아니라 공산주의로부터 나라를 구한 것이 그들의 역사관의 전부다. 친일과 군사독재의 유일한 그리고 유력한 방패막이는 반공, 반북, 간첩이다. 그러나 세계사적인 탈 이념의 시대가 도래하자 반공은 점점 힘을 잃어갈 수밖에 없다. 마르크스주의를 외치는 사람은 이제 미친 사람 취급을 받을 테니 말이다. 그러나 한반도는 아직도 주체의 사회주의를 외치는 북한이 있다. 어쩌면 북한의 붕괴는 간첩을 필요로 하는 사람들에게는 치명적인 사건일 것이다. 소련이 강할수록 제임스본드의 007이 재미있듯이 북한이 무너지면 어디에서 친일과 군사독재보다 나쁜 사람을 찾을 것인가? 일제시대에는 독립운동가들의 대부분이 빨갱이였다. 군사독재 시대에는 민주화 투사들이 빨갱이라는 호칭을 얻었다. 일제든 군사독재든 비이성적인 지배체제가 만들어지면 빨갱이는 항상 만들어지게 되어 있다. 그 비이성적인 지배체제를 해체하면 간첩은 없어진다. 공산주의도 없어진다. 그런 논리가 햇볕정책이고 화해정책이다. 그렇지만 햇볕정책과 교류협력이 공산화되는 과정이라며 난리치는 사람들이 있다. "보아라! 퍼주기의 대가가 핵무기 아닌가?" 어찌 보면 곤혹스러운 결과일 수도 있다. 하지만 핵무기가 체제를 지켜주지 못한다는 사실은 구소련의 해체에서 목격하지 않았는가? 오히려 핵무기는 북한 지배세력의 자폭용 수단일 수밖에 없다. 이미 주체사상이 보편이념으로 인정받지 못했고 스스로 만들어온 국가시스템이 전시체제 이외에는 아무런 힘을 발휘할 수 없는 체제라는 것이 검증되었다. 북한은 개혁개방으로 연착륙을 원하고 있다. 단지 현재 지배세력들의 기득권을 유지한 채 중국과 같은 나라를 만들고 싶어한다. 여기에 북한의 고민이 내재한다. 중국과 같은 정도로 개방되면 주체사상과 그 지배체제는 끝이 난다는 것을 잘 알고 있기 때문이다. 북한을 고립시키면 주체사상은 계속 힘을 발휘한다. 그렇게 되면 남북의 긴장은 높아지고 북한은 고사 직전에 전쟁도 불사할 것이다. 이것을 피하자는 것이 햇볕정책이고 DJ 노벨평화상의 이유였다. 남북의 통일은 남과 북의 극단적인 세력들이 아주 극소수가 되거나 없어져야 이루어진다. 왜냐하면 이들은 분단이 강화되고 고착화되어야 자신들의 기득권을 유지하기 때문이다. 북한은 주체조선과 사회주의를 유지온존 하기 위해서 남한은 친일군사독재세력의 부의 세습을 위하여 얼마나 서로를 필요로 하는가 아니면 이들은 자신들의 기득권을 유지할 수 있는 통일을 원할 텐데 그게 어디 가능하기나 한 일인가? 북한의 주체사상은 전시체제를 위한 시스템이고 남한의 친일 군사독재는 북한이 있어야 가능한 이데올로기라는 딜레마가 있지 않은가? 이제 철 지난 이념 전에 매달려 국가의 존망이 위태로운 줄도 모르는 사람들에게 경고하고 싶다. 386들은 친일 군사독재시절, 그 비이성적이고 파쇼적인 시절 온몸을 내던져 민주화를 외치며 성장한 건강한 사람들이다. 그들 중에 마르크스도 주체사상도 보았던 사람들도 있다. 그러나 공안통치라는 상황에서 차단된 정보를 알고자 하는 방편으로 참고했을 뿐이다. 세월이 지난 지금 우리들은 그 어두운 터널을 뚫고 건강한 자아상을 확립했다. 지금 우리 아이들에게 마르크스와 주체사상을 가르치는 386은 아무도 없다. 그러나 60년 동안 이어져온 분단이 그렇게 쉽게 해소되지 않는다는 사실을 잘 알고 있다. 우리는 친일 군사독재에서 온몸으로 저항하며 자랐고 주체사상도 알만큼 알고 있는 세대다. 그래서 둘 다 잘못되었다는 것을 너무도 잘 알고 있다. 그러나 그 두세력을 일방적으로 배척할 수 없는 것이 현실 아닌가? 그 두세력이 미래지향적인 시대성은 상실한지 오래지만 현실적인 영향력이 있기 때문에 이를 풀어나가는 노력을 하는 것이다. 그래서 국민들은 두 번에 걸쳐 남한의 극단주의 세력에게 권력을 주지 않았던 것이다. 다시 한번 강조하지만 친일 군사독재

세력이 그들의 체제유지를 위해 금단의 열매라고 여기던 마르크스 주체사상을 따먹어 보니 아무런 미래가치가 없다는 것을 우리는 알았다. 이것이 수구기득권세력이 늘 걱정하는 대목 아닌가? 세상에서 왕국을 건설한 사상은 결코 보편적 사상이 될 수 없다는 것은 역사가 인정하지 않는가? 예수도, 석가도, 공자도 어디에도 왕국을 건설한 적은 없다. 한반도는 양극화된 이념대결의 각축장에서 이젠 다극화된 이해관계의 각축장으로 변화되었다. 이때 다시 식민의 나락으로 떨어지지 않는 통일, 전쟁으로 잿더미가 되지 않는 통일, 나아가서는 동북아 평화의 지렛대가 될 수 있는 우리 민족의 저력을 되살려야 할 결코 쉽지 않은 과제가 우리에게 있다. 마지막으로 혹시 북한과 법테두리 밖에서 일을 도모하는 무모함은 이제 아무 의미 없다는 것도 강조하고 싶다. 사실 국가보안법이 정권의 성격에 따라 되살아 날 수도 있는 불행의 씨앗이기도 하지만 국가보안법을 어기는 것도 어리석은 일이라고 힘주어 말하고 싶다. 그리고 간첩을 미워하는 사람들에게도 한 마디 하고 싶다. 가슴에 손을 얹고 간첩이 미운 것인지 자신을 반대하는 사람이 간첩이길 원하는지 곰곰이 생각해 보길 바란다. 단언컨대 주체사상과 친일 군사독재는 이미 미래가치가 없다. 단지 그들의 생명을 연장하기 위해 서로를 필요로 할 뿐이다. 이 천박한 이념전에 분별 있는 국민은 의연하길 바랄 뿐이다.

2006년 10월 마지막 주

…9

뉴라이트의 슬픈 자화상

강모씨가 자신이 80년대 주사파의 총책으로서 조직원들에게 김일성에게 충성맹세를 하게했던 장본인이라며 현역의원의 실명까지 거명하며 전향여부를 다그치는 모습을 보면서 애처로운 생각이 들어 이 글을 쓴다. 18년 유신통치가 10.26으로 끝이 나자 억눌렸던 민주화 요구가 80년 광주항쟁으로 불타올랐지만 집권욕에 불타는 신군부에 의해 유혈진압으로 끝이 났다. 그러나 광주는 80년대 활화산과 같은 이 땅 민주화운동의 용광로였다. 자신들의 목적을 위해서는 학살도 마다않았던 것은 사실 친일세력들의 통치기반을 고스란히 물려받기 위함이었다. 이 현대사의 대 사건은 우리에게 민주주의와 외세, 그리고 민족의 분단이라는 화두를 일목요연하게 던져주었다. 80년 5월의 패배를 어떻게 극복할 것인가? 낭만적인 민주주의만으로는 철권통치를 벗어날 수 없다고 생각한 사람들은 바로 대학생들이었다. 마르크스 레닌주의가 무기가 될 수 있을까? 아니면 라틴아메리카든 제3세계 해방운동이 도움이 될까? 민중신학의 십자가를 붙잡을 것인가? 철권통치를 무너뜨릴 수 있다면 어떤 것도 수단으로 할 수 있다는 절박함이 당시 대학생들의 심리적 상태였다. 그 반독재 민주화 운동의 핵심역할을 했던 사람들을 우리는 일컬어 '운동권'이라 했고, 지금은 386이라고 하는 것이다. 한국의 중등교육과정상 철학적으로 천박한 인식체계를 가질 수밖에 없도록 교육받은 대학생들은 복잡한 한반도 상황을 이해할 수 있는 능력이 없을 수밖에 없었다. 이들에게 명료하게(물론 편향되지만) 사물을 인식하게 하고 적대적인 군사정권에 대항하여 싸울 수 있는 전략전술을 제공하는 이념이 필요했다. 당시 대학가 서점은 이러한 사회과학서들로 넘쳐났다. 대부분이 금서목록이었고 정보기관에 연행되어 조사를 받으면 '이 책들을 읽고 북한에 이익이 되는 점을 알면서…' 라고 시작되는 진술서를 써야만 했다. 아주 일천한 수준의 마르크스 레닌주의가 엄청난 위력을 발휘하는 것처럼 착각하게 만든 것은 전두환 정권에 대한 대중적 분노를 이런 이념 때문이라고 선전했기 때문이다. 동구의 사회주의가 무너지기 시작하고 전두환 정권의 말기적 탄압도 극에 달할 무렵, 한국의 저항운동은 더 이상 동구의 사회주의나 마르크스 레닌주의가 우리현실에 맞지 않는다는 것을 알게 되고 일부 치열한 논쟁도 이루어졌다. 이것이 소위 사회구성체논쟁이었다. 때를 같이하여 학원가에는 주체사상과 북한에 대한 이해를 달리하며 저항운동의 핵심적 역할을 하던 분파가 있었다. 소위 주사파 NL세력이었다. 그들의 생각은 우리의 문제는 분단과 떼어놓고 사고할 수 없는 숙명적인 문제의식을 갖고 있다고 생각했다. 전두환 군사정권을 무너뜨리는 일이라면 그 어느 것도 받아들일 수 있고 참고할 수 있고 손잡을 수 있다는 생각을 했고 여기에 주체사상도 예외는 아니었다. 아마 외계인의 사상도 있었다면 차용했었을 것이다. 6월 항쟁은 이런 운동권들과 다양한 계층의 국민들이 저마다의 이유를 가지고 있었지만 "호헌철폐 독재타도" 그리고 직선제 쟁취라는 공동의 목표에 힘을 모았다. 철권통치는 언론에 재갈을 물리고 사법기관과 정보기관을 통하여 수많은 사람들을 감옥으로 데려간다. 그러나 감옥을 가려고 줄을 서있는 대학생들의 행렬은 끝이 없었다. 당시의 그 숱한 공안사건들과 젊은이들의 희생은 재론할 필요가 없을 만큼 아직도 생생할 것이다. 노태우, 김영삼 정권을 거치면서 정권과 운동권 모두 서로를 완화시켜나갔고

이 와중에도 각종 공안사건, 간첩단 사건은 심심치 않게 특히 대선을 전후해 나타났었다. 급기야 한국의 민주주의는 DJ정권으로 수평적 정권교체라는 사건을 만나면서 민주주의가 확대되고 그에 비례해서 운동권의 경직성도 해체되기에 이른다. 이제는 사회 각 부분이 이해관계 조정을 위한 싸움이 대부분이고 체제나 이념을 논하는 싸움은 거의 찾아 볼 수가 없게 되었다. 이번의 소위 "386간첩" 사건도 과거와 같으면 남산지하실에서 온갖 매질을 당하면서 대형사건으로 만들어질 수 있을 수도 있었는데 뺨 한대 때릴 수 없고 야간 구금 장소도 국정원이 아닌 서초경찰서로 법대로 하는 것을 보면서 세상은 좋아졌다는 생각을 하게 되었다. 사실 80~90년대에는 남산 지하실에 갇히면 서류상으로는 중부경찰서에 구금되어 있는 것으로 되어있었다. 묵비권이 어디있는가. 묵비권은 곧 구타와 고문의 동기유발일 뿐이었다. 사실 어떠한 경우에도 구타와 고문을 할 수 없는 세상을 만들고자 그 숱한 구타와 고문을 당하지 않았던가? 나는 가끔 절대 상상으로도 해서는 안되는 일이지만 어쩔 수 없이 상상해본다. 전두환이 29만원밖에 없다는데 우리가 당한대로 딱 하루만 하게 한다면 다 밝혀낼 수 있을텐데 하는 정말 해서는 안되는 상상을 해 본적이 있다. 그렇게 우리는 80~90년 20년을 살았다. 그것은 일부운동권의 인생 역정이 아니라 우리 국민 모두가 함께 겪었던 역사였다. 이제 뉴라이트에게 한 마디 해야겠다. 좋다. 주체사상을 신봉했고 김일성에게 충성 맹세했던 것이 잘못이란 생각이 들어 반성을 하든 속죄를 하든 전향을 하든 그것은 자유다. 이글을 쓰는 필자도 한 때 주사파로 분류되던 사람이었다. 그 대가로 4년 2개월을 독방에서 살고 나왔다. 그 숱한 날을 면벽으로 보내면서 그대들이 생각하는 것처럼 그렇게 생각 없이 살지 않았다. 80~90년대를 살아오면서 곱씹고 또 곱씹고 잘잘못을 가려보고 반성하고 또 다른 내일의 희망을 만들어가면서 비록 수감되어 있지만 촌음을 아껴 정진하며 살았다. 마르크스 주체사상의 한계와 허술함도 시대의 변화와 우리 인식의 발전으로 모두 정돈되었고 설령 그로 인해 지은 죄가 있다 해도 지나치리만큼 가혹한 형벌을 받았기 때문에 또 다른 책임을 느끼지 않는다. 우리집안은 월남한 기독교가정이다. 사상적으로 말하면 반공반북의 원조다. 고등학교 때까지 반공글짓기 웅변대회의 단골선수였다. 전두환이 광주시민을 학살할 때도 솔직히 '광주폭도들의 광란' 이라고 생각했다. 이러한 편향적 사고를 대학에 들어와서 분노와 함께 벗어버리게 되었다. 이 세상에 전두환 독재 세력보다 나쁜 집단은 없다고 생각했고 전두환이 나쁘다고 하면 무조건 좋은 것이 되버리는 시대가 80년대였다. 그래서 많은 사람들은 반공을 외치는 전두환이 싫어서 반반공을 했던 것이다. 이러한 와중에 일천한 인식체계를 가졌던 대학생들로서는 다양한 이념, 사상을 갈구하였고 이는 전두환 세력에게는 금단의 열매였던 것이다. 만약 그런 시대적 고뇌와 아픔이 없었다면 오늘의 대학생들도 우리처럼 살고 있을지도 모른다. 그렇기 때문에 지금의 대학생이 80년대 학생처럼 살면 바보취급 받는 것 아닐까? 그런 시대를 넘기 위해 몸부림쳤던 386들은 성실히 성찰하고 각 분야에서 열심히 살고 있다. 그것을 무슨 지식인들의 투신이라면서 치기어린 옛날 시각을 되뇌이는 것은 사실 일고의 가치도 없다. 뉴라이트의 또 하나의 아쉬움은 고해성사의 대상을 잘못 선택했다는 것이다. 잘못이 있었다면 스스로 반성하고 다시는 그렇게 살지 않으면 된다. 법을 어겼다면 응당한 처벌을 받으면 된다. 그렇지 않으면 도덕적, 종교적 죄악을 범했다면 참회의 기도를 하든가 신부님께 고해성사를 하면 된다. 나와 함께 했던 모든 386들은 이미 오래전에 마르크스 레닌주의와 주체사상의 한계와 허술함을 서로 확인했다. 그렇게 대화하고 반추하면서 민주주의와 시장경제 그리고 평화로운 분단구조의 해소 등을 가지고 여러 가지 비젼을 만들고 있다. 그렇기 때문에 과거가 아무런 제약이 될 수 없다. 또 대부분의 386들은 뉴라이트가 말하는 것처럼 깊이 신봉하지도 않았다. 전향에 대해 한 마디 덧붙이면 우리의 생각과 사고는 일생을 살면서 크고 작은 변화를 갖게되어 있다. 종교를 통해, 학문을 통해, 충격적인 사건을 통해, 아니면 스스로 살아온 내력을 통해 변화하고 변화하는 것이 인생이다. 우리는 수없이 전향하며 살아왔고 살아갈 것이다. 다만 그것이 강요에 의해 이루어지지 않는 세상을 만들고자 얼마나 싸웠던가를 강조하고 싶다. 이것이 자유민주주의 아닌가? 그리고 어떤 사람의 사상이나 생각은 그 사람이 어떻게 살고 표현하고 있는지 보면 된다. 20년 전에 만났던 사람들에게 이제 와서 너 어떻게 변했는지 말해야 한다고 말하는 것처럼 천박한 말은 없다고 생각한다. 게다가 그 고해성사의 대상이 군사독재 세력은 더더욱 아니다. 물론 과거 친일이나 군사독재에 열심히 가담했던 사람이 나에게 와서 "나 그때 참 어쩔 수 없이 그럴 수 밖에 없었네, 이제 보니 우리도 문제가 많았지."라고 말하면 나는 서슴지 않고 "나도 독재와 싸우다 주체사상도 보았고 마르크스 레닌주의도 보았지만 다 시대성을 상실한 것이지요."라고 말한다. 지난시절 안기부에 있었던 사람들과도 이렇게 대화하곤 한다. 진정 스스로 과거를 온전히 반성한 사람은 다시는 그 과거가 자신의 족쇄가 되지 않는다. 뉴라이트라고 자처하는 사람들이 내가 보기에는 그런 반성이 제일 늦은 모양이다. 남들은 다 그렇게 과거를 내일의 밑거름으로 삼고 있는데 아직도 전향 운운하는 것은 애석한 일이 아닐 수 없다. 뉴라이트 인사가 시청 앞에서 성조기를 흔드는 사람들로부터 "언제 군사독재가 있었느냐?" 고 항변을 받는 수모를 감수하면서까지 자신의 과거를 계속 반성해야 하는지 아니면 못난 과거가 너무 속상해서 헛발질을 계속하는지 이 또한 여간 애석한 일이 아닐 수 없다. 성경에는 좌로도 우로도 치우치지 말라고 했다. 나도 우로도 치우쳐봤고 좌로도 치우쳐봤다. 한국의 분단 상황과 억압된 군사통치를 극복하기 위한 몸부림의 결과였다. "이제는 돌아와 거울 앞에선" 그런 나이가 되었고 시대 또한 자유와 민주주의가 신장되어 이제는 그런 치우침이 필요 없다. 극단은 극단을 부르기 때문이다. 뉴라이트도 라이트다. 진정한 크리스찬이라면 좌로도 우로도 치우치지 않을 수 있어야 하지 않을까?

어린 아이가 어른이 되려면 몸에 여러 가지 흉터를 갖게 된다. 그러나 그 흉터는 다시는 똑같은 실수를 되풀이 하지 않는다는 징표가 된다. 우리가 온몸으로 군사독재를 넘어 이만큼의 민주화된 세상을 만들어오면서 금단의 열매도 따먹어 보았고 수많은 상처도 입었다. 온몸으로 그 터부를 돌베게 삼았기에 오늘의 이해수준이 만들어진 것 아닌가? 설령 일천한 인식체계와 포악한 정권에 대항할 수단으로 참고하거나 이용했던 사상이념이 있었다 해도 그것 때문에 모든 것을 부정해선 안 되는 것이다. 목욕물을 버리려다 아이까지 버리는 몽매함은 어리석음 이상도 이하도 아닐 것이다. 그리고 우리의 반성이 친일군사독재세력의 정당성을 말하는 것은 더더욱 아니다. 여러 가지 오류를 감내하며 경제발전을 이루었고 사상 이념적 오류가 있었지만 선진국의 절대조건인 민주화의 기틀을 만든 두 힘이 대한민국의 저력이다. 사회경제사적, 정신사적 성찰이 이제는 좀 품격 높게 이루어질 때가 되었다고 생각한다. 빨갱이 놀음, 이념전만이 자신들의 과거를 합리화 할 수 있다고 믿는 old right는 결코 new right를 믿어주지 않을 것이다. 여기에 슬픈 자화상이 있다. 이제 우리는 자신의 과거를 솔직히 그리고 당당히 반성해야 한다. 그리고 솔직하고 담대히 자신의 과거를 반성한 사람은, 그런 사람은 결코 다른 사람의 과거를 문제삼지 않는다. 이러한 회개가 진정한 회개인 것이다. 아직도 자신의 과거 때문에 괴로워한다면 뉴라이트는 진정한 '전향'이 필요한 듯 하다. 이미 모든 386은 젊은 시절 군사독재에 저항하며 얻었던 상처들을 깨끗이 씻었음을 이 글을 통해 다시 한 번 강조하고 싶다.

2006년 11월 6일

...10

오바마의 승리는 백인의 승리였다.

미국의 44대 대통령선거는 역사상 첫 흑인 대통령의 당선으로 세계사적인 대선으로 기록되면서 끝났다. 흑인인 오바마의 승리를 두고 숱한 평가들이 난무한다. “양키들의 미국시대는 갔다”, “흑인의 시대가 되었다”, “경제위기가 흑인까지도 용납했다”, “이제 미국주도의 세계질서가 개편되기 시작했다”, “부시의 극단주의가 가져온 반사이익이다” 저마다 입 가진 사람들은 이 세계사적 사건에 대해 한 마디씩 한다. 흑인들의 입장에서 보면 아프리카 노예선을 타고 건너온 이래 이루 말할 수 없는 고통과 좌절과 차별의 굴레에서 이제는 확연히 벗어났음을 선언하는 감격적인 순간이었으리라. 링컨의 노예해방에서 오바마의 당선에 이르기까지 흑인들의 삶은 어떤 필설로도 표현하기 어려운 궤적이었기 때문이다.

백인들의 입장에서 보면 엄청난 수적 우위에도 불구하고 흑인에게 대통령을 내어줄 수밖에 없는 무력감을 맛보았을지도 모른다. 오바마가 당선된 이 순간에도 마음 속 깊은 곳에서는 흑인 대통령을 인정하고 싶지 않은 자괴가 샘솟을지도 모른다. ‘어디 얼마나 잘하는지 두고 보자’, ‘어려운 위기의 미국경제를 과연 살려내는지 두고 보자’, 이렇게 벼르면서 말이다. 그러나 오바마의 승리는 단순한 흑백의 색깔처럼 이분법으로 사고해서는 안 되리라 본다.

우리의 사고방식은 어느 결에 미국의 흑백 인종주의 보다 더 지독한 이분법에 길들어져 있음을 두려워해야 한다. 미국의 흑인들은 이미 사회 각 분야에 골고루 그 영향력을 가질 뿐 아니라 없어서는 안 될 구성원이 되었다. 미국 스포츠 중계를 보고 있노라면 오히려 흑인 우월주의가 나오지 않을까 싶은 생각이 들 정도로 압도적으로 흑인이 많다. 오바마의 당선은 그런 흑인들의 위상에 대한 확인 절차에 불과할 수도 있다. 그것을 백인들도 동의했을 뿐이다. 부시정권의 실정과 경제위기가 흑인마저도 용납했을 수도 있지만 미국의 대선이 우리의 대선과 같은 느낌으로만 생각되지 않는 이유가 있다. 그것은 미국 민주주의의 역사와 흑백 간의 갈등이 우리의 이념갈등과는 질적으로 다르기 때문이다. 주인과 노예로 출발한 인종갈등은 200여년에 걸친 인종간 결혼으로 순수한 혈통으로의 흑백은 그 다양한 색깔만큼이나 분류하기 어려워졌고 미국의 다인종 유니온이 이를 더 강화시켜주었다. 더 이상 미국에서 순수혈통을 이야기하는 것은 관념에서나 존재하는 지도 모른다. 백인 우월주의가 극소수 반 사회세력으로 규정되는 현실이 이를 반증한다. 그럼에도 미국의 백인은 그 인구수나 사회적 위세에서 보아도 압도적으로 우위에 있다. 그런 백인들의 43% 이상이 오바마를 선택하며 오바마의 더블 스코아 승리를 가져오게 했다.

백인들의 대다수는 이제 흑백은 아무런 문제가 되지 않는다고 생각했을 것이다. 그런 집단적 이성이 새로운 미국의 역사를 썼다고 믿는다. 미국의 승리가 곧 자신들의 승리이고 그것은 흑백을 상관치 않는다고 백인들은 생각했을 것이며 그것만이 자신들이 사는 길이라고 판단했던 것이다. 역사상 초유의 금융위기로 비롯되는 미국의 위기를 헤쳐 나가는 지혜를 그들은 오바마를 선택함으로서 발휘한 것이다.

대통령선거의 승자는 분명 흑인 오바마였지만 그 안을 들여다보면 진정 백인들의 승리였음을 알아차릴 수 있을 것이다. 이제 백인들은 오바마를 과거의 치졸한 흑백논리로 흔들지 않으며 미국의 세계적 지위의 유지 향상을 위해 협동한다면 진정 백인의 우월성(?)은 과시될 것이다. 반면 흑인들은 과거로부터 물려받은 부정적 유산들을 과감히 버리고 첫 흑인 대통령의 성공을 위해 노예 때 흘렸던 피땀보다 더 큰 노력을 해야 하는 역사적 부담을 지게 되었다. 하지만 그것이 흑인에 대한 지난 과거가 편견이었음을 확실히 인정하는 계기가 될 것이다. 이것이 미국이 선택한 오바마의 꿈이라면 미국의 시대는 한동안 연장될 것이다.

자, 눈을 우리나라로 돌려보자.

대선만 하면 경상도의 승리요, 전라도의 승리요, 보수의 승리요, 진보의 승리라며, 사생결단해왔던 우리의 모습을 보자. 선거가 끝나도 승복은 커녕 고소고발로 전국이 얼룩지고 전체를 위한 협동은 부도덕한 일이 되어버린 지 오래되었다. 대통령을 뽑아놓고 허구한 날 탄핵을 운운하고 사사건건 정쟁으로 얼룩지는 우리의 정치권이 이번 오바마의 당선을 놓고 아전인수 하는 것 또한 한 편의 개그수준이었다. 서로 자신이 오바마와 비슷하다고 하는 것은 물론이고 조갑제씨 같은 경우는 자신들과 비슷하다는 말은 감히 못하고 너희들(좌빨)은 오바마와 다르다고 병적인 반응을 보이고 있다.

우리는 위기에서 무엇을 선택하여야 할까? 이 땅의 다수 기득권 세력들은 어떤 승리를 꿈꾸고 있을까? 피부색은 고사하고 한 핏줄인 동족끼리 피부색이 만들어낸 흑백보다 더 선명한 흑백논리로 무장하며 공존의 승리보다는 일방의 승리를 통한 공멸을 참으로 고집스럽게 외치고 있으니 안타까운 일이다. 지금 사회 곳곳의 갈등은 거의 다 여기서 기인한다. 무능한 야당을 두고도 야당의 발목잡기 때문에 국정수행이 힘들다고 하는 오늘의 여당을 보면서 왜 그들은 스스로 숨차할까? 생각해보지 않을 수 없다. 우리의 위기는 더 심화될 것이다. 예측하지 못하는 변수들도 나타날지도 모른다. 이 때 우리의 기득권들이 그들의 흑백논리를 집어던질 수 있을까? 최소한 공멸의 길을 벗어나고자 하는 집단적 이성을 발휘할 수 있을까? 우리도 흑인들이 흘렸던 피만큼이나 아픈 기억을 얼마나 짧은 시간에 경험하였는가? 집단적 이성을 발휘할만한 학습은 충분히 되었다고 보는데 철없는 생각일까? 흑인이 결코 추하지도, 무능하지도, 게으르지도 않다는 사실을 모두가 인정하게 된 백인들만큼 우리의 기득권 보수 세력은 그들의 관념 속에 깊게 새겨진 그런 공산주의가 이 땅엔 더 이상 존재하지 않는다고 믿는 날은 과연 언제일까? 아직도 우리는 친일파와 공산주의자가 대를 이어 투쟁하는 흑백의 현실에서 살아야하는지 이 위기 앞에서 모두에게 묻고 싶다. "너만 없다면 세상은 참 평화로울텐데." 하는 생각만큼 관념적이고 어리석은 생각은 없다.

상대를 인정하며 승리하던 미국의 슈퍼 화요일을 보면서, 그런 백인들을 보면서, 성조기를 흔들며 백인들의 미국을 존경하는 보수 세력의 진정한 승리를 기다리고 싶은 것은 불가능한 꿈일까? 그래도 버리고 싶지 않다. 포기하고 싶지 않다. 월요일 아침이기 때문에!!

2008년 11월 10일

…11

權不十年 權能十年

(권불십년 권능십년)

첫 번째 가정

만약에 민주당의 정동영씨가 대통령에 당선이 되었더라면 지금 우리나라는 어떤 상황에 있을까?

정동영 후보의 공약대로 남북관계는 통일의 설레임으로 흥분되어 있고 사회의 구석구석 민주주의가 꽃피고 중산층과 서민의 경제가 활기찬 저녁 풍경을 구가하고 있을까? 게다가 극우보수세력은 얌전히 정책적이고 이성적인 비판으로 민주당의 좌경화(?)를 제어하고 조화로운 정치파트너로 새로운 모습을 보이고 있을까? 여러분의 생각은 어떻습니까? 정동영씨가 정권을 잡았다 해도 미국발 경제위기는 왔을 것이고 그 해법은 약간은 차이가 있지만 서민들의 고통은 지금과 다르지 않을 것입니다. 노무현 정부 때에도 말은 서민을 위한다고 하면서도 온통 재벌중심 정책으로 오히려 강남 부자들은 노무현이 10년만 더 대통령을 했으면 한다는 말이 공공연할 정도였습니다. 만약 정동영씨가 대통령이 되었더라면 이 나라는 아마 난리가 났을 것입니다. 촛불시위 따위는 저리가라 일 정도로 연일 극우 언론이 망국의 비가를 읊어댈 것이고 '강부자' 들은 외국으로 외국으로 짐을 싸 나갈 것입니다. 무능한 정동영 정부는 양쪽으로부터 공격을 받다가 임기도 채우지 못하는 불행한 사태를 맞을 가능성도 배제할 수는 없을 것입니다. 왜냐하면 노무현 정부는 이 땅의 진보세력의 영혼을 팔아 그들의 권력 5년을 유지했기 때문에 더 이상 5년의 국정을 이끌 내공이 상실되었던 것입니다. 그것은 숱한 문제를 알면서도 이명박 정부를 선택한 국민들의 마음으로 나타났습니다. 이것은 한나라당과 극우세력에게는 책임감을 부여한 선택이고 민주당과 진보세력에게는 10년 후를 책임질 내공을 쌓으라는 주문이었습니다. 그런데 한나라당과 극우세력은 이 어려움이 민주당과 진보세력[그들의 표현대로 좌경세력(일명 좌빨)] 때문이라고 합니다. 민주당과 진보세력 또한 그들의 영혼이 참으로 피폐해졌다는 사실을 잊은 채 그저 과거 좋았던 시절만을 추억하며 사분오열되어 있습니다.

두 번째 가정

만약에 미국 대통령선거에서 공화당이 12년 연속 정권을 잡았다면 어떻게 되었을까? 경제 위기의 책임을 고스란히 감당하면서 세계질서를 부시 방식으로 풀어나간다면 미국은 얼마 못가 상상하지 못하는 혼란과 그 혼란의 여파는 세계적으로 확산될 것입니다. 이것을 예상했던 미국인들은 '검둥이'라고 비웃었던 오바마에게 자신들의 운명을 맡겼습니다. 과연 미국 백인들의 생각이 어느날 갑자기 바뀐 것이라기 보다는 미국인들의 위기감이 '검둥이'를 선택한 큰 원동력이었을 것이라 짐작해 봅니다. "흑인의 미국도, 백인의 미국도, 아시아계의 미국도, 히스패닉의 미국도 아닌 우리 모두의 미국"이라는 한 마디로 미합중국의 오늘을 표현했던 신출내기 오바마는 그로부터 4년 후 대통령이 되었습니다. 미국인들은 지금 흰색, 검은색, 노란색을 가릴 겨를이 없습니다. 누구든 미국의 위기를 구할 수 있다면 그들은 그를 지도자로 영웅으로 만들 준비가 되어 있습니다.

세 번째 가정

우리의 10년 후를 상상해 보세요. 어떤 나라가 되어 있을까요?

9.11테러로 촉발된 위기감은 문제 많은 부시의 재집권을 가능케 했습니다. 외부세력으로부터 미국을 보호해야 한다는 절박함이 부시의 강경코드와 맞아떨어져 부시는 8년을 대통령을 했다고 해도 과언이 아닙니다. 그러나 그 외환을 위해 내우를 키웠던 것입니다. 미국인들은 더 이상 극우적 부시가 미국을 지킬 수 없다는 것을 깨닫게 되었습니다. 노무현의 실정과 그 내공을 다한 진보세력의 뒤를 이어 이명박 정권은 의기양양하게 출범했습니다. "부자되세요~"라는 경박한 인사말이 유행하던 대한민국 국민들에게 "성공하세요~"라는 립서비스로 당선되었지만 국민들은 모두 가난과 실패의 위기를 절감하고 있습니다. 그러나 위기는 더 깊어질 것입니다. 그 위기는 남북분단과 좌우 대립으로 치환될 가능성이 아주 높습니다. 부시의 위기가 9.11로 치환되었듯이 말입니다. 그렇게 전도된 위기는 한나라당 10년 집권을 보장할 수도 있습니다. 그러나 그 이후에는 그 어떤 이념도 공격의 대상이 되지 못할 것입니다. 마치 검기 때문에 안된다고 주장하는 백인은 저능한 인간 취급을 받는 미국의 오늘처럼 좌빨이라고 흥분하는 사람은 정신병자 취급을 받을 날이 올 것입니다. 아직은 아닙니다. 왜냐하면 위기가 깊지 않기 때문입니다. 나는 언제부턴가 인터넷의 댓글을 읽지 않게 되었습니다. 안봐도 어떤 내용들이 달릴지 다 알기 때문입니다. 그곳에는 정신병적인 극단밖에 없습니다. 그것을 관심이라고 하고 그걸 노리고 제목을 뽑는 언론인들도 대부분입니다. 그러나 그 사람들은 이 땅의 주인도 아니고 희망도 아닙니다. 사람은 어떤 형태로든 자신의 본질을 드러내게 되어 있습니다. 극우세력은 반드시 남북의 위기와 좌우의 대립을 격화시키고 위기를 통하여 지배를 연장하고 싶어할 것입니다. 그러나 언론을 장악하고 온갖 방법을 다 동원한다해도 10년을 넘길 수 없습니다. 나쁜 본질은 드러내야 사라집니다. 한의학에 "병은 움직여서 치료한다", 즉 치료가 되려면 더 아프게 된다는 뜻입니다. 사람들은 6월항쟁으로 군사독재와 고문과 정권의 노골적 악행은 없어진 것으로 확신하고 있습니다. 이제는 교묘함으로 대중을 속여야 하는데 쉽지 않을 것입니다. 하지만 대응하는 파트너의 자세도

중요합니다. 지혜롭게 극우세력을 대해야 합니다. 그들에게야말로 햇빛 정책을 써야 합니다. 물리적 폭력을 쓰면 얼씨구나 좋다 그럴 것입니다. 9.11이 부시의 집권 연장에 큰 역할을 한 것을 우리는 보아야 합니다. 이명박 정권은 극우와 보수가 혼재되어 있습니다. 민주당도 진보와 정체성 없는 세력이 혼재되어 있습니다. 이것은 피할 수 없는 정치의 현실입니다. 그러나 극단적인 세력이 보편적인 세력으로 보이면 안되는 것입니다. 그것은 불행입니다. 이제 한국의 극우세력의 수명도 10년이면 그 편견과 아집의 힘을 완전히 잃어버릴 날이 올 것입니다. 북한이 존재하는 한 극우는 존재한다는 명제가 참일듯하고 현실적일지 모르지만 극우가 없어져야 극좌도 없어진다는 말이 더 역사적이라는 사실을 알아야 할 것입니다. 물론 동시에 없어지면 더욱 좋구요. 권불 10년을 뒤집어보면 한번 권력을 잡으면 10년은 갈 수 있다는 말과 통합니다. 무슨 수를 써서라도 10년을 버티고 싶어할 것입니다. 10년 후를 잘 준비해야 합니다. 그것은 한국의 민주주의가 지켜진다는 믿음을 전제로 합니다. 10년 후에 선거를 할 수 있다는 믿음이지요. 그때 제대로 이 나라를 이끌 리더십을 준비해야 한다는 뜻입니다. 10년! 정말 짧은 시간입니다. 세상을 다스릴 공부를 위해서는 말입니다.

2009년 1월 19일
오바마 미국대통령 취임에 즈음하여

...12
큰 바위 얼굴

"… 저는 이렇게 말하고 싶습니다. 진보적인 미국 보수적인 미국은 없습니다. 미합중국이 있을 뿐입니다. 흑인의 미국, 백인의 미국, 라틴계의 미국, 아시아계의 미국이 아니라 미합중국입니다."

이 말은 정권을 내 준지 4년째 되던 민주당 흔들리는 미국의 흑인대통령후보 오바마가 2004년 민주당 전당대회에서 행한 기조연설입니다. 이 연설에는 진보적이라고 자타가 인정하고 마이너리티인 흑인이며 순탄치 않은 삶을 살아온 오바마가 온몸으로 느끼는 미국에 대한 자신의 심정이 녹아 있습니다. 진보적 흑인이 미국대통령이 되기 위해서 필요한 모든 경우의 수가 만들어졌기에 오바마는 당선되었지만 그 경우의 수 중에도 보수와 백인의 지지를 얻지 못하면 불가능 한 일이기 때문에 그는 모든 차이를 미합중국 국민으로 통합해야 할 절실함을 느꼈던 것입니다. 그리고 오바마는 4년 후 보란 듯이 대통령이 되었습니다. 8년 부시정권의 보수 우파적 일방주의에 대한 회의와 유례없는 경제위기가 팍스 아메리카 체제의 심각한 위기의식을 불러오고 오바마를 선택하게 했습니다. 흑백 인종 이념 따위를 앞세워 논쟁할 만큼 한가롭지 못한 미국의 현실을 오바마는 꿰뚫고 있었고 미국인들은 이에 화답했습니다. 사람들은 이를 두고 진보의 승리이며 미국은 위기의 순간에 합리적

이성을 발휘해 자신을 구했다고 극찬을 합니다.

그러나 오바마가 과연 대중의 욕망을 충족시킬 수 있을까? 이것은 미국 백인들의 유보 된 평가이며 언제든지 혹독한 반동을 전제하고 있음을 우리는 보아야 할 것입니다. 이는 멀리 테르미도르에서 가까이는 노무현 정권에서 충분히 보았기 때문입니다. 대중의 욕망을 미합중국이라는 포장용기에 담은 것입니다. 오바마는 이를 이렇게 표현합니다. "우리 모두는 성조기에 충성을 맹세하고 미합중국을 지키는 미국인입니다." 이 대목에서 왠지 섬뜩함을 느끼지 않으십니까? 사실 이 말은 부시의 버전입니다. 이 대목은 백인을 안심시키는 말이라는 걸 오바마는 너무도 잘 알고 있었을 것입니다.

미국의 위기와 정체, 즉 200년 미국 역사에서 흔히 볼 수 없었던 불안감 앞에서 한가한 차별 놀음을 할 겨를이 없었던 것입니다. 이를 두고 온갖 찬사를 보내며 서로 오바마와 자신을 일치시키려 애쓰는 촌극도 적지 않았습니다. 위기 탈출을 위한 선택이 진보인가? 오바마는 미국의 위기를 진보의 계기로 삼을 수 있을까? 우리의 눈길을 머물게 하는 곳은 바로 이곳입니다.

역사는 진보하는가? 그냥 우연한 현실인가? 아니면 종말을 향해가는 알 수 없는 오늘의 연속인가? 이런 질문의 해답을 얻을 수 있는 곳은 어쩌면 미국이 아니라 한국이 더 치열한 장소라는 생각이 듭니다. 이명박 정부와 그 지지자들은 '경제를 살리자', '잃어버린 10년' 을 외치면서 정권을 되찾았습니다. 지금 한국의 보수우파들은 개혁을 외치고 있습니다. 공기업 언론 교육 정부조직 등 사람을 바꾸고 남북관계를 거의 완벽한 단절로 만들고 있습니다. 촛불로 타오르던 아우성도 마지막 불꽃이었는지 한국사회는 아무런 감흥이 없는 사회가 되었습니다. 정권과 우파들은 "집에 불이 나면 한 마음이 되어야 한다" 며 관심을 호소 하지만 국민들은 냉담 합니다. 경제를 살리겠다는 구호는 대중의 욕망에 엄청난 기대감을 주었지만 그보다 더 큰 실망으로 되받았고 그 욕망은 좌절로 변했습니다. 이제 탓은 우리만의 어려움이 아니라는 것과 좌파에게 돌아 갈 것입니다. 이전 정권에서 유지됐던 남북관계 경제운용 사회분위기 그 밖의 많은 가치들이 순식간에 사라졌습니다. 이를 두고 많은 논객들이 이 시대를 반동이라 합니다. 결국 우리는 '잃어버린 10년' 이후에 반동의 시기를 살고 있다는 말이 됩니다. 천민자본주의와 반공이데올로기에 의해 형성된 기득권을 유지하기 위해 역사를 퇴보시키고 있다고 표현하고 있습니다. 그 반대쪽에서는 물론 개혁이라고 합니다. 한국은 위기가 깊어질수록 이념 갈등, 지역 갈등이 격화되는 나라인 반면 미국은 위기 앞에서 인종과 이념을 초월하여 단결하는 우수한 나라인가? 진보진영은 깊은 좌절을 하고 있습니다. 그 좌절감은 "이 나라가 어디까지 망가지는지 두고 보자" 다 망가지고 나서야 보수우파는 진정한 심판을 받을 것이라는 자조 섞인 말로 좌절을 확인합니다. 그들의 이런 생각의 이면에는 한국의 보수 우파들은 그들의 한계로 인하여 대중의 욕망을 채워줄 수 없다는 확신이 전제 되어 있습니다. 물론 권불 10년입니다. 지금의 선거체제가 유지된다면 5년 후도 장담할 수 없을 것입니다. 그러나 그들은 자신들의 집권을 연장하기 위해 그들의 방식대로 많은 무리수를 둘 것입니다. 개혁이라는 이름으로 말입니다. 그러나 이명박 정부 앞에는 두 갈래 길이 있습니다. 한길은 그들의 약속과 희망대로 '747' 비행을 하며 대중의 환호를 받는 길입니다. 나머지 한길은 반대진영의 저항과 반대도 미미한데도 제힘에 겨워 스스로 무너지는 치욕스런 결말입니다. 愚問이지만 둘 중에 하나를 점치라면 당신은 어느 쪽을 택할 것입니까? 그래도 보수 우파들의 생각은 분명하다는데 그 장점이 있습니다. 경제정책은 성장을 통한 분배, 교육정책은 확실하고 처절한 경쟁을 통하여 생존한 인재양성 남북관계는 북한의 고립과 붕괴를 통한 통일 (또 다른 말은 상호주의) 내부의 정치적 반대세력은 철저히 친북좌파로 몰아 괴멸시켜 보수 우파의 지속가능한 집권을 연장하는 아주 분명한 전략이 있습니다. 이에 반해 진보세력은 우왕좌왕 그 자체입니다. 스스로에 대한 확신도 없고 상대방에 대한 신뢰는 더더욱 없습니다. 위대한 리더를 갈구하지만 어디에도 보이지 않고 좌절감만 더해 갑니다. 사실 이런 상황이 이명박 정부는 더 곤혹스러울 것입니다. 세상사는 손뼉이 마주쳐야 재미있는 법인데 그저 '잘하나 보자', '그러면 그렇지' 하며 고개 푹 숙이고 냉소만을 보내는 상대를 보고 있으면 권력의 속성상 화나는 일 아니겠습니까? 사실 야당의 건강한 반대는 좋은 여당을 만드는 파트너 쉽입니다. 지난 10년간 불건전한 야당을 지독하게 경험한 지금의 야당은 아예 그보다 더 한 모욕을 주고 있는 듯합니다. "어디 얼마나 잘하나 보자" 이런 식으로 조롱하며 외면합니다. 일방주의로 나아가라고 모든 길을 다 터주었는데도 못 나가는 이명박 정부가 야당이 발목잡기를 한다고 볼멘소리를 할 때면 소심함이라고 표현할 수밖에 달리 할 말이 없습니다. 보수 우파와 이명박 정권의 국민통합은 이미 불가능 하다고 판명이 난 듯 합니다. 마치 부시가 그랬던 것처럼 아무리 오바마와 비슷하다고 우겨도 사람들은 부시의 그것과 비슷하다고 여기고 있으니 말입니다. 이제 분명한 것은 자신의 갈 길을 선명히 보여준 보수 우파에게 변화를 말하는 것은 그들의 존재를 부정하는 것 이상도 이하도 아닐 것입니다. 차라리 야당과 진보주의자들의 새로운 각성이 필요할 때입니다. 지난 10년간 참 좋은 기회를 부여 받았음에도 불구하고 진보주의자들은 이를 살리지 못했습니다. 모든 면에서 보수와 진보가 5 : 5의 균형을 이루게 할 수 있는 충분한 시간이었는데 어쩌겠습니까? 진보세력이 정권은 잡았지만 오히려 그들의 소중한 것을 잃어버린 10년이 되어버린 현실을 직시 할 때입니다. 이제 남쪽의 반공 극우 이념도 북쪽의 주체의 사회주의도 아닌 보편적 korea의 이념과 가치를 정돈해야 할 때이며 우리는 충분한 능력도 있습니다. 이 작업에는 '큰 바위 얼굴' 이 필요합니다. 각자 자신이 처한 곳에서 큰 비전을 만들고 실천하는 것이 필요할 때입니다. 민족의 위대한 지도자만 바라지 말고 내가 과연 내가 속한 집단의 큰 바위 얼굴이라는 자각이 필요합니다. 반공 극우와 주체의 사회주의를 극복하고 통일 된 Korea로 나아가야 하는 분명한 지향이 있는 사람은 어디서나 포용의 리더 쉽을 발휘하는 큰 바위 얼굴이 될 수 있습니다. '큰 바위 얼굴' 의 진정한 메시지는 기다리는 자입니다. 막연한 기다림이 아니라 큰 바위 얼굴과 같은 분명한 상을 가진 사람을 기다리는 것입니다. 분명한 목표를 좌절하지 않고 기다리다 보면 어느새 자신이 그 큰 바위 얼굴을 닮고 있다는 것을 사람들이 알아주는 것입니다. 4년 후 우리도 "진보적인 한국 보수적인 한국은 없습니다. 경상도의 한국, 전라도의 한국, 평안도의 한국, 함경도의 한국이 아니라 '통일 Korea' 입니다" 라고 외치는 이런 후보를 만날 수 있을 것입니다. 물론 반공 극우와 주체의 사회주의 진영 모두로부터 공격을 받는 것은 감수해야겠지만 그래도 이것은 Korea가 풀어야 할 가장 근본적인 진보의 키워드입니다. 그것만이 눌려왔던 소중한 가치들을 약동하게 할 수 있습니다. 자신들이 믿는 신마저도 왜곡시키는 이 분단체제의 시험이 우리뿐 아니라 인류사에도 절대적 영향이 있음을 놓쳐선 안됩니다. 현실은 반공극우와 주체의 사회주의가 여전히 대결하고 있습니다. 그들은 자신들을 부정하는 자에게는 가차 없이 주사파라거나 매국노라는 낙인을 아주 손쉽게 찍어댑니다. 그러나 이 양 극단이 아닌 곳에서 통일 Korea의 큰 바위 얼굴은 나올 것입니다.

바로 당신이 그 큰 바위 얼굴입니다.

2008년 11월 17일

13...

법대로 공화국

전여옥이라는 국회의원이 칠순 노인에게 폭행당하여 병원에 입원 하였고 할머니는 구속이 되었습니다. 어떻게 맞고 얼마나 다쳤는지는 아무도 모릅니다. 하지만 민의의 대표자를 폭행한 것은 정치테러요 명백한 불법이라고 언론이 낙인을 찍었습니다.

우리 국회는 열기만 하면 난장판이 됩니다. 그 이유는 단순합니다. 너무 극단적인 이념이 극단적인 이해관계를 대변하고 부추기기 때문입니다. 경제위기와 남북긴장으로 국민들의 삶은 어느 때 보다 불안하고 힘겨운데 국회는 연일 저모양입니다. 하기야 되돌아 보면 대한민국 국회가 어느 한순간 국민들 보기에 좋았던 기억은 별로 없었던 것 같으니 그다지 새로울 것은 없지만 그래도 그때마다 안타깝고 자괴감이 드는 것은 나만의 감상이 아닐 것입니다. 마치 구한말의 유생들이 시대성을 상실한 성리학의 관성과 물려받은 이해관계를 유지하기 위해 벌이는 망국 놀음과 흡사한 정치판을 보고 있노라면 여기까지가 우리 민족의 한계인가 싶은 좌절감이 생깁니다. 왜냐하면 그들은 국민이 아주 합법적으로 선출한 사람들이기 때문입니다. 왜 이렇게 법을 만들기 위해 소란스러워야 할까? 그것은 합법을 얻기 위해서입니다. 좋든 나쁘든 명문화된 법만 있으면 된다는 발상이 그들을 억누르고 있는 것입니다. 이제 막무가내로 힘을 휘두르는 시대는 아니라고 그들도 알고 있는 듯합니다. 말끝마다 법치를 내세우고 불법을 엄단 한다고 합니다. 그렇기에 자신의 맘에 맞는 법을 합법의 이름으로 만드는 것은 모든 이해의 처음이자 마지막입니다. 어떤 것이든 이익이 된다면 이를 보장 할 법이 필요합니다. 물론 개혁 입법이라는 수식어가 늘 따라다니지만 알고 보면 모든 법은 배타적 이익을 보장하기 위해 만들어 집니다. 모든 사람에게 똑같은 이익을 주지는 않지만 모든 사람이 그 법 앞에 평등하다고는 믿어야 합니다. 구체적으로는 헌법과 충돌하지 않아야 합니다. 이것은 입법의 조건입니다. 권력자들은 입만 열면 법대로 즉 법이 지배하는 민주주의를 외칩니다. 예수가 살았던 시대에도 그랬습니다. 십계명은 물론이고 안식일에 어떤 행동이 일이고 어떤 행동이 일이 아닌가를 따지는 것만도 수를 헤아릴 수 없었습니다. 세금을 걷는 방법도 아주 다양하고 교묘했습니다. 그들은 이를 율법이라 했습니다. 당시의 지배자들은 로마와 제사장과 장로들이었습니다. 그들은 온갖 법을 치밀하게 만들어 놓았습니다. 사실 서민들은 살아가면서 이법을 모두 지키기란 불가능 했습니다. 부당함을 조금이라도 제기하면 그는 가차 없는 처벌을 받습니다. 그때에 예수는 율법의 비인간성을 보았습니다. 아니 율법 자체의 비인간성 보다는 율법을 통해 만들어지는 세상사의 비인간성을 보았습니다. 나 이외에 다른 신을 섬기지 말라. 살인하지 말라. 간음하지 말라. 도적질 하지 말라. 그 시대의 헌법인 십계명입니다. 이것을 나쁘다고 할 사람 아무도 없습니다. 그러나 안식일을 지키는 법은 수백가지 제약이 있고 이를 위반하면 속죄제를 드리는 벌금을 내야 하고 같은 사람을 죽여도 어느 것은 살인죄가 되고 어느 것은 정당한 집행이 되며 간음도 도적질도 합법적인게 있고 불법적인게 있었습니다. 근엄한 바리새인들은 허둥대며 사는 서민들의 법을 어기는 순간을 포착하기 위해 두 눈을 내리깔고 바삐 눈알을 굴리며 율법의 이름으로 고소하고 고발하고 단죄하며 당시의 서민들을 지배하였습니다. 서민들도 자기들끼리도 아귀다툼을 하며 물고 뜯고 단죄하기에 바빴습니다.

이 율법의 시대에 예수는 율법의 허구성과 이중성을 보았습니다. 사랑 없는 세상에 대한 고발을 했습니다. 뭐든지 법대로 하려는 지배자들에게 그 지배자 밑에서 아귀다툼하는 어리석은 백성들에게 사랑을 일깨워 주었습니다. 사람의 본성은 사랑이다. 하나님이 사랑이다. 율법은 그 사랑을 위해 존재하는 것이지 율법을 위해 사람이 존재하는 것이 아니다. 물고기 두 마리와 보리떡 다섯 개도 서로 나누면 5천명이 배부를 수 있지만 5천개의 떡도 나누지 않으면 그것은 지옥이다. 그것이 곧 사랑의 기적이다. 뭐 이런 말을 한 것입니다. 사람들은 그 말에 감동했습니다. 나에게 법만 달라 그러면 통치하리라 이런 마음가짐으로 나라를 다스리면 그 결국은 망국이요 망신일 뿐입니다. 법은 치밀할수록 도둑이 많아진다는 말이 있습니다. 지금 우리사회의 분위기는 정말 사랑이 없습니다. 오직 법만 존재하고 법대로만 강조되고 있습니다. 추기경을 추모하는 인파속에서도 회칠한 무덤밖에는 보이지 않았습니다. 무슨 수를 써서라도 합법성만을 얻으면 그때부터는 자신들의 이익이 보장된다는 확신이 너무도 강해 이 모든 일이 일어납니다.

한탄강댐 추진 과정에서도 어떻게 해서든 댐 고시만 얻어내면 된다는 그 잘못된 욕망이 엄청난 도덕적 해이와 혈세 탕진을 가져 왔고 결국엔 이 나라 경제와 사회분위기가 이렇게 되는데 결정적 역할을 했습니다. 어디 한탄강댐 뿐이겠습니까? 지금 사람들은 침묵하며 좌절하고 있습니다. 이 법대로의 사회가 어디까지 가는지 두고 보자 이런 심정으로 침묵하고 비굴한 인내를 하고 있습니다. 검으로 흥한 자 검으로 망한다고 예수는 그의 제자 베드로에게 호통을 쳤습니다. 법으로 흥한 자 반드시 법으로 망한다는 사실도 이와 한 치도 다르지 않을 것입니다. 법은 결코 만능이 아닙니다. 가깝게는 유신과 5공 시절 법조인들이 얼마나 개망신을 당하며 살았습니까? 물론 모든 법조인이 부끄러움을 느끼는 것은 아니었지만 법보다 위에 있는 것이 항상 있다는 것을 보여준 예로는 충분할 것입니다. 법을 너무 좋아하는 현 정권은 오로지 입법에만 매달리는 어리석음을 범하고 있습니다. 그 끝에 어떤 달콤한 열매가 기다리고 있는지 참 집요하기도 합니다.

그들은 이 법을 개혁 입법이라고도 하고, 경제회생을 위한 입법이라고도 하고, 일자리 창출을 위한 입법이라고도 하고, 심지어 나라를 바로세우는 입법이라고도 합니다. 지금 이 나라의 많은 양심들이 竹林속으로 숨어 들어가고 있습니다. 어떤 행동도 위법이 되고, 그 어떤 말도 위법이 되며, 하지 않은 행동도 말도 위법이 되고, 할머니도 아이들도 범법자가 되면 세상은 희망을 놓아버리는 것입니다. 극우세력들은 방송을 장악하면 장기집권을 할 것이라 믿는 모양입니다. 그러나 그것은 그들의 바람일 뿐입니다. 땡전 뉴스에 백골단으로 무장한 전두환의 말로를 벌써 잊지는 않았을텐데 무엇이 그들을 그리도 급하게 하는지 탐욕에 눈이 어두워지면 다 그런가 봅니다.

법을 얻기 이전에 국민의 마음을 얻지 못하면 결국 그 법은 자신을 옭아매는 그물이 된다는 사실을 깨닫게 될 것입니다. 사실 지금의 공영방송법의 근간은 전두환 시절 방송통폐합을 통한 관제방송을 만들기 위하여 만들었다는 것입니다. 법이 치밀하지 못해 망한 정권은 없습니다. 그리고 백성의 마음을 얻고 망한 정권도 없습니다.

국회의원이 할머니에게 법대로를 외치며 단죄하는 이 시대를 어떻게 해야 하겠습니까?

2009년 3월 2일

14...

영웅과 역적 - 스스로를 다윗이라 믿고 있는 사울에게

상고를 나와 사법고시를 패스한 마이너리티 노무현, 민주화 대열에 앞장선 변호사 노무현, 명패를 집어 던지며 증인을 호통하던 초선의원 노무현, 원칙과 상식을 외치며 경상도속의 전라도를 외치던 노무현, 서민들처럼 어리석어 보이지만 큰 지혜를 가졌다고 믿었던 '바보 노무현' 그가 진짜 바보가 되고 있습니다. 그를 영웅으로 떠받들던 노사모도 고향으로 발걸음을 돌린 지 오래고 노무현은 절해고도가 되어버린 봉하 마을에 갇혀 두려움과 절망과 치욕으로 새카맣게 타버린 가슴을 쓸어내리고 있습니다. 이제 진정 원칙과 상식이 통하는 세상이 올 것이라 환호했던 대중들은 그를 향해 침을 뱉고 외면합니다. 그를 따르던 사람들 중에는 억울하다고 하소연하며 권력의 무상함을 절감하고 있고, 또 어떤 사람들은 "세상은 다 그런 것이야" 하며 깨달은 척으로 패배주의를 위안하거나 감추고 있습니다. 애초부터 노무현을 개 닭 보듯 하던 사람들은 "거 봐라. 저 위선덩어리 그것이 좌빨이다!" 하며 아주 신이 났습니다. 또 나만의 죄책감에 시달리던 사람들이 "너나 나나 다 똑같은 인간일 뿐이야" 라며 위안받는 사람도 있을 것입니다. 그리고 진정 안타까워하는 사람들도 많이 있을 것입니다. 누구를 탓하기 전에 노무현의 실패는 좌우를 막론하고 우리 모두의 실패라고 생각하는 진실한 애국자도 많으리라 생각합니다. 이럴 때 진짜 진실한 사람을 알아볼 수 있습니다. 사람들의 평가하는 모습을 가만히 살펴보세요.

이승만의 망명, 박정희의 암살, 전 · 노의 참담한 말로, 김대중의 절망, 김영삼의 노망, 노무현의 실패가 그 어느 하나 그들만의 불행이 아니고 그들의 지지자만의 아픔이 아닌 현대사를 사는 우리 모두의 불행이고 아픔입니다. 이 야누스 같은 얼굴을 가진 현대사의 대통령을 두고 영웅과 역적은 동전의 앞뒷면이라는 말을 실감합니다. 건국의 아버지와 분단의 책임자, 산업화의 기수와 독재자, 국난극복과 군사파쇼, 민주화의 기수와 빨갱이, 서민대통령과 위선자로 평가되는 대통령들을 우리는 보았습니다. 어떤 사람들은 사뭇 긍정적인 대통령 관을 가지고 있습니다. 그들의 견해는 대한민국 대통령은 아주 시기적절하게 맞춤한 사람이 늘 그 시대를 이끌었다는 것입니다. 그의 논리는 이러했습니다. "만약에 박정희 시대에 김대중이 대통령을 하고 노무현 시대에 전두환이 대통령을 했으면 어떻게 되었겠느냐고" 참 긍정적이지요? 더 나아가면 모든 것이 신의 섭리라는 논리만 남겠지요. 아무튼 新 '열왕기' 같은 대한민국의 현대사를 오늘도 되풀이 하고 있음에 우리의 보잘 것 없음과 어리석음을 탄할 뿐입니다. 대중들은 영웅도 필요하고 영웅이 없으면 역적이라도 만들어야 직성이 풀리는 속성이 있는 모양입니다. 우리를 환호하게 하고 행복하게 하고 더 나은 미래로 이끌 영웅이 없는 이 세대에 역적이라도 만들지 못하면 자칫 자신이 역적이 될 수 있다는 권력자들의 불안과 강박이 이 시대를 관통하는 흐름이 아닐까요? 그런 시대에는 법이 우선이 됩니다. 법의 속성은 그 자체로 네거티브입니다. 대표적인 네거티브가 십계명이라는 율법입니다. '나 이외에는 누구도 섬기지 마라. 도적질, 간음, 거짓 증거 등… 마라 마라 마라' 입니다. 6법 전서를 펼쳐놓고 보면 '무엇 무엇을 해라' 하는 구절은 어디에도 없을 것입니다. 처음부터 끝까지 '무엇 무엇을 하면 징역 벌금 등에 처한다' 뿐입니다. '확고한 법질서 확립' 이것은 민심을 못 얻은 권세가들의 노래라는 것을 우리는 5공으로 충분히 배웠습니다. '법대로' , '법질서 확립' 을 소리 높여 외치는 권력자 일수록 뒤집어 보면 대중의 마음을 얻지 못하고 있다는 뜻이지요.

그러나 영웅의 법은 포지티브 합니다. 예수는 단 한 가지 '하나님을 사랑하고 네 이웃을 네 몸과 같이 사랑하라' 고 이 한 가지 법만을 이야기 했습니다.

이 땅이 분단되어 있는 한 남북의 모든 권력자들은 야누스적 역할 모델이 될 수밖에 없을 것입니다. 우리는 당분간 노무현이라는 역적에게 침 뱉으며 살아야 될 것 같습니다. 그리고 치밀한 그물망 같은 법에 걸리지 않도록 애쓰면서 살아야 할 것 같습니다. 새로운 영웅이 나타나기 전까지는 말입니다. 전 이제야 깨달은 사실이 하나 있습니다. 지난 10년동안 김대중, 노무현을 지독히도 미워하던 사람들이 얼마나 힘들었을까? 그들의 표현대로 잃어버린 10년이라고 표현 할 만큼 공허하고 암담한 세월을 살았겠구나 하는 것을 알았습니다. 그만큼 세상을 보는 잣대가 전혀 다르다는 사실을 새삼 깨달았습니다. 지금 지난 10년의 지지자들은 나라가 거꾸로 가고 있다고 못 살겠다고 이대로 가다가는 망할거라고 아우성입니다. 물론 모두 객관적인 데이터라며 들이댑니다. 자신들의 지도자가 역적이 되고 감옥을 가고 천하의 독재자라는 평가를 받고 살인마였고 수많은 사람들을 민주화 유공자로 만들었으니 얼마나 속상했겠습니까? 그러니 노무현의 역적됨은 너무 반갑고 당연하고 10년 동안 싸웠던 보람을 카타르시스로 느끼는 것입니다. 바로 이대목이 대다수의 사람들은 혼란하고 걱정스럽기도 한 대목입니다. 모든 권력자들은 자신을 다윗이라고 착각하는 습성이 있습니다. 그가 권력의 칼을 쥐고 있는 동안은 하나님의 사랑을 받는 다윗일지 모르지만 그 짧은 시간이 지나면 스스로 목숨을 끊고 싶은 사울이 될 수 있다는 사실을 알지 못합니다. PSI참여 하나만 봐도 참 개념 없는 정권이라는 생각을 합니다. 무너진 도덕, 당분간은 회복될 수 없는 남북 관계, 아직은 국민이 따를만한 영웅이 없는 오늘이지만 어딘가에서는 우리들의 영웅이 자라고 있을 거라고 저는 굳게 믿고 있습니다. 지난 토요일 사람들과 못자리를 하면서 이런 생각을 했습니다. 그런 기대가 곧 믿음이고 오늘을 사는 이유라고 생각합니다.

2009년 4월 20일

15...

사법부도 'SHOW'를 한다.

촛불이 사법부를 비추고 있다. 사법부가 촛불처럼 흔들리고 있다. 법복이 촛불에 타고 있다. 미국산 쇠고기 수입 파동으로 촉발된 촛불 시위는 사회 이곳저곳으로 번지다가 급기야는 사법부로 번져 활활 타고 있다. 백만 송이 燭花에 놀란 MB는 북악에 올라 '아침이슬'을 맞으며 성찰과 회개를 했노라 했다. 정점을 치달았던 촛불도 폭력논쟁 앞에서 여지없이 잦아들었다. 폭력은 힘 있는 자나 없는 자나 혐오스러운 것이란 확인은 다행한 일이지만 지금도 폭력적인 진압을 유발시키는 빌미를 왜 제어하지 못했을까 늘 아쉽기만 하다. 아무튼 촛불잔치는 폭력으로 얼룩지며 화염병보다도 더 무서운 불이 촛불이라는 착각이 들게 만들며 일단락 되었다. 촛불시위 관계자들도 모두 사법처리가 끝나고 후일을 모색하고 있는데 아뿔싸 벗어 놓은 법복에 촛불이 옮겨 붙어 있을 줄이야. 참 당황스러운 대목이 아닐 수 없다. '바람이 불면 통장사가 돈을 번다'는 일본 속담이 새삼스럽다. 광우병 파동이 사법파동으로 마무리 될 것을 예상한 사람은 아무도 없었기 때문이다. 사실 이 시대의 마지막 권부는 검찰과 사법부다. 검사와 법관은 임기가 보장된 독립적인 헌법기관이다. 전두환 시절의 검찰과 사법부는 참 초라하기 이를 데 없었다. 나는 그들의 초라함을 온몸으로 보고 느꼈다. 그 당시는 안기부가 모든 조정을 다 했다. 그런 쓰라린 경험이 있는 검찰과 사법부가 가장 두려워하는 것은 민중 혁명이나 군사 쿠데타 일 것이다. 백면서생들이 법복을 입고 있을 때에야 권위가 있을지 모르지만 총칼을 들이대면 허약하기 짝이 없는 존재라는 것을 그들은 너무나도 처절히 경험했다. 그러나 지금 법관들은 최고의 호시절을 살고 있다. 정치인도 재벌도 국정원도 심지어 대통령도 검찰과 사법부의 눈치를 보는 세상이 되었다. 유신과 5공 시절의 검찰과 사법부를 지금과 비교하면 민주화 시대에 성장한 검사나 법관들은 실감이 나지 않겠지만 두 시대를 함께 살아온 세대는 지금 민중들의 피 값으로 얼마나 좋은 시절을 살고 있는지 알 것이다(아니라고 생각하는 사람도 많겠지만).

한국처럼 적대적 갈등이 심하고 이지러진 사고가 횡행하는 사회에서는 다툼이 일상이 되고 쟁송이 삶의 일부가 될 수밖에 없다. 당연히 검찰과 사법부의 할 일이 많고 결정적인 사건들이 많을 수밖에 없다. 어쩔 수 없이 법에 호소라도 해보고 또 고소 고발당하고 검찰 조사를 받고 변호사를 선임하고 1심, 2심, 3심 참으로 성실히 재판도 받지만 사람들은 대부분 자신들의 노력이 허사가 되었다고 한다. 사람들은 이즈음의 검찰을 무소불위의 권력이라고 한다. 마치 5공의 안기부가 그랬던 것처럼 말이다. 아무도 검찰을 들여다 볼 수 없기 때문에 그런 말이 나오는 것이다. 그렇다고 검사가 완벽한 사람이 아닐진대 무소불위는 언제나 불안한 존재일 수밖에 없다. 그것은 그 스스로 마지막 타깃이 되기 때문이다.

판사들이 집단행동을 하고 검찰이 현직 검사장을 소환 조사한다. 사실 신영철 대법관이 모든 걸 본인의 부덕으로 돌리고 곧바로 사퇴했으면 사법부가 이렇게 힘들지는 않았을지 모른다. 오히려 촛불반대 세력으로부터 용기 있는 법관으로 영웅이 되었을지도 모른다. 그러나 세상일은 생각 같지 않은 게 현실이다. 광우병 촛불이 사법부를 흔들고 있는 것은 바로 사법부가 최고의 권부가 되었음을 웅변하고 있는 것이다. 지금 판사들의 위기감은 사실 사법부의 취약한 자기 존재감 때문에 더 커질 수박에 없다. 입법부가 스스로 자기 존재를 초라하게 만드는 노력(?)을 하고 적대적이다 싶을 만큼의 정치 갈등은 대통령도 늘 초라한 존재로 전락시키는 현실이 검찰과 사법부를 이시대의 마지막 권부가 되게 하였고 삼권 분립이 유명무실하여 서로 견제하지 못하는 존재로 의미상실 되어 버린 것이 이를 더 부추기고 있다. 검찰과 사법부가 호시절을 살고 있으면서도 늘 불안한 이유가 여기 있다. 무소불위의 권력은 책임 또한 무한 책임이 된다. 모든 화살이 검찰과 사법부로 날아들 차례이기 때문이다. 검찰과 사법부가 최고의 권부가 되었고 자연히 정치행위를 할 수 밖에 없게 되었다. 정치권 특히 국회가 죽으면서 의도하든 의도하지 않든 검찰과 사법부의 판단은 고스란히 정치적 책임을 부가 받게 되어 버렸다. 법의 잣대 보다 이해관계 즉 정치적 잣대의 농도가 짙어 질수록 사법부는 스스로 힘들어 질 수박에 없다. 왜냐하면 그들은 백면서생이다. 대중을 만나 그들의 지지를 얻는 것도 아니고 무력을 소유하고 있지도 못하다. 사법부는 그저 양형을 정하는 사람들 일 뿐인데 너무 많은 짐을 지게 되었다. 이것이 사법부의 불행인지도 모른다.

사람들은 최고의 권부가 되어버린 사법부의 정치적 판단을 아주 쉽게 발견할 수 있다고 한다. 정치적 판단은 늘 적과 동지를 만들게 되어 있다. 법복을 입고 있는 법관들은 이 부담을 심각하게 느끼고 있다. 그 부담을 벗어나기는 이미 늦었고 다만 정치적이 아니라는 몸짓이 절실히 필요한 것이다. '바람이 불면 통장사가 돈을 번다' 는 정도의 인식을 하는 사람이라면 사법부의 고뇌를 쉽게 이해할 수 있을 것이다. 신영철 개인의 생각과 대다수 판사들의 생각은 다르다는 것을 국민 앞에 'show' 해야 할 필요를 너무너무 간절히 느낀 것이다. 이것이 이즈음의 사법파동의 본질이다. 이용훈 대법원장이 내 선거법 변호인 시절에 나에게 이렇게 안타까움을 토로한 적이 있다. "국회의원들이 법을 잘 만들어야지, 법관은 법대로 재판할 수 밖에 없어"라고 한 적이 있다.

참 지당하신 말씀이다. 국회의원들은 그들의 입권권을 사용할 줄 몰라 그만 자신들을 초라하게 만들어 버렸지만 그렇다고 법관들은 독립된 양심과 법에 따라 판결했는가? 이 질문에 대한 답은 머지않은 날 5공과 안기부로 향했던 그 거대한 민심의 판결이 검찰과 사법부를 그들이 사용하던 법대위에 올릴 때 알게 될 것이다. 그것은 개헌을 매개로 이루어질 것이다. 법관이 판결로 말하지 않고 또 다른 show를 해야 하는 현실이 바로 오늘을 사는 우리 사회의 자화상이다.

2009년 5월 18일 광주항쟁 29주년

16...

극우들의 문화혁명

10년동안 와신상담 정권 재탈환에 성공한 극우들은 지난 10년동안 이 땅 구석구석 좌경세력들이 뿌리를 내리고 있다고 믿고 있다. 지금 정권이 이렇게 힘든 이유도 좌파정권 10년 동안 저변에 깔려있는 좌편향적 사고와 집단들이 저항하고 있는 것으로 믿고 있다. 촛불도, 추모행렬도 모두 좌파 때문이다. PD수첩도, 한예종도 모든 기관들의 말단까지도 좌파는 용납될 수 없다고 믿고 있다. 잇따른 시국선언도 모두 좌파 본능에서 나오는 불순한 행동이다. 그들은 추모행렬을 바라보며 아직도 대한민국에는 두 개의 정부가 있다고 장탄식 했고, 많은 사람들이 잘못된 편향을 가지고 있다고 믿고 있다. 이런 인식의 전제위에서는 설득보다는 힘을 통한 의식 개혁의 필요성을 느낄 수밖에 없다. 국민들이 두려워하며 현 시국을 걱정하는 것만 봐도 우리는 잘 알 수 있다. 극우들은 박정희, 전두환 시절의 추억이 늘 모범이고 정통이고 효과적이라고 믿고 있다. 마치 문화혁명이 경직된 계급주의에 매달릴 수밖에 없었던 것처럼 극우들도 공포를 내용으로 하는 힘에 의존할 수밖에 없다. 몇 안 되는 극우들의 홍위병들은 지금 각 분야에서 좌경청산의 완장을 두르고 동분서주하고 있다. 그러나 극우들의 홍위병들은 참 명분이 약하다. 그러다 보니 섬짓한 논리와 복장으로 곳곳에 나타나 훼방을 놓는다. 이들이 하는 일이라고는 늘 뻔한 일이다.

4大 권력기관을 비롯 공기업, 경찰의 말단기관까지 지난 정권의 잔재들을 완전히 청소하였다. 이제 새로운 정권의 새로운 통치프레임이 완성되었다고 보는데 과연 그들의 생각대로 잘 돌아갈까? 아니면 극우 홍위병들이 여전히 필요할까?

13만명의 공무원들이 시국선언을 하겠다고 나서는 마당인데 이는 또 어찌 하려나? 세상은 아직도 자신들의 극단적 반공주의로 지배하고 일사불란하게 움직이도록 해야 하고, 할 수 있다고 믿는 극우들이 있는한 국민 모두의 고통은 계속 될 수밖에 없다. 물론 그들이 생각하는 좌경세력을 척결하면 되겠지만 그렇게 되면 국민을 위한다는 그들의 논리는 모순이 생긴다. 왜냐하면 극우들만 남을 수밖에 없기에 말이다. 조갑제는 이명박마저도 좌경이고 탄핵해야 한다고 할 정도로 병적인 사고를 드러내고 있다.

공기업, 검찰, 경찰, 국세청, 국정원 등 모든 조직들이 겉으로는 순한 양이 된 지 오래 되었다. 만약 노무현 정권이 검찰 인사를 3기수나 건너 뛰어 했다면 항명 소동으로 난리가 났을 것이다. 그런 검찰이 어떻게 저리도 온순한 양같이 되었는지 신기하기 그지없다. 검찰이 정권의 하수인이라는 말은 실상은 맞지 않는다는 것을 증명하는 대목이다. 검찰은 그 자체로 극단적인 보수 세력이다. 이들은 군부정권보다 김대중, 노무현 정권에 더 거부감을 보였었다. 안기부와 군인들이 검찰의 자존심을 뭉개도 과히 기분 나쁘지 않았던 것처럼 보이는 것은 이미 그 본질이 같기 때문이라고 비교 설명 될 수밖에 없다. 검찰은 이제야 비로소 제자리를 찾았다고 느낄 것이다. 80년대 군부의 절대 권력을 대신한 오늘의 검찰이 검찰청 경비를 강화하는 고민을 해야 하는 것은 우연한 일이 아닐 것이다. 국민들은 이제 80년대 군부가 권력의 정점이었듯이 검찰을 그렇게 보고 있기 때문이다. 80년대 군부가 떠안아야 할 부담을 검찰이 메고 가야 하는 시대를 그들 스스로 만든 것이다. 이러한 현상들이 우리의 분단 프레임에서 비롯되었고 극우 홍위병들이 활보하게 되는 이유이기도 하다.

중국의 문화혁명에서 비롯된 아사 직전의 중국은 등소평을 비롯한 개혁개방 세력이 살려내고 나서야 비로소 문화혁명의 극단주의가 얼마나 무서웠던가를 알게 되었다. 지금 극우들의 문화혁명도 멀지 않은 날 참 끔찍한 일이었다고 나중에서야 모두 인정하게 될 것이라 생각하니 답답하기만 하다. 허나 어찌하랴. 천하의 등소평도 고향에서 닭을 키울 수밖에 없었던 걸.

2009년 6월 22일

▲ 금강산 철교

...17

북한이 진정 원하는 것과 통일국가의 모델

북핵의 해법을 둘러싸고 온 세계가 분주하다. 아니 호들갑스럽기까지 하다. 그러면서도 북한 정권의 진정한 속내는 그 누구도 알지 못하고 모두 자신의 이해대로 해석하고 대응할 뿐이다. 아니 모두 북한의 속내를 알면서도 애써 말하지 않는지도 모른다. 사실 북한이 핵무기를 가지고 있지 않았을 때에도 한반도 상황은 지금과 크게 다르지 않았다. 늘 적대감이 충일하고 주변강대국의 이해에 따라 춤을 추며 남은 남대로 북은 북대로 참 세계사에 드문 비정상적 민족으로 하루하루 살아왔다. 그런 시간의 연속이 핵이라는 변수가 등장했다고 크게 달라지는 것은 별로 없다. 북한의 입장에서는 自爆의 수단이 좀 더 강력해졌다는 것과 협상 카드가 하나 더 생겼다는 것이 달라졌을 뿐이다. 그러나 핵이라는 협상 카드가 실은 판을 뒤엎을 조커가 될 수는 없다는 것을 그들도 잘 알고 있다. 남한의 입장에서도 무력감이 더 커졌고 증오심이 더 커진 것 외에는 변한 것이 없다.

자, 이제 북한은 진정 무엇을 원하는가? 이것을 말해 보자. 거두절미하고 첫째, 북한은 자신들의 주권을 인정받고 유지하고 싶은 이상도 이하도 아니다. 북한 정권이 보편적 타당성이 있고 없고는 상관할 바 아니라는 것이다.

둘째, 이런 연장선상에서 북미수교는 핵과 교환되지 않는다. 핵주권이 북한 정권의 최후수단일진대 북미수교와 비핵화를 연계하는 것은 중국과 수교하면서 중국의 핵무기를 버리라는 말과 같이 들릴 것이다. 그렇다면 북핵을 용인할 수 없는 미국과 핵 주권을 포기할 수 없는 북한은 이미 수교와 비핵화를 연계할 수 없는 관계가 되었다.

셋째, 중국 등 주변국의 이해관계는 어떤가? 일본은 미국의 군사적 핵우산국이기 때문에 논외로 하고 중국과 러시아는 핵 보유국으로 자신들 이외의 핵 보유는 원칙적으로 반대하는 이해 동일자들이다. 하지만 북한을 둘러싼 이해는 미국 못지않게 크다. 특히 중국의 이해는 러시아의 전선적 이해와는 달리 복잡하다. 중국은 양안문제가 가장 큰 국가적 아젠다라고는 하지만 실은 북한의 존재가 더 운명적이라는 사실을 인정하지 않을 수 없을 것이다. 북한의 존립에 절대적 영향력을 가지고 있는 중국은 북한이 자신의 일부라는 생각을 한지 오래되었다는 것이다. 북한의 주권을 언제까지 중국이 지켜줄 지는 모르지만 중국이 지켜주는 주권이 어떤 생명력을 가질 수 있는지 너무도 잘 아는 남한의 동병상련도 그 복잡한 심경은 당사자가 아니면 알 수 없는 고차원이 되었다. 주권, 영토, 인구. 국가 존립의 세 가지 조건을 갖춘 북한이 중국과 러시아의 다양한 이해와 결합되어 지금까지 존재해 왔는데 하루아침에 붕괴될 리는 없다. 결국 남, 북, 미, 중, 러의 이해관계 최대공약수는 으르렁 거리며 현재를 유지하는 것이다. 거기에 정치, 경제, 사회, 외교 인류사가 진행되고 있는 것이다. 북미 수교와 북한의 개방은 사실 핵을 보유한 구소련으로 가는 지름길일 수도 있다. 그런 북으로서는 핵무기보다 더 무서운 반동이다. 과연 이런 상황을 바랄 수 있을까? 미국과 수교한 핵 보유국 북한의 모습은 내복 입고 미니스커트 입은 모습이 아닐까?

이 대목에서 조선일보 김대중씨의 '우리의 세 가지 가설'을 보자.

첫째, 북핵이라는 불을 머리에 이고 그들이 하자는 대로 해주며 살아가는 가련한 존재가 되는 것

둘째, 결과는 누구도 알 수 없고 책임질 수도 없지만 한 방 붙어보는 것

셋째, 북한 정권의 붕괴라는 흥미로운 일을 기다리는 것

이 세 가지 중에 어느 시나리오가 가장 현실적일까? 극우들은 북한의 붕괴를 기다리며 지금은 분단 프레임을 극대화시키며 자신들의 이해를 연속시키는 것이리라. 그 기다림이 길면 길수록 좋은 일인지도 모른다. 왜냐하면 통일은 극우들의 기득권을 일시에 혼란으로 몰아넣을 수 있는 개연성이 짙기 때문이다. 물론 극우의 패러다임으로 통일이 되면 빠를수록 좋지만 극우의 통일은 전쟁밖에 없다. 그것은 적화통일이 전쟁 밖에 없는 것과 마찬가지다. 그러므로 북한 붕괴라는 참 흥미로운 시나리오는 증오의 시간을 늘리자는 말과 동어반복에 불과하다. 그러면 적화통일은 이미 극우들의 환상 속에서만 존재하는 것으로 본다면, 김대중의 가설은 이렇게 된다. 가련한 사람들이 겉으로는 전쟁도 불사한다는 호기를 부리면서 속으로는 북한의 붕괴를 기다리는 심리상태가 바로 극우들의 심리상태이고 이 병적인 심리상태는 많은 대중에게 퍼져있다는 것이 된다. 극우들은 그들의 이익이 계속되는 통일이 아니면 모든 통일은 악이고 적화통일이 되기 때문에 북한의 주체사상도 남한의 극우도 아닌 통일을 원하는 사람들은 늘 난감한 입장이 되는 것이다. 외세는 극단적인 사람들을 좋아한다. 이것은 원칙이다. 그래서 사람들은 우리의 통일을 아무도 상상할 수 없는 시기와 방법으로 될 것 같다는 시나리오 아닌 시나리오를 내놓기도 한다. 기독교인들은 이를 하나님의 방법이라고 한다. 그만큼 복잡하다는 뜻일 것이다.

남한에 살고 있는 내가 바라는 시나리오의 대강은 이렇다 이제 지난 세월 남북은 전쟁과 극단적 증오와 실낱같은 대화도 해 보았다. 국제정세가 어떻게 되

어가는 지도 잘 알고 있다. 국민들도 모든 정보를 공유하고 있다. 그리고 모두 전쟁이라는 방법은 반대하고 있다. 이런 전제 뒤에 우리는 남한만이라도 참다운 민주주의 국가를 만들고, 살고 싶은 나라로 만들어 보아야 한다. 마치 모델하우스가 필요하듯이 말이다. 언젠가 북한마저도 그런 나라라면 '우리도 그렇게 가자' 라고 할 수 있는 나라로 만드는 것이다. 최소한 지금과 같은 나라는 그런 감흥을 주지 못한다. 미국인도, 중국인도, 러시아인도, 북한 사람들마저도 '그래, 나라는 남한, 즉 한국 같아야 돼' 이런 나라를 만들지 못하면 우리는 늘 분단 속에서 살 수 밖에 없다. 혹여 통일이 된다 해도 그것은 우리의 의사와는 멀리 떨어진 또 다른 상처를 내재한 시작일 수도 있다. 극우파 김대중이 볼 수 없는 숨겨진 1인치를 국민들이 볼 수 있는 날을 기다리는 것이 통일을 기다리는 시간과 등치된다는 확신을 나는 갖고 있다. 그것은 통일의 목적, 즉 내용은 분단의 원인이고 만 악의 근원인 극단주의를 종식하는 것이다.

2009년 7월 6일

...18

민주당의 자업자득과 한나라당의 과유불급

지금 한국의 정치는 한 마디로 가관입니다. 국회 안에서는 아비규환인데 국민들은 강 건너 불구경입니다. 여야의 싸움이 가관이 아니라 여야가 피투성이가 되도록 싸우는 데도 대다수 국민들이 아주 냉정하게 바라만 보고 있다는 것입니다. 왜 이렇게 국민들이 냉정할까? 거기에는 다 이유가 있습니다. 지금의 여야 어느 쪽도 지지하지 않기 때문입니다. 그 어느 쪽도 이 나라의 산적한 문제들을 해결할 수 없다고 생각하기 때문입니다. 어떻게 이런 상황이 오게 되었을까? 우선 민주당은 자업자득입니다. 국민들이 민주당에게 정권을 두 번이나 주었던 적이 있었습니다. 국민들은 민주당에게 진보적이고 개혁적인 정치로 이 나라를 다시는 되돌릴 수 없는 민주주의 국가로 만들어 놓으라는 주문을 했습니다. 그러나 김대중 정권은 남북관계의 진전이외에는 그다지 큰 성과를 내지 못했습니다. 그래도 국민들은 한 번 더 민주당(열린우리당도 모두 민주당 범주라고 국민은 생각함)에게 기회를 주었습니다. 노무현 정부는 김대중 정부보다 더 압도적 우위에 있었으면서도 개혁은 하지 못했습니다. 사법개혁, 국가보안법, 언론개혁, 토건세력의 소굴인 공기업개혁 등 어느 것도 이뤄내지 못했습니다. 특히 토건세력은 노무현 정부에서 더욱 더 활개를 치게 되었습니다. 노무현은 조중동 탓만 하면서 못해먹겠다고 우는 소리나 하고 검찰과 쓸데없는 말장난이나 하다가 오히려 우스운 꼴이나 당하는 뻘짓도 했습니다. 가장 비열하고 부패한 한탄강댐 사업을 추진한 세력은 노무현 세력입니다. 그들이 대운하를 반대한다면 국민들은 자다가도 웃을 일입니다. 한미 FTA는 어떻습니까? 국가보안법을 비롯한 사법개혁을 포기하자 정권은 노무현 정부이지만 노정권 내내 사법부의 눈치만 보는 형국이 되었습니다. 일이 이렇게 되자 민주당 지지자들은 완전히 등을 돌렸습니다. 한나라당은 바로 이즈음에 정권을 잡은 것입니다. 정권을 잡은 한나라당은 완승의 기쁨으로 잇단 정권인수 작업을 하지만 국민의 조롱거리가 되기 일쑤였습니다. 한 마디로 '강부자'의 '영웅본색'이 어쩔 수 없었던 모양입니다. 그래도 총선마저 압승을 거두는 쾌거(?)는 한나라당으로 하여금 심각한 착각을 불러일으킨 호사다마였습니다. 압도적 총선 승리에 국민들은 '촛불시위'로 경고를 보냈습니다. 그러나 '촛불시위'를 진압했다고 확신한 한나라당은 마음이 급해지기 시작했습니다. 국민들의 따뜻한 지지는 더 이상 불가능하다고 판단했을 것입니다. 그렇다면 "법대로 하자"는 유혹에 빠지게 되는 것입니다. "사법부는 완전 우리 편이다" 이제 법만 만들면 된다. 그리고 조중동만으로는 한계가 있으니 방송과 인터넷을 장악하고 무력화 시켜야 한다. 뭐 이런 전략이 서지 않았겠습니까? 그렇게 하면 모든 것이 손쉽게 이루어질 것이라 믿었을 것입니다. 아니 최소한 이것을 해야 효과적 정책 수행이 이루어질 것이라 믿었던 것입니다. 설령 그들의 소위 'MB악법'이 다 통과된다 한들 과연 그들의 마음대로 통치되는 나라가 될까요? 천만의 말씀입니다. 국민들의 소득이 그들의 공약대로 4만불이 되고 지금보다 삶의 질이 높아진다면 모르겠지만 이미 국민들은 이제 모든 걸 알게 되었습니다. 그래서 무관심한 것이고 국회에서 여야가 죽든지 말든지 냉소적인 것입니다. 민주당은 자업자득이고 한나라당은 과유불급입니다. 오히려 4년 후 한나라당은 그들이 만든 법으로 엄청난 고통을 당할 것이라 국민은 기대(?)할지도 모릅니다. 국민들은 더 이상 두 정당에게 기대를 걸고 있지 않습니다. 왜냐하면 둘 다 경험해 보았기 때문입니다. 민주당의 진보와 개혁이 한나라당의 건강한 보수와 씨줄 날줄이 되어 한국정치를 이뤄나갈 것이라 믿는 사람은 아무도 없을 것입니다. 여기에 우리 민족의 불행이 있는 것입니다. 일말의 동정심마저 거둬들인 국민의 민주당에 대한 싸늘한 눈초리가 쉽게 변하지 않는 것은 쓰라린 노무현 정부에 대한 기억 때문입니다. 입으로는 개혁을 외치고 보수세력에게 온갖 고난을 받는 것처럼 비쳐졌지만 알고 보면 토건세력의 하수인이 되어 결국 토건세력에게 먹힌 꼴이 되어 버린 '자업자득' 을 국민들은 결코 동정하지 않는 것입니다. 지금 국회에서 눈물나게 싸워도 국민들은 '자업자득이니 잘해 봐라' 뭐 이런 식입니다. 그렇다고 한나라당에게 지지를 보내는 것이냐 그렇지 않습니다. '한나라당 너희도 지금의 민주당보다 더 아픈 피눈물을 흘릴 날이 올 것이다. 너희들이 아무리 민주주의의 시계를 거꾸로 돌린다 해도 우리 국민들은 유신도, 80년대 전두환 군사 독재도 뚫고 일어선 기억이 생생하다. 법? 좋아하구 있네' 뭐 이런 태도입니다. 유례없는 경제위기로 온 국민의 가슴 속에 원망과 분노가 차곡차곡 쌓이고 있는데 국회 안에서는 자업자득과 과유불급의 푸닥거리가 한창입니다. '강부자' 들은 이제 조급증에 더욱 시달리게 될 것입니다. 사실 이 대목은 여야를 막론한 우리나라의 불행이기도 합니다. 이들의 조급증은 강력한 국민의 의사만이 잠재울 수 있는데 언제 '강부자' 들이 국민의 이성적 수준에 눈높이를 맞출 수 있을지는 아무도 모를 일입니다. 사실 법이면 다 이룰 수 있다고 믿는 사법부와 그에 기대어 자신들의 이익만을 챙기려는 '강부자' 들이 그들의 애국충정을 가로막는 것이 오로지 좌익이라고 믿는 한 이 불행은 더욱 커질 것입니다. 법이 세상을 지배하지만 사법부가 커 보이지 않아야 하고 정치가 세상을 이끌어 가지만 법의 강제를 느끼지 못할 때 우리는 이를 민주주의라고 할 것입니다. 지금 어떤 타협을 이뤄내도 국민들은 국회를 향하여 감동하지 않을 것입니다. 한발 뒤로 물러선다 하더라도 한나라당과 현 정권의 앞날은 그리 순탄치가 않을 것입니다. 왜냐하면 국민들의 바람과 애초부터 너무 거리가 멀기 때문입니다. 온 국민이 합심해도 이 어려움을 이겨내기 힘든 이

때에 우리는 참으로 안타까운 리더십을 대면하고 있습니다. 여러분 어찌해야 하겠습니까? 더 어려워져야 할까요? 아니면 반대자가 없어져야 할까요? 이제 순전히 국민들의 몫이 되었습니다. 2009년 새해, 우리국민들은 이렇게 한 해를 시작하게 되었습니다. 2009년 새해를 이렇게 양비론으로 시작해야 하는 것이 우리 국민의 속 깊은 아픔입니다

2009년 1월 5일

Part IV

좌우로 치우치지 않은 세상이 통일이다.

…1

사랑이 없는 사회는 양극화된다.

최근 들어 우리사회의 정치 사회적 의제는 '양극화의 해소' 로 합의된 느낌입니다. 양극화 문제는 여야가 없는 듯합니다. 단지 그 해법이 다른 것처럼 보일 뿐입니다. 여는 복지확대와 일자리창출이 해법인데 재원이 문제라고 합니다. 한 마디로 돈만 있으면 양극화가 해소 될 텐데 돈이 없다는 말입니다. 야는 기업의 투자심리를 이 정권이 위축시켜서 일자리가 없고 그로 인해 내수소비가 줄어들어 양극화가 가속되어 간다면서 유일한 해법은 정권교체에 있다고 합니다. 야당은 IMF 이후 "경제가 어렵다. 부자들의 맘에 들지 않는 정권 탓이다. 그러므로 정권을 바꾸면 부자들이 신나게 투자하여 서민들이 잘살게 될 것이다." 이런 논리를 8년째 되뇌이고 있습니다. IMF 이후 한국경제는 자의든 타의든 WTO라는 세계무역체제에 편입되는 장기적 구조조정을 할 수밖에 없는 형편입니다. 외형적으로 전체 GDP는 줄어들지 않습니다. 국민들의 소비생활도 그 씀씀이는 커지고 있습니다. 그러나 농민, 비정규직, 식당, 재래시장, 중소기업 등을 운영하는 자영업자는 그 어느 때보다 고통스러운 환경이 되어갑니다. 이 추세로라면 자영업은 10년 이내에 반으로 줄어들어야 할 것입니다. 농민의 숫자도 마찬가지 일 것입니다. 이러한 거대한 구조조정이 어떤 결과를 가져올지에 대한 답도 양극화되어 있지만 자영업의 어려움은 국민들의 소비심리가 위축되어서이기도 하지만 소비패턴의 변화도 큰 몫을 차지한다고 봅니다. 30년째 전파상을 운영하는 사장님은 요즘은 그저 마지못해 문만 열어놓고 있다고 합니다. 점심시간 도로변의 텅텅 빈 식당이 한두 곳이 아닙니다. 음식을 만들어놓고 막연히 사람을 기다리는 심정은 당해보지 않으면 모를 것입니다. 아이들 교육비를 마련하기 위해 부부가 밤늦게까지 뛰어도 다른 집 아이를 따라갈 수 없다고 느낄 때 출산율을 말하는 게 얼마나 공허한 일이겠습니까? 온갖 불법을 행하고도 8000억을 기부하겠다고 하면 면죄부를 주는 우리사회의 저급성을 양극화라고 표현하면 정확할 것 같습니다. 정부는 "한국경제는 장기적 구조조정이 불가피합니다."라며 이해를 구하고 설득하면서 서민경제의 비전을 제시해야 하는데 변죽만 울리고 있습니다. 야당은 투자의 주체가 기업인이고 가진 자들인데 자신들의 사회적 책임은 까맣게 잊어버리고 오히려 어려운 서민들의 감성만을 자극하여 정권을 잡으려고 안달이 되어있습니다. 고양이 쥐 생각하듯이 말입니다. 박정희, 전두환 시절을 향수하면서 마치 이 사회가 퇴보한 듯 선동합니다. 허나 그들의 논리는 돈은 많은데 정치권력이 없어 자신들의 삶이 2% 부족하다는 말로 밖에 들리지 않습니다. 양극화! 정치인들에게 아주 간편한 이데올로기가 되었습니다. '우리사회 문제는 양극화다. 나는 이것을 위해 노력한다. 그러므로 국민들에 대한 책임을 다 하고 있다.' 뭐 이런 논리입니다. '민주화' 가 그런 역할을 하던 시대도 있었습니다. '양극화' 가 정치 이데올로기가 되어 오히려 양극화를 심화시키고 있습니다. 참여정부는 경제적 양극화 이면의 양극화를 못보고 있습니다. 여전히 한국사회를 극단으로 몰고 가는 이념을 정치인들이 붙들고 있는 한 양극화는 구두선으로 그칠 수밖에 없습니다. 한국사회는 다름이 곧 증오로 쉽게 발전하는 사회입니다. 무슨 일이든지 이 적대적 이념이 개입하면 차이가 증오로 변화합니다. 그것이 바로 일제와 분단이 만들어 낸 우리만의 슬픈 유산입니다. 이것이 없어져야 양극화는 해소됩니다. 이성적인 부자, 즉 사회적 책임을 아는 부자, 나누는 사랑이 있는 부자를 꿈꾸십니까? 비록 그 달, 그 달 빠듯한 삶을 꾸려가지만 자식에게 희망을 가지며 보람 있게 살면서 정신적으로 풍요한 삶을 꿈꾸십니까? 당신 앞에 놓여진 그 적대적 이념을 버리십시오. 사랑이 없는 사회는 양극화 될 수 밖에 없습니다. 돈만 있으면 양극화가 해소될 수 있다구요? 천만의 말씀. 로또 복권 당첨자들의 대다수가 더 불행해 졌다고 합니다. 어느 날 100억대의 보상을 받은 사람들의 가족이 모두 흩어졌다고 합니다. 내 아이, 내 가족만 사랑하면 분수 셈의 곱하기처럼 전체사회의 사랑은 점점 줄어듭니다. 가진 자들이, 경제인들이 정치인을 경제인으로 만들고 있습니다. 경제인의 목표는 이윤의 실현이지만 정치인의 목적은 국민의 행복의 실현입니다. 돈만이 행복을 가져다 주지 않습니다. 사랑이 없는 물질적 풍요는 양극화를 불러옵니다. 마치 목이 말라 바닷물을 마시는 것과 같을 뿐입니다. 세속의 축복만을 말하는 기독교에도 많은 책임이 있습니다. 사랑을 알고 실천하는 것이 곧 축복이라는 심오한 진리를 잊은 지 오래된 듯 합니다. 오늘 우리가 모든 것을 다 바쳐 사랑해야 할 것은 무엇입니까?

2006년 2월 마지막 주 월요일

▲ 가마소

2…

다시 '超人'을 기다리며…

육사는 40세의 나이로 중국에서 옥사를 할 때까지 무려 17번 감옥을 드나들었다. 의혈단에 가입하여 조선은행 대구지점 폭파에 연루되어 시작한 옥살이가 그의 나이 23세 때이다. 그로부터 17번 감옥엘 갔으니 40세에 옥사할 때까지 매년 한번은 갔다는 얘기가 된다. 당시의 감옥이 어디 요즘 같은 감옥과 비교가 될까? 갇혀 있는 고통보다는 투옥 과정에서의 숱한 고문이 더 큰 죽음의 이유가 되었을 것이다. 그 뜨거운 시인의 열정은 그를 40을 넘기지 못하게 했다. 그가 죽어가면서도 간절히 기다리고 기다리던 사람을 그의 시 '광야' 에서 그리고 있다. 여기에 새삼 옮겨 적어 보고 싶다.

광야(曠野)

이 육 사

까마득한 날에
하늘이 처음 열리고
어데 닭 우는 소리 들렸으랴.
모든 산맥들이
바다를 연모(戀慕)해 휘달릴 때도

차마 이곳을 범(犯)하던 못하였으리라.
끊임없는 광음(光陰)을
부지런한 계절이 피어선 지고
큰 강물이 비로소 길을 열었다.
지금 눈 내리고
매화 향기(梅花香氣) 홀로 아득하니
내 여기 가난한 노래의 씨를 뿌려라.
다시 천고(千古)의 뒤에
백마(白馬) 타고 오는 초인(超人)이 있어
이 광야(曠野)에서 목놓아 부르게 하리라.

명망 있는 사람들이 황국신민찬가를 부르고 대동아 공영을 목놓아 외쳤을 때 이육사는 그 겨울 눈 내리는 겨울의 매화향기를 위안 삼아 백마 타고 오는 초인을 기다리고 있었다. 조선일보가 김희선 의원 부친의 행적을 만주에까지 가서 뒤지는 꼴을 보면서 '아리랑의 양치성' 이 오버랩 되는 이유는 무엇일까? 과거의 잘못을 이야기하면 물귀신 작전으로 본말을 호도하는 게 요즘 세태가 되어버렸다. X-파일에 이르러서는 일그러진 역사의식의 만개를 보는 듯하다. 한나라당의 뿌리인 신한국당, 아니 舊 군사정권세력의 도청, 감청, 고문투옥, 정치공작, 부패결탁은 그들의 전매특허였다. 그것의 일부가 X-파일에 의해 드러나니까 이제 수구기득권 세력이 어쩔 줄 몰라 하고 있다. "DJ도 했다.", "참여정부도 2003년까지 했다." DJ와 노무현의 갈등으로 키워보려고 안달이다. 심지어는 외국의 정보기관은 이보다 더한 일을 하는데 국민의 신뢰가 문제라고 아전인수도 서슴지 않는다. 이미 우리의 세태는 정의도 없고 진리도 없어진 지 오래다. 아무리 세상이 그렇고 그렇게 엮여 내려왔고, 그런 아비규환이 속세이며 원래 세상은 그렇게 거룩할 수 없다지만 그래도 그 속에서 살아볼 가치가 있다고 한 다해도 이미 대한민국은 그 어느 누구도 사람을 감동시키지 못하고 있다. 아마 이육사가 살던 그 시절이 이와 같았던 모양이다. 친일파는 승승장구하고 독립운동가는 투옥과 망명으로, 그 집안은 야반도주 하는 사이, 지식인들은 이구동성으로 대동아 공영의 나발을 불어대는 모습을 보며 이육사의 피 끓는 마음속의 절규가 바로 광야였던 것이리라. 그 진한 외로움 끝에 초인을 기다리는 간절함이 바로 이 시대에 다시 생각나는 것은 무슨 연유일까?

탄핵과 분당과 17대 총선, 그리고 지난 1년의 비이성적인 정쟁. 위헌심판, X-파일, 대연정, 6자 회담의 연기. 우리는 이런 일상 속에서 살고 있다. 그러다 보니 백성들은 더더욱 본능적 생존을 위해 허우적대며 '초인' 의 가치는 모르쇠일 수밖에 없다. 국민들은 이미 모든 기대를 저버린 것 같다. 될 대로 되겠지! 하는 심정이 대부분이다. 국민들을 온갖 방법으로 속이면서 연명해온 기득권이 날이 갈수록 위태로워짐으로 인한 한나라당의 근심만큼이나 갈 길을 몰라 하는 백성들의 걱정도 태산이다. 메시야를 기다리는 사람들도 기득권에 빠져 허우적대는 바리새인과 사두개인이 된지 오래인듯하다. 오는 8월15일 우리는 똑똑히 볼 수 있을 것이다. 그런 오늘, 이육사가 '초인' 을 기다리듯, 오늘도 그런 지도자가 간절해지는 요즈음이다.

검찰이 'X-파일' 을 수사한다? 그걸 누가 믿겠는가? 지금 구 정권의 'X-파일' 도 문제지만 현재진행형의 지역비리 X-파일이 더 큰 문제임을 제대로 보는 사람이 없다. 그 'X-파일' 의 주인공이 과연 누구일까? 비리를 다 알면서 공생하는 것 그것이 곧 'X-파일' 이다. 나는 노무현 정부의 역사적 몫은 '해체' 라고 말한 적이 있다. 대안 없는 해체라도 좋다. 철거반원은 철거가 임무요 목적이니까. 그러나 우리는 설계자를 기다린다. 동북아와 한반도 분단된 조국의 반쪽인 남쪽 아수라장 속의 '철거민' 들은 설계자를 기다린다. 우리에게는 그가 바로 '超人' 이다. 이 백성이 마음을 의지할 사람이 간절해지는 이유가 이 때문이다. 모두 너무 가볍다. 그 많던 열혈투사들은 이젠 중년의 정치꾼이 되어버렸다. 말로는 지금도 나라와 백성을 위한다면서 말이다. 초인을 기다리며 이육사는 초인이 되었다. 큰 바위 얼굴을 기다리며 어거스틴은 큰 바위 얼굴이 되었다. 이 광야와 같은 한반도에 사는 나 또한 오늘 그 '超人'을 기다리며 살고 있다. 다시 천고의 뒤가 아닌 바로 오늘 이 광야에서 목놓아 부르고 싶다.

2005년 8월 둘째 주 월요일 아침에

3...

개헌이 최고의 개혁이다.

노무현 대통령은 헌법재판소장 지명을 철회하면서 '불의한 굴복', '임기단축' 이라는 표현으로 그의 집권의 상징인 개혁의 실패를 토로하였다. '개혁대통령' 과 과반수가 넘는 집권여당이 아무런 성과 없이 대통령은 정상적인 국정수행이 어려운 상태이며 여당은 지리멸렬되어가고 있는 느낌이다. 야당은 야당대로 정권을 잃고 단 하루도 쉬지 않고 싸워오면서 발목잡기를 넘어 상대가 없어 판이 깨어질까봐 두려운 마음이 들 정도가 되었다. 권불십년이라고 하지 않았는가? 여당이 야당되는 건 민주주의의 다반사일텐데 우리는 그 다반사가 늘 엄청난 소용돌이를 몰고 오기 때문에 사람들은 정권교체기를 불안한 시선으로 바라보는 것이다.

개혁에 환호를 보내던 국민들은 냉소와 좌절감으로 움츠려들었다. 애초부터 노무현 정권을 인정하지 않던 사람들은 이제 세상이 '바로잡힐' 날이 가까워왔다고 한껏 기대에 부풀어 있다. 국회에서는 모든 개혁입법이 정쟁으로 변화하고 어느 것 하나 성과를 내지 못했다. 정부는 관료들의 높은 벽을 넘지 못하고 노무현 내각은 말로만 혁신정치를 내세웠지 오히려 지지자들을 배신하는 정책만 추진해왔다. 야당은 줄기차게 색깔론을 앞세운 이념공격으로 정통적지지자를 더욱 극우적으로 단결시키고 구조적 경제문제와 노정권의 실정을 묶어 서민층까지 현 정권에 등을 돌리게 했다. 한국사회는 지금 말기적 갈등에 휩싸여있다. 사람사이에 믿음이 메마르고 서로간의 언어가 통하지 않으며 저마다의 격한 논리로 공격의 발톱을 세우고 있다. 사실 한나라당이 집권을 한다 해도 이 말기적 사회현상을 푸는 데는 뾰족한 수가 없을 것이다. 그들의 극우적 이념성은 자유주의적인 국민의 저항을 감당하기 어려울 것이며 구조적인 한국경제의 제 문제들을 그렇게 쉽게 풀 수 있을지 미지수다. 경부운하 철도폐리를 보면서 더욱 난감해 지기만 하는 것은 나만의 염려가 아닐 것이다. 강압적인 통치만 해본 그들의 이력만으로는 개방된 한국사회를 감당하기가 그리 쉽지는 않을 것이다. 재집권을 위한 정계개편은 왠지 공허하게 들리고 당내 예선통과는 곧 대권이라는 한나라의 확신도 국민들에게 희망을 주지 못한다. 한국사회의 총체적 난국은 바로 낡은 헌법질서에서 비롯된 측면도 적지 않다. 변화무쌍한 한국사회에서 임기응변식 개헌으로 연속된 개헌이 있은 지 벌써 20년이 지났다. 특히 헌법중 사법권의 경직성은 60년 동안 변화가 없었다고 해도 과언이 아니다. 지금 정치는 실종되고 모든 갈등을 사법부에 맡기는 참으로 위험한 나라가 된 것은 바로 헌법의 문제이다. 사법부는 새만금 행정수도등 국가정책의 최종 결정기구가 되었고 정치인들의 운명이 사법부의 의해 좌지우지되는 현상이 한국정치의 현주소다. 대화와 타협이 끼어들 틈이 없는 지금의 정치체제는 극단주의의 포로가 되었다. 이 극단주의는 분단체제를 자양분으로 하고 있고 지역주의 역시 분단체제의 변종일 뿐이다. 극단주의는 일당독재를 지속해왔고 민주화운동으로 사실상 양당체제로 제도화되었지만 끊임없이 극단주의에 시달리며 정쟁을 할 수 밖에 없었다. 지금의 헌법제체로는 한나라당이 정권을 잡아도 더 불안해지면 불안해졌지 결코 안정되지 못할 가능성이 많다. 정권을 잃은 반대세력이 과연 한나라당 정권에 순순히 동의할 수 있을까? 한나라당이 했던 방식대로 아니 그보다 더 '뛰어나게' 야당을 할 가능성이 농후하다. 지금 개헌을 이야기하면 정권을 다잡았다고 생각하는 대권주자나 기득권 양당은 정략적 발상이라고 폄하한다. 그러나 개헌은 단순한 권력구조의 문제가 아니라 지속가능한 사회계약의 문제임을 절실히 느껴야 할 때가 아닐까 싶다. 이 대목이 국민들이 진실로 걱정하는 부분이다. 누가 되어도 딱히 나아질 수 없다는 한계를 느끼고 있는 것이다. 양당제는 극단주의의 정쟁의 장이 되고 말았다. 거기엔 합리적 경쟁이 설 틈이 없었다. 분명한 자신의 의지와는 관계없이 두 편으로 갈라 설 수밖에 없는 한국사회는 더 이상 나아갈 땅이 없다. 벼랑에선 한국의 정치 상황을 새롭게 열어갈 출구는 개헌밖에 없다. 천박한 이념의 대결이 국가의 모든 것을 발목잡고 있고 있는 한 우리는 한 발짝도 나아갈 수 없다. 한나라당이 정권을 잡으면 잠시 주춤했던 또 다른 편의 극단주의는 부활할 것이다. 이는 대혼란을 가져올 것이며 그 다음엔 극우정권 내지는 극좌정권이 출현하여 한반도를 극도의 불안으로 몰아넣을 지도 모른다. 지금 한국사회는 다양한 가치와 이념을 가진 사람들이 폭넓게 리더십을 가져야 할 때가 되었다. 그것은 지역주의 양당구조로는 불가능하다. 양당구조는 극단주의가 그 뿌리에 있을 수밖에 없다. 한나라당이 야당이 되면 극우의 볼모가 되고 현 여당세력이 야당이 되면 극좌세력들이 강화될 수도 있기 때문이다. 정보화되고 인터넷 등으로 네트워킹된 사회에서 양편으로 세력화된 정치방식은 국민들로 하여금 정치를 외면하게 할 뿐이다. 국민들은 이제 어떤 당이기 때문에 선택해야 한다는 데에는 불편한 마음만 들뿐이다. 한나라당이 싫어도 더 싫은 열린우리당 때문에 선택해야 하고 열린우리당이 대안이 될 수 없는데도 한나라당이 되면 아예 나라가 전쟁터가 될 것 같은 상상으로 열린우리당의 손을 들어 주어야 하는 국민들이 아마 대다수가 아닐까? 정치는 이념과 정책을 함께 하는 사람들이 하는 것이다. 그리고 최소한의 신뢰가 필요하다. 그러나 지금 양당의 모습은 이념과 정책도 제각각이고 인간적 신뢰 또한 회복할 수 없는 정도가 되었다. 이들이 만들어 내는 정권욕은 국민에겐 비수가 되어 날아올 것이다. 지난 시간동안 우리 국민들의 정치의식은 많이 성숙했다. 천박한 양당의 반강제적 지지자 나눠먹기는 이제 끝내야 한다. 이것이 정개개편의 핵심이 되어야 한다. 얼마든지 자유로운 이념과 정책으로 뜻을 같이하는 사람들이 정당을 만들고 건전한 경쟁을 할 수 있는 시스템을 만들어야 할 때가 되었다. 답이 둘밖에 없는 문제를 풀어야 하는 시험지는 더 이상 정치발전을 기대할 수 없게 된 것이다. 열린우리당과 한나라당 공히 나뉘어 다양하면서도 분명한 정치시스템을 만드는 것이 국민의사 반영에 최선이라고 생각한다. 의원내각제를 포함하여 적극적인 통치시스템도 만들어야 한다. 통일을 위해 통일 이후 한반도 전체의 국가 경영을 위해 의원내각제는 가장 바람직한 시스템이라고 개인적으로는 확신하고 있다. 노무현 대통령의 '임기단축' 은 다른 표현으로 하면 '헌정중단' 이다. 다시 말해 현행헌법의 무력화이다. 현행헌법은 사실상 무력화되었다고 보는 이가 많다. 그 어떤 대통령이 나와도 지금의 정치시스템으로는 마찬가지 결과가 나온다는 말이다. 개헌이 노무현 임기단축의 또 다른 표현이 된다면 그것이 가능하다면 의미 있는 일이 아닐 수 없다. 개헌이야 말로 최고의 개혁이기 때문이다. 현재의 낡은 정체세력들은 더 이상 국민을 감동시킬 수 없다고 많은 사람들은 믿고 있다. 개헌에 대한 역사적 필요성과 범국민적 요구가 결합한다면 다시 한 번 대한민국은 업그레이드 될 수도 있다. 그러나 현행 헌법으로 계속 정권이 탄생된다면 그 답은 극단으로 치닫게 될 수밖에 없는 것이다. 12월이 시작되는 오늘 범국민적인 개헌운동을 제안한다. 정치발전을 위한 정계개편, 경직된 우리사회 시스템의 유연화, 통일을 준비하는 법적 제도적 장치 마련 등 많은 국가적 어젠더를 전일적으로 해결해 줄 수 있으며 개헌만이 20여년 쌓인 대한민국호의 난관을 헤쳐 가는 콜럼버스의 달걀이 될 수 있을 것이다.

2006년 12월 4일

4...

제3세력을 꿈꾼다.
- 함께 꿈꾸는 사회를 위하여

전쟁이 끝나고 보릿고개를 넘기가 힘겹기만 했던 시절 국민들의 한결같은 바람은 배부르게 먹는 것이었습니다. 모든 것을 유보하고 달성하고자 했던 것은 절대 빈곤의 탈출이었습니다. 섣부른 민주화보다는 권위주의가 빵문제를 해결하는데 더 효과적이라고 국민들은 생각했었습니다. 허리띠를 졸라매고 교육시키고 주야를 가리지 않고 일을 했습니다. 그렇게 경제성장을 했습니다. 1980년대 빈곤에서 벗어난 국민들은 빵 속에 저당 잡혔던 또 다른 꿈들을 꺼내놓기 시작했습니다. 정치적으로는 민주화, 사회문화적으로는 다양한 가치들이 저마다 목소리를 내었습니다. 그것은 너무도 자연스러웠고 결코 경제발전을 가로막지도 않았습니다. 국민들은 말하지 않아도 뜻이 통하는 그 시대의 함께 꾸는 꿈을 가졌습니다. 절대빈곤을 넘어 풍요로운 경제생활을 비인간적 질곡의 정치에서 방종스럽기까지한 민주화로 우리는 두 마리의 토끼를 다 잡았는지도 모릅니다. 하지만 2006년이 저물어가는 오늘 지나가는 사람들을 붙잡고 요즘 사는 게 어떠냐고 물어본다면 열 명 중 7~8명은 부정적입니다. 그 이유도 다양하며 사실도 힘들어합니다. 국민소득 2만 불을 달성하고 간첩수사를 하는데도 빰 한대 때리지 않는, 80년대의 눈으로 보아도 꿈같은 시대를 살고 있습니다. 그럼에도 사람들은 내일에 대해 그 어느 때보다도 불안해합니다. 지지율 8%도 안되는 여당은 오늘도 그들만의 무력한 몸부림을 치지만 국민들은 아무런 관심이 없습니다. 어디가 아픈지조차도 모르는 게 가장 큰 병인 것 같습니다. 민주, 평화, 개혁이라는 말이 지금처럼 값없이 대접받는 시기도 없었을 것입니다. 이는 그런 화두를 걸고 정치하는 시대는 이미 지났다는 반증이기도 할 것입니다. 또 한편에서는 대운하를 판다, 기차를 배에 싣고 다닌다면서 살기좋은 세상을 만들겠다고 합니다. 하지만 이젠 누가 정권을 잡아도 민주, 평화, 개혁이어야 하고 지속가능한 경제개발을 해야 합니다. 이제 이 둘은 상반되는 것도 아니고, 별개의 세력이 분담해서도 안되는 일이 되었습니다. 그런데 아직 우리 정치는 두 세력이 서로 자신의 가치를 확대하여 내세우고 있습니다. 사실 경제개발을 외치는 사람들 소위 보수세력들은 자유로운 사회 즉 자유민주주의를 극렬하게 외치면서도 민주화와 인권엔 소극적이었고 민주화와 인권을 말하는 사람들을 억압해왔었습니다. 박정희의 딸보다 더 박정희를 닮고 싶어 하는 이명박과 고건까지 박정희시대의 사향가를 애써 불러보고 있습니다. 우리 경제가 아니 서민들의 삶의 질이 박정희 시대만큼이나 힘겨운 것도 사실이지만 경제외적인 이유와 착시현상에 의한 면도 없지 않습니다. 10년간 정권을 잡아보았던 민주화 세력도 그들의 이상을 실현하는 데는 그리 만만치 않음을 깨달았습니다. 수 십 년간 엄청난 희생을 감내하며 민주화운동을 했던 그 가치를 높이 사 국민들은 그들에게 10년간 이 나라를 맡겨보았습니다. 이제 또 다시 재집권을 하려고 하니까 힘이 없어져 버린 것입니다. 그 세력의 본전이 다 드러난 것을 국민들이 알아버린 것입니다. 민주화, 개혁, 평화 이것만 외쳐서는 왠지 철지난 장타령 같고 지도자로서 천박해보이기까지 합니다. 이는 경부운하, 열차페리를 운운하는 것과 한 치도 다르지 않은 느낌이 드는 것입니다. 노무현 정권은 민주화 세력의 막차였지 새시대의 시작이 아니었음을 이제 우리들은 확인했습니다. 이제부터 우리는 얼마간의 방황을 할지도 모릅니다. 아니 이미 그 방황이 시작되었다고 하는 것이 정확할 것입니다. 썬그라스를 쓰고 경제개발을 외치는 '불도저'와 민주화를 소리 높여 외치는 돈키호테만이 정치권을 양분하고 있지만 방황의 끝엔 분명 우리 모두가 함께 꾸어야 할 꿈을 간직하고 있는 새로운 인물이 있을 것입니다. 그는 나라 살림의 이치를 잘 알아 풍요로우면서도 골고루 나눌 줄 알고 자유롭게 자신을 내세우면서도 이기적이지 않으며 진정 인류의 평화를 위해 우리 민족의 통일을 이루어 낼만한 깊은 웅지를 가진 인물일 것입니다. 이 사람은 온 국민들의 뜻이 모아질 때 나타나게 될 것입니다. 그 때까지 우리는 방황해야 할 것 같습니다. 그 때가 언제인지 그가 누구인지는 아무도 모르지만 우리에게 그를 기다리는 꿈이 있는 한 반드시 그 때와 그는 우리에게 올 것입니다. 열린우리당의 모습을 보면서 그리고 현 정부의 어처구니없음을 확인하면서 이제 민주화운동은 그 역사적 역할을 다했다는 생각을 했습니다. 그렇다고 박정희 패러다임은 더더욱 아니라는 것도 강조하고 싶습니다. 이제 국민들 마음속에 투쟁의 갈등을 불어넣는 리더십은 끝내야 할 것 같습니다. 물론 그렇게 해서 정권을 잡는다 해도 노무현 정권보다 훨씬 빠른 시간 안에 흔들려버릴 것입니다. 지금의 리더십으로는, 목소리가 격앙되어 있는 두 세력으로는 우리의 문제를 풀 수 없다는 것을 국민들은 너무도 잘 알고 있습니다. 그래서 제3세력과 제3의 지도자를 기다리는 것입니다. 다함께 꿈꾸는 세상을 위해서 말입니다. 이런 꿈과 기대로 한 주일을 시작해보심은 어떻겠습니까?

2006년 12월 11일

...5

어떤 상상

오늘 아침 문득 이런 상상을 했습니다. 세끼 밥 먹고 추위와 비바람 견딜 만한 집 있고 고단하지만 보람 있는 일터가 있으면 더 바랄게 뭐 있냐고, 내 자식이 최소한 나보다는 지혜롭고 건강하다면 자식에게 뭘 더 바라겠느냐고, 부모님 늙어가는 것은 어찌 할 수 없지만 그저 천수를 다 하도록 함께 한다면 뭐 더 바랄게 있냐고, 나에게 특별한 도움은 못준다 해도 아무리 오랜만에 만나도 반갑게 안부를 물어주는 친구가 있다면 더 바랄게 없는 친구 아니겠냐고, 비록 체제가 다르고 나쁜 과거를 서로 가지고 있다 해도 서로 절대 전쟁 따위는 하지 않겠다고 약속을 하고 그러면서 조금씩 서로의 잘못된 것을 고쳐나가는 남북이라면 뭘 더 바라겠냐고. 그런데 이렇게 상식적이고 보통스럽고 소박한 바람이 우리에겐 이상이라는 겁니다. 왜냐하면 어느 것 하나도 쉽게 이루지 못하고 있으니까요. 먹고 살기 힘들다고 집 한칸 없다고 일자리가 없다고 부모 자식 친구와 사이가 안 좋다고 상대 당 때문에 북한 때문에 되는 일이 없다고 그래서 우리는 참 불행한 나라에 살고 있다고 많은 사람들은 그렇게 여기고 있습니다. 지금 우리사회는 제가 보기에도 확실히 활력이 없습니다. 열정이 식어버린 사회 그것은 합의된 이상이 없는 사회의 특징입니다. 조건이 활력을 떨어뜨리지는 않습니다. 오히려 더 도전하게 합니다. 활력은 꿈이 없을 때 떨어집니다. 기껏해야 돈 성공 따위가 사회의 어젠더인 천박성으로는 사회의 활력을 국민의 열정을 높일 수가 없습니다. 새마을 운동에도 턱없이 미치지 못하는 국민통합력을 국민들은 절실히 느끼고 있습니다. 유신시대와는 전혀 다른 대중들을 유신시대의 아류들이 이끌고 있는 듯한 착각을 갖게 하는 요즈음입니다. 그래도 압도적으로 지지한 다수의 유권자들은 자신을 손목을 탓하면서도 좌익만 아니라면 그 어떤 고통도 감내하리라고 인내심을 발휘하고 있습니다. 사실 이대목이 우리민족의 아픔의 본질입니다. 그래도 우리는 꿈을 꾸어야 합니다. 하나님이 함께하는 사람만이 꿈을 꿉니다. 이제 다시 너무나도 상식적인 상상을 우리의 꿈으로 대중의 이상으로 국가의 목표로 해야 합니다. 그 상식적이고 소박한 소망을 좌익이라고 하는 사람이 있다 해도 무릎쓰고라도 해야 합니다. 사실 노무현 정부의 결정적 잘못은 이 상식이 이루어질 거라고 환호했던 대중들을 배신한데 있습니다. 최소한 한탄강에서는 그렇습니다. 일일이 열거하지 않아도 노무현 정부 자신은 알고 있을 것입니다. 상식의 옹호자들을 대변한다고 해서 뜨겁게 지지를 받았는데 정작 지지자들은 배신하고 엉뚱한 일만 했던 것입니다. 작은 돈에 유혹당하고(이는 주변사람들도 마찬가지였습니다) 자신들의 지지자들이 진정 원하는 일들은 철저히 무시하고 말았던 노무현 정권은 지금 동정마저도 잃게 되었던 것입니다. 이렇게 상식을 좌절당한 국민들은 돈에 신기루 같은 성공에 한 표를 던진 것입니다. 상식을 외치던 세력이 기진맥진한 탓이 더 크지만 그 선택의 책임으로부터 자유로울 수 없는 시간이 한동안은 될 듯 싶습니다. 지금 우리의 외양은 화려하고 거대하고 최첨단인 것 같지만 그 속은 초라하기 이를 데 없습니다. 어디를 들여다 보나 매양 비슷합니다. 교회도, 학교도, 마을도, 공공기관도, 기업도, 가정도 그 겉치레는 초현대식이나 그 속에 있는 사람들은 참으로 초라한 영혼을 가지고 있습니다. 어쩌면 자신을 인식하지 못하고 살아가는지도 모릅니다. 6.25전쟁이 임진왜란만큼이나 오래전에 일어났다 해도 좌우

논쟁을 일생의 삶의 목적으로 삼을 사람들이 이 시대의 상식을 가리고 있습니다. 사실 극우단체가 삐라 뿌리는 것을 묵인할 때 남북관계의 종언은 예고된 것이었습니다. 권력은 늘 극단과 정상배의 아첨을 경계해야 하는데 쉽지는 않은 모양입니다. 그러나 국민들의 마음속에 있는 소박한 바램을 국가의 이상으로 목표로 환원하는 일은 우리가 존재하는 한 하나님의 사랑을 깊이 있게 이해하는 한 멈출 수 없고 멈추어서는 안 될 것입니다.

저는 다시 처음부터 자신을 바로 세우는 일부터 비록 이젠 아무 영향력이 없다 해도, 언제 이루어지겠냐고 해도 다시 시작하렵니다.

2009년 5월 11일

6...

개헌의 때가 이르렀다.

1972년 7월 4일 공동성명이 발표될 때 순진한 국민들은 금방이라도 통일이 되는 줄만 알았다. 그러나 그해가 가기도 전에 통일은 10월 유신헌법으로만 가능하다며 순식간에 모든 염원은 유신통일에 갇히게 되었다. 소위 유신 헌법은 79년에 그 형식적 수명은 다했지만 내용적으로는 전두환의 5공 헌법으로 연장되어 87년까지 계속되었다. 그 15년 동안 한국 사회는 한 사람의 최고 권력자가 죽고 광주민중이 학살당하고 수많은 청년학생 지식인들이 죽었고 6월 항쟁이라는 역사적 저항을 불러일으키며 급기야는 새로운 헌법을 만들게 되었다.

6월 항쟁은 억눌렸던 국민들의 자각운동이었고 이는 대통령 직선제로 완결되었다. 이 아홉 번째 개헌으로 한국의 민주주의는 상당부분 진전되었고 구세력과 신세력이 사이좋게(?) 10년씩 정권을 나누어도 보았다. 87년 이후 각 분야의 발랄한 변화는 민주화가 얼마나 사회 발전의 중요한 동력인가를 잘 보여주고 있다. 그러나 87년 체제도 이제 그 한계를 분명히 보여주고 있다. 더 이상 확대된 국민들의 요구를 담을 그릇이 될 수 없다는 반증이 요즈음의 위기가 증명하고 있다.

현재의 대통령제는 누가 대통령이 되든 위기의 대통령이 될 수밖에 없다. 노무현 대통령이 탄핵을 당하고 자살을 택하고 이명박 대통령이 사면초가의 처지가 된 것은 이념의 양극화를 부추기는 대통령제가 큰 역할을 하고 있다. 즉, 분단이념이 강력한 토양위에서 대통령 중심제는 더 이상 통치력을 확보하기 힘들기 때문이다. 5공 이전과 같은 독재이거나 분단 상황이 아니라면 문제는 다르겠지만 지금의 대통령제는 이념의 양극화를 견디기가 어렵다. 그러기에 자꾸 독재의 유혹에 빠져드는 것이지만 결코 국민은 용납하지 않을 것이다.

세상은 어디나 보수적이고 진보적인 사람들로 나눠지게 되어 있고 그것이 사회 발전의 원동력이기도 하다. 그것은 경향적으로는 경제적 처지에 근거를 두지만 반드시 일치하는 것만은 아니다. 저학력사회가 더 극단주의에 더 취약한 역사적 경험들을 우리는 많이 보았다.

한국 사회는 극단적인 세력들이 분단을 매개로 존재하기 때문에 모든 것이 어렵게 될 수밖에 없다. 친일을 덮는 데 반공만한 것이 없었던 친일파들이 6.25를 겪으면서 그들의 반공은 곧 애국애족으로 탈바꿈 되었고 대한민국의 정통이라고 늘 자랑하고 있다. '주체사상의 애국애족' 이 '친일반공의 애국애족' 과 대결하고 있는 이 비정상적인 민족분단 속에 상식적이고 건전한 보수와 진보는 늘 어눌하기 짝이 없게 마련이다. 이제 극우보수들도 독자적인 정당을 만드는 체제를 만들어 주어야 한다. 반북이 자신들의 선이고 모든 것인 그들에게는 자신을 반대하는 모든 세력은 친북세력이라 말하는 것이 습관화 되었다, 그들 눈에는 남북 간의 어떤 교류도 내통으로 보인다. 그 세력이 지금 정국을 이끌고 있는데 이명박 정부의 아픔이 있는 것이다. 노무현 정권이 근거 없는 실용에 발목 잡혀 중심을 잃었다면 이명박 정권은 극우들에 둘러싸여 좌초되기 직전이다. 극우들은 이명박 정권을 물고 결코 놓지 않을 것이다. 왜냐하면 이명박 정부와 한나라당이 자신들과 일치하는 것처럼 보이고 싶어서라도 물고 놓지 않을 것이다.

이제 그들을 건전한 정치의 장으로 나오게 해야 한다. 조갑제, 김용갑, 지만

원, 김동길씨 등이 극우정당을 만들어 국민들의 선택을 받도록 해야 할 것이다. 이들의 지지층은 공산주의보다는 넓을터이니 말이다. 극우정당, 보수당, 진보당, 극좌정당 이렇게 분화되는 것이 건강한 한국 사회를 만드는 길이라고 믿는다. 사실 경상도, 전라도, 충청도 이건 아니지 않는가? 극우세력들은 경상도에 은신하면서 보수 세력이 모두 자신과 같은 마음인양 과대포장 되기를 바라지 말고 당당히 정당으로 국민의 선택을 받는 것이 당연한 것 아닐까?

극좌 세력도 마찬가지다. 존재한다면 그렇게 해보라. 최소한 남쪽이라도 민주주의 국가를 잘 만들어야 통일 운운 할 수 있지 통일의 상을 어떻게 그릴 것인가? 사람들은 막연하기 때문이다. 이 정도가 한국정치의 의식세계다. 이 희뿌연 의식세계를 분명히 해야 할 때가 되었다. 모든 것을 친북과 반북으로 나누려는 극우세력이 자신들을 세련되게 정치세력화 하지 못하고 자신들의 이익을 위해 양극화를 강화하는 지금의 정치풍토를 완전히 개편해야 한다. 대통령 1인에게 집중된 권력은 범 보수, 범 진보만 요구할 뿐이지 극단주의로 치닫는 것을 막을 길이 없게 되었다. 지나친 경쟁은 늘 극단주의에 기대게 되기 때문이다. 스스로를 우파라 부르는 극우세력들은 반대자를 좌파로 부르면서 친북과 동일시하는 이 사회의 낮은 정치의식을 더 이상 방치하면 사회는 점점 더 퇴락해 갈 것이다. 열 번째 개헌은 이 지점에서 논의를 시작해야 한다. 한국사회의 퇴행적 갈등의 원인이 무엇이고 이를 극복하여 정상적인 사회로 나아갈 수 있는 방법을 모색하는 진지한 작업이 바로 열 번째 개헌의 핵심이 되는 것이다. 또 열 번째 개헌의 핵심은 여전히 권력독점의 문제일 것이다. 독점된 권력이지만 그 독점을 발휘하지도 못하고 늘 갈등의 중심이 되어버리는 지금의 대통령제, 그것은 한국사회의 적대적 이념의 토양 때문에 이미 그 한계를 분명히 보여주었다. 대통령제 보다는 내각제나 이원집정부제가 시대와 조건에 맞게 되었다. 극우주의도 민노당이나 진보 신당처럼 참여하도록 하면 이념 갈등도 수준 있는 해소를 바랄 수 있을 것이다. 이에 중선거구제와 양원제도 폭넓게 검토할 수 있다. 또 열 번째 개헌의 중요한 측면 하나는 선출되지 않는 권력인 검찰과 사법부를 새롭게 위상정립 해야 하는데 있다. 외압을 인정한 임채진 총장의 하소연과 신영철 스캔들이 검찰 사법부의 개혁을 웅변하고 있다. 임용과 재판제도 그리고 주요법관의 선출(간선도 포함)까지 폭넓게 시대적 요구에 부응하는 개헌이어야 한다. 정의와 진리는 사법부가 올바로 서지 않는한 탁상공론에 불과하기 때문에 더욱 절실하다.

검찰과 사법부는 지금 위기의식을 갖고 있다. 87년 헌법이 군인들을 자유롭게 하는데 그 깊은 시대적 의의가 있었다면 열 번째 개헌은 검찰과 사법부를 자유롭게 하는데 있다. 열 번째 개헌은 미래지향적이고 국제화된 세계 속에서 진정한 통일국가를 만드는 기초를 분명히 하는 역사적인 작업이다. 평화 헌법이고 미래 통일국가의 프레임이어야 한다.

국제사회의 리더국임을 자임하고 세계인으로부터 인정받는 자랑스러운 개헌이어야 한다. 한국의 민주주의는 경제 개발만큼이나 인위적이었다. 헌법을 바꿀 때마다 엄청난 사회적 변동이 있었다. 그러므로 개헌을 말한다는 것은 더 이상 국민의 요구를 수용할 수 없는 지경에 이르렀다는 징표이기도 하다. 혹자들은 헌법을 자주 바꾸는 것을 수준 낮은 일로 생각하는 경향이 있다. 그러나 헌법도 국민을 위해 존재한다는 것이다. 우리의 장점은 헌법 개정을 통해 짧은 기간 내에 민주주의를 발전시켜 왔다. 지금 국민들은 작금의 위기로부터 벗어나고 싶어 한다. 그것을 개헌으로 수용할 때가 이르렀다. 87년 체제는 우리 국민들에게 이미 고루하다. 이 체제가 계속되는 한 국민 소득은 2만불에서 계속 뒷걸음질 할지도 모르고 정치는 더욱 낙후되어 모든 분야의 발목을 잡고 남북갈등은 늘 일촉즉발의 긴장으로 국제사회 속에서의 위상이 3류 국가로 전락 될 수밖에 없을 것이다. 개헌의 때가 이르렀다고 힘주어 말하는 이유가 바로 여기에 있다.

2009년 6월 8일

7...

세대 공감, 386과 6.25

386세대는 현대 정치사에서 아주 강한 세대적 공감을 가진 최초의 의미 있는 세력이다. 이 세대와 비견되는 세대는 625세대 밖에 없다. 386세대와 625세대는 우리사회 정치세력의 두 축이다. 그리고 아이러니하게도 현존하는 6.25를 경험한 세대의 자식들이 386이다. 386의 부모들은 6.25를 가장 예민한 청소년기에 겪고 전후 복구와 경제성장을 이끌었던 세대들이다. 그들의 이념은 완고한 반북이다. 스스로 공산화를 막고 반쪽이나마 자유민주주의를 지키고 산업화에 성공하여 먹고 살만한 나라를 만든 장본인이라는 자부심이 대단하다. 그들은 박정희를 존경하고 차마 전두환을 존경한다는 말은 못하지만 마음으로는 용납할 수도 있는 세대들이다. 이 세대는 친일극우들과는 다르지만 가끔 그들과 혼동되기도 한다. 그들의 성장과정은 권위주의에 익숙해 있다. 북한이라는 절대 악과 비타협적인 지도자를 본능적으로 원하고 있다. 상대적으로 시대적 유연성은 떨어지지만 386에 버금가는 아니 386보다 더 지지층이 완고한 정치세력이다. 노령화사회에서 더 적극적인 정치력을 발휘하고 있다. 이는 작금의 북 핵과 맞물려 한층 고조되고 있다.

625세대는 386세대들을 비 호감을 넘어 위험한 세력으로 간주하기도 한다. 게다가 극우들의 386죽이기에 동조하는 심정적 지지를 보내기도 한다. 아들의 진보를 적대시하는 아비의 아이러니 이것이 우리시대의 세대 공감이다. 그럼에도 386세대는 625세대를 부정하지 않는다. 왜냐하면 아비이기 때문에. 아비세대의 고통과 좌절과 놀라운 헌신성을 우리는 너무나도 잘 알고 느끼고 있다. 그 긍정성이야 말로 386세대가 이어가야 할 귀중한 인간적 가치요, 자산이다. 사람은 나이가 들면 누구나 보수적이게 된다. 그것은 당연한 것이고 정당한 것이기도 하다. 역으로 젊은 시절에는 누구나 진보적이고 변혁적이다. 그것은 젊음의 특권이고 사회발전의 밑거름이다. 왜냐하면 625세대도 그 아비의 고루함을 힐난 한 적이 있을테니까. 625세대가 친일 극우세력들에게 휘둘리지 않고 386세대가 위험한 세력이 아니라면 두 세대는 서로의 장점을 인정하고 내면화 하는 성숙한 세대 공감이 절실히 필요하다. 사실 6.10 범국민대회의 참석자 대부분이 3~40대였고 보수집회의 대부분은 6~70대인 것을 보면 이러한 세대 공감은 더욱 필요하다. 극우세력들은 어떻게 해서라도 386을 무력화시키고 자신들의 입맛에 맞는 사람들을 뒷 세대의 주류로 만들고자 무진 애를 써왔다. 이는 386의 미숙함과 결부되어 일정정도 성공(?)을 했다. 사실 세대 공감이라는 것이 무작정 동시대를 살았다고 해서 만들어 지는 것도 아니다. 6.25와 같이 자신의 의지와는 무관하더라도 전쟁에 준하는 엄청난 사건을 함께 겪으면 적과 아를 구분하는 공감이 형성된다. 또 80년대처럼 함께 손잡고 의식적으로 시대를 돌파하려는 의지가 서로 교통하든가 그 어떤 것이 있어야 한다.

X세대니 N세대니 하면서 386 이후에 포스트 386을 만들어 보려고 노력해 보았지만 아이디어에 지나지 않는다는 걸 우리는 확인했다. 6.25 이후 80년 이전까지는 625세대를 넘을 수 없었다. 386 이후 지금까지 386의 경험을 능가는 세대가 출현하지 않고 있는 것과 마찬가지다. 어느 세대든 세대 공감이 강할수록 강한 정치력이 나오게 되어 있다. 우리민족의 많은 고통의 근원은 분단이다. 이를 어떻게 극복할 것인가에 대한 다양한 입장이 사실은 정파라고 부르는 구분이다. 본래 이념이란 미움의 도구다. 이념이 있고 미움이 만들어진 것이

아니라 미움을 강화하고 효과적으로 전파하기 위해 이념은 만들어진다. 지금 우리는 상상할 수 없는 격변이 일어날 수 있는 현실이지만 그런 일이 일어나기 전까지는 당분간 625세대와 386세대와 같은 강렬한 세대 공감은 없을 듯하다. 그러므로 386세대의 그 정치사회적 책임은 매우 크다. 625세대는 그들의 자식으로 386 세대를 키웠다. 전혀 달라 보이지만 우리 사회의 움직일 수 없는 세력이 되었다. 그러면 386의 아이들은 어떤 세대가 될까? 625세대들은 전쟁과 가난을 극복하고도 그 전쟁의 적을 미워하기 보다는 포용해야 한다는 386을 낳고 기른 세대다. 386은 자신들을 극복할 아이들을 낳고 기르고 있는가? 시대의 흐름은 한 개인이나 세대의 욕심을 허하지 않는다. 절대 악으로 존재하는 북한도 머지않은 날 새로운 세대로 넘어가게 되어 있다. 6.25를 경험한 세대들이 남이든 북이든 그 증오의 강렬한 기억을 지울 수 없었듯이 새로운 증오, 즉 전쟁이라는 재 점화가 없는 한 남북 세대 간의 증오는 쇠미해져 갈 것이다. 그러나 그 기억을 더욱 또렷이 하고 다음세대에도 더 큰 증오를 유산으로 물려주려는 어리석음이 우리 속에 있다. 서울광장에서 나는 그 어떤 외침 보다 이런 고민을 했다. 내 아이는 제대로 키우고 있는가? 그들을 적대시 하지 않을 수 있는가? 40대 검둥이 오바마를 자신들의 대통령으로 인정해 주는 70세 백발의 앵글로 색슨이 나도 되고 싶다. 우리도 얼마를 더 기다리고 노력해야 할까? 지금의 북한체제와 사상도 아니고 친일 극우의 욕심도 아닌 제3의 생각들이 참 좋은 생각들이 많은데도 질식되어 버린 오늘 다시 한 번 386세대의 분발을 기대해 본다. 625세대의 근면과 헌신과 인내심을 물려받아 오늘을 되살려야겠다. 6.25가 6.15가 되기까지 얼마나 많은 아픔이 있었는가? 그 6.15가 다시 6.25가 되려는 데도 우리들은 왜 이리 무력할까?

2009년 6월 15일

...8

존경하는 선배 · 동료 의원 여러분

포천 · 연천 출신의 이철우입니다.

국회의원이 되려면 모두 나름대로 소설 같은 인생 역정을 가지고 있으며 이 나라 최고의 능력을 각 분야에서 가진 분들이라는 것을 의원이 되고서야 확실히 알게 되었습니다. 그래서 우리끼리는 그것을 알기에 늘 "존경하는" 이라는 수식어를 자랑스럽게 붙이는 것입니다. 저도 잠시나마 그 일원으로 있었다는 것을 지금 이순간도 자랑스럽게 간직하고 있습니다. 변화와 개혁을 염원하는 포천 · 연천 주민들의 지지와 성원으로 함께 했던 지난 1년은 제 인생에서는 가장 기억되는 시간으로 남을 것입니다. 그동안 선배 · 동료 의원 여러분의 사랑과 도움으로 국민들의 바람과 나라의 미래를 위해 열심히 일했습니다. 그러나 부족한 탓에 끝까지 함께하지 못해 죄송한 마음 금할 길 없습니다.

하나님 앞에는 비록 초라한 죄인이지만 사법부의 판단을 받아야 할 선거법은 위반하지 않았습니다. 그래서 저는 늘 당당합니다. 오히려 저에게 더 많은 공부의 기회를 주신 하나님께 감사드리며 의원님들의 성공적 의정 활동을 기원하겠습니다. 사법부와 언론이 지난 어두웠던 독재 시절을 기억치 못하고 민주화된 사회에서 완전한 독립을 얻었기에 스스로 잘못을 범하고 있습니다. 이는 타의에 의한 잘못보다 더 슬픈 일이 아닐 수 없습니다. 악법은 법이지만 오심은 영원히 오심일 뿐입니다. 역사와 국민은 이를 알고 있을 것입니다.

존경하는 의원님!

우리의 비전은 세계사적이고 우리의 할 일은 십자가의 길이 아닐 수 없습니다. 그리고 우리의 모습은 각양각색입니다. 하지만 아름다운 무지개와 같은 당을 만들어야 할 것입니다. 서로 살아온 내력은 무지개의 일곱 빛깔처럼 다르지만 태양 빛을 받으면 아름다운 무지개가 되듯이 말입니다. 1년 동안 많은 의원님들을 만나면서 이런 생각을 했습니다. 편견과 아집은 버리고 통찰과 이해로서 비전을 함께하는 당이 우리가 이뤄내야 할 일인 것 같습니다. 그래야 국민들이 아름다운 무지개를 만들지 않겠습니까?

저는 어디에 있으나 담대하고 행복하게 살 것입니다. 왜냐하면 저에게는 늘 하나님이 함께 하시기 때문입니다.

존경하는 의원님 여러분!

이제 국회를 떠나면서 부족한 제가 한 가지 간청을 드리고 싶습니다. 부디 헤아려 주십시오. 지금 감사원 감사중인 한탄강 댐 계획을 백지화 시켜 주십시오. 이는 지난 5년간 우리 지역 주민들 양심적인 국민들, 전문가들이 부도덕한 계획으로 끊임없이 문제 제기를 해왔으며 지난 국회에서도 이를 감사청구하기에 이르렀습니다. 한탄강 댐은 거짓과 부패한 사업입니다. 이를 백지화 해 주십시오. 노무현 정부의 성패를 좌우할 만큼 중요한 잣대가 되는 사업입니다. 임진강 유역 수자원 및 홍수 대책은 근본적으로 재정립 되어야 할 것입니다. 간절히 부탁드립니다. 한탄강 댐 건설은 망국의 시작입니다.

존경하는 의원님!

이제 홀가분하게 새로운 길을 떠납니다. 그동안 보내주신 사랑과 도움은 영원히 제 가슴속에 남아 있을 것입니다. 그리고 의원님들이 우리의 희망입니다.

의원님들의 건강과 국민의 사랑받는 의정활동을 위해 기도하겠습니다.

감사합니다.

2005년 3월 28일
이철우 드림

9...

우리는 이런 후보를 원합니다.

지역 주민을 만나 어떤 후보를 원하느냐고 물어보았습니다. 정직하고 참신한 사람, 젊고 실력 있는 사람, 우리 지역 경제를 발전시킬 수 있는 사람, 서민을 먼저 생각하는 사람, 포천의 교통문제를 해결해 줄 사람 등. 사람들이 바라는 모든 조건을 갖춘 사람이 과연 누구며 그리고 있겠는가? 정치란 어느 한 사람이 만들어 가는 것은 아닐 것입니다. 많은 사람의 이해가 엇갈리고 생각이 다르기에 어쩌면 최대 공약수를 찾아내는 작업이 정치가 아닐까 생각해봅니다. 그 최대 공약수를 찾기 위해 최대한 많이 참여해야 민주주의는 이루어지는 것입니다. 여러분은 진정 어떤 후보를 원합니까? 마음속으로는 이상적인 후보가 있었으면 진정 깨끗하고 능력 있는 정치인이 이 지역과 나라를 맡았으면 합니다. 그러나 막상 선거에 참여할 때의 모습은 그냥 분위기에 휩쓸리고 맙니다. 후보의 자질 따위는 생각해 볼 겨를도 없습니다. 누구하고 친하니까, 나하고 동문이니까, ㅇㅇ당이니까 이런 단순한 생각들이 진정 우리 맘속에 품고 있던 진정 바라는 후보의 모습을 까맣게 잊게 합니다. 아니면 아예 참여하지 않습니다. 마땅한 후보가 없다면서 말입니다. 이런 후보는 어떻습니까? 어린 시절부터 자라온 환경을 다 아는 사람들이 이번 선거에 나옵니다. 그들의 성품도, 인격도, 신앙도 사실 다 아는 사람들일 것입니다. 학식과 철학, 세계관도 조금만 관심을 가지면 다 알 수 있습니다. 그들이 얼마나 노력하며 살아왔는지 얼마나 깨끗하게 주민을 위해 봉사할 수 있는지 조금만 마음을 비우고 생각하면 다 알 수 있습니다. 어려운 환경에도 열심히 공부하고 자신의 직업에 충실하여 그 일을 통하여 많은 사람을 도우며 틈틈이 지역사회의 각종 봉사활동에 참여하여 나와 이웃과의 관계를 배우면서 살고 있으며 생기는 것 없지만 어려운 사람을 보면 자신의 주머니를 털어서라도 도와주고 이웃의 기쁨을 내 기쁨으로 여기고 어려운 일에는 마다 않고 앞장서는 그런 사람을 여러분을 원하고 계십니다. 여러분의 자식을 그렇게 키우고 싶을 것입니다. 그러나 실제 저 후보가 장래 우리 아들, 딸의 모습이라면 하고 한번이라도 생각해보고 후보를 골라본 적 있으십니까? 지금 우리의 아이들은 희망찬 미래를 향해 열심히 공부하며 자라고 있습니다. 그들의 미래를 위해 우리는 아이들의 눈으로 단 한 순간이라도 생각해 보아야 합니다. 우리 자식들은 세상에서 최고의 사람으로 만들고 싶으면서 왜 후보만은 그렇게 꼼꼼히 살피지 않는 걸까요? 자식이 사랑스럽습니까? 자식의 행복을 원하십니까? 그러면 이런 후보를 구해야 합니다. 어떤 환경에서든 열심히 살아온 사람, 비록 크진 않지만 자신의 일을 성취한 사람, 학력이 아니라 세상의 이치를 아는 지혜가 있는 사람, 포천 · 연천에 살지만 이 나라의 앞길을 생각하는 사람, 두루 경험이 있어 모든 일에 창조적이고 섬세한 사람, 무엇보다 사람에 대한 사랑이 깊은 사람, 스스로가 부족함을 알고 많은 이의 도움을 구하는 사람, 가난하여도 검소하여 구차하지 않은 사람, 하늘을 우러를 줄 아는 깊은 신앙이 있는 사람 어떻습니까? 찾을 수 있겠습니까? 아마 여러분의 아들, 딸이 이런 사람이 되었으면 좋겠다고 생각하실 것입니다. 그렇습니다. 여러분이 자식에게 바라는 그 모습을 후보에게도 적용해 보십시오. 후보는 자식만큼이나 우리들의 삶에 영향을 미칩니다. 잘못 뽑아놓고 4년 내내 근심걱정하며 원망하는 부모가 되시렵니까? 우리는 이런 후보를 구합니다. 주민을 걱정하지 않게 하는 효자 같은 후보를 구합니다.

2006년 3월 첫째 주 월요일 아침에

10...

좋은 후보를 고르는 방법

공자의 論語는 정치철학이라고 해도 과언이 아니다. 천하를 경영하고픈 꿈을 가졌던 孔 氏는 전국을 떠돌며 숱한 사람들을 만난다. 그때마다 孔 氏는 세상의 더러운 모습을 너무 많이 보게 된다. 論語의 陽貨 편에 보면 지방사람들의 위선을 그린 대목이 나온다. 子 曰 鄕 原은 德之賊也니라.

향원은 덕의 적이다. 여기서 향원은 시골(지방) 사람들 중에 근후해 보이는 사람이다. 流俗을 함께 하고 더러움에 영합하여 세상사람들에게 잘 보이기 때문에 시골 사람중에서 홀로 근후하다고 칭송을 받는 사람을 일컬어 鄕原이라고 했다. 고려시대에는 호족이고 조선시대에는 지역의 토호양반들이었으리라. 요즘 말로 말하면 지역유지라고 표현하면 근사할 것이다. 德과 비슷하나 德이 아니어서 도리어 德을 어지럽히기 때문에 德의 賊이라고 한 것이다. 겉으로는 근엄한 체, 온갖 적선을 다하는 듯 하지만 알고 보면 세상의 德을 가리는 사람들이라는 것이다. 孔 氏는 이런 사람을 가장 미워했다. 예수도 사람들을 모두 사랑하고 용서한 게 아니다. 뇌물을 받고 거짓 판결을 일삼는 서기관들, 하나님을 팔아 자신의 영달을 꾀하는 겁 많은 제사장들. 많은 사람들이 보는 앞에서 기도하며 경건한 체 하는 바리사이와 사두가이를 독사의 자식들이라 저주하였다. 공자든 예수든 세상에 진리를 부둥켜 안고 살았던 분들의 증오 대상은 似而非였다. 지금 열린우리당의 시련과 위기도 이와 같은 이유에서 이다. 개혁, 민주, 평화, 통일을 외치는 似而非들 때문에 당이 해체될 위기에 다다른 것이다. 한나라당도 극우 파시즘의 뿌리를 여전히 유지하면서 겉모습은 보수정당을 자처하고 있다. 似而非 보수다. 눈을 지역으로 돌려보자. 지방선거가 네 번째 치러지면서 많은 부분 개선이 되었다고는 하지만 여전히 유권자들로 하여금 실망스럽게 하는 것은 후보자들의 면면인 듯하다. 20代 유권자들을 만나 보았더니 "누가 되어도 똑같죠 뭐~" 아주 시니컬하다. "그래도 참여해야지 더 나은 사람이 있을 것 아니냐" 되물어도 막무가내다. "바빠요", "선거 날 일해야 해요", "관심 없어요" 정치권 전반에 보내는 냉소일 것이다. 그러나 선거는 글자 그대로 후보를 고르는 일이다. 나온 사람 중에 가장 맘에 드는 사람을 고르는 것이다. '누가 가장 공자가 그토록 미워했던 鄉 原의 냄새가 덜 나며, 누가 예수가 그토록 저주했던 서기관 같은 사람이 아닐까?' 似而非를 가려내는 작업이다. 이는 진지하고도 꼭 해야 할 의무인 것이다. 논농사를 짓는 사람은 피를 구별해낼 줄 알아야 한다. 피는 얼핏 보기에 벼와 비슷하고 벼보다 더 벼처럼 생긴 것도 있다. 그러나 농사꾼은 못자리에서부터 피를 골라낸다. 그러나 초보 농사꾼은 이삭이 나와야 피인 줄 안다. 이미 때는 늦은 것이다. 여름내 피를 가꾼 것이다. 젊은이들에게 한 마디 권하고 싶다. 보통 자식들은 아버지를 존경하면서도 '나는 아버지처럼 살지 않을 거야' 하면서 성장한다. 그것이 발전이기도 하다. 20대가 보수적인 나라는 희망이 없는 나라다. 60대가 저항적인 나라는 더 절망적인 나라다. 더 엄밀히 말하면 요즘 20대의 역사의식이 너무 희박하다. 상암경기장의 응원 열기가 젊음의 모든 것은 아니다. 역사의식 없는 젊음의 열기는 아주 손쉽게 파시즘의 도구가 될 수 있음을 알아야 한다. 고뇌와 방황 그리고 도전이 20대의 특권 아닌가? 냉소주의도 자기 표현의 한 방법이기는 하지만 사회와 역사를 만드는데 기여하는 바는 그리 크지 않다. 20년 후의 자기 모습을 상상하며 오늘의 문제에 참여해야 할 것이다. 물론 20代의 이상에 어울리는 후보는 없을지도 모른다. 그러나 현실에는 가장 좋은 후보를 고르는 것이 이상적이다. 분명 좋은 후보는 있다. 찾지 않을 뿐이다. 좋은 후보를 고르는 또 하나의 방법은 누가 그 후보와 함께 하는가를 보는 것이다. 사람은 類類 相從의 특성을 가지고 있다. 성실치 못한 사람은 보통 권모술수에 능하고 대개 그런 사람들과 어울린다. 조금만 관심을 가지고 후보 주변의 사람을 관찰해보라. 여러분의 판단에 적지 않은 도움이 될 것이다. 물론 당신이 성실치 못한 사람이라면 문제는 다르지만 말이다. 5.31 이후 대한민국은 격동하게 될 것이다. 긴 호흡으로 이를 맞이할 준비를 해야 한다. 아무쪼록 좋은 후보들이 많이 선택되길 바라고 바랄 뿐이다.

2006년 5월 마지막 주 월요일 아침에

Part V

내 사랑 한탄강

…1

한탄강이 한탄강 사람들에게

나는 지금
30만년 내 생애에서 가장 큰 아픔을 겪고 있습니다.

어느 날 천지를 뒤엎는 굉음과
옛것을 남김없이 삼켜버린 시뻘건 용암이
나를 덮고 대지를 덮었습니다.

나와 함께 숨쉬던 모든 생명들은
단 하나도 살아남지 못했습니다.
사람, 짐승, 물고기, 벌레, 초목, 그 어느 것도 살아남지 못했습니다.
아니 풍요로움을 자랑하던 대지도 사라졌습니다.
용암은 꾸역꾸역 대지를 덮고 또 덮었습니다.
무엇을 지워버리고자 그리하였는지는 아무도 알 수 없지만

세상은 그때로부터 다시 시작했습니다.
지글지글 끓던 용암도 눈비에 식어가고 바람결에 더운 몸을 식혔습니다.
막막한 평면위에 내려지는 빗물은 어디로 갈 바를 알지 못하였습니다.
그러나 옛 멧부리는 마침내 본래의 물길을 알려 주었습니다.

이산 저산에서 쏟아지는 물길은 너무도 당연하게 옛 물길을 찾아 몸부림쳤습니다.
그것이 단단한 용암 껍질이었어도 나는 다시 드러날 수밖에 없었습니다.

본래의 내 하얀 속살이 드러나기까지는 수만 년의 세월이 필요했지만
그 아픔 속에서 용암대지는 다시 생명을 잉태하기 시작했습니다.
제 탄생의 비밀은 이러했습니다.

너무나도 아픈 과거가 있었기에 지금도 이 깊은 절벽 속에서 흐르고 있습니다.
나를 덮었던 그 뜨겁던 용암들이 이젠 나를 지켜주는 성이 되었습니다.
대지와 신새벽의 열락을 나누게 되자 생명들이 찾아왔습니다.
그들은 잉태하고 또 잉태했습니다.
무성하고 또 무성했습니다.

나는 모든 것을 내어주었습니다.
나는 모든 것을 받아들였습니다.

어디선가 사람들이 다시 왔습니다.
양지바른 강가에 그들은 나를 기대어 살았습니다.
나는 기뻤습니다.
다시 강으로 부활했기 때문입니다.
몇 번의 흔들림도 있었지만
나와 용암대지는 뗄레야 뗄 수 없는 몸이 되었습니다.
내 속살과는 분명히 달라도 이젠 그 용암이 내 살덩이가 되었습니다.
그 대지 속에 내 실핏줄을 박고 지금도 생명을 불어 넣고 있습니다.

뜨겁던 대지는 옥토가 되고
깎아지른 절벽은 성채가 되었습니다.
사람들의 새로운 발자취도 여기로부터 만들어진 것은 결코 우연이 아닙니다.
그것을 저는 다 보았습니다.
얼음장같이 식어버린 대지에 생명을 불어넣은 기적이 바로 저 뜨거운 용암이었다는 것을…
생명은 따뜻한 것을 추구하기 때문입니다.

사람들은 모이고 낳고 기르고 번성하였습니다.
대지는 물결이 번지듯 따뜻한 온기를 되찾아 갔습니다.
나와 대지는 더 많은 것으로 돌려주었습니다.
그리고 더 많은 것을 받아들였습니다.

사람들은 나를 건너면서 너무 많은 것을 잃기도 했습니다.
수없는 이별도, 살육도 보았습니다.
나를 사이에 두고 발을 동동 구르는 것도 얼마나 많이 보았는지 모릅니다.

사람들은 내 몸에 흡혈판을 박고 쉴 새 없이 빨아대면서 나를 놓아주지 않습니다.
먹다 남은 구정물은 다 깊은 내 몸으로 돌아옵니다.
그래도 다 받아들였습니다.
여기저기 크고 작은 생채기가 있었지만 참고 기다립니다.

전쟁의 참화도 지켜본 나였습니다.
핏물이 되어버린 나는 그것마저도 보듬고 흘렀습니다.

지금도 내 몸뚱이를 두드리는 포성이 있지만 이젠 타성이 되었습니다.

그러나 나에겐
그 전쟁의 참화보다도
사람들의 약탈보다도
더 두려운 고통이 엄습해 옵니다.
사람들이 내가 위험한 존재라고 억지를 부리며
내 흐름을 막는 것이 가장 치명적인 사건입니다.

그 두터운 대지도 뚫고 제 물길을 찾아내었는데
그렇게 인고의 세월을 흘러왔는데
이제 용암으로 뒤덮였던 아득함보다 더 아픈 막힘이 눈앞에
어른거립니다.

나는 보았습니다.
내가 죽으면 모두가 죽는다는 기막힌 과거를 알고 있습니다.
이미 사람들 사이의 진실은 질식되어 있는 줄 압니다.
모든 것을 받아들이고
모든 것을 내어주었던 순환이 절단되려 합니다.

물론 나는 언젠가 내 모습을 찾습니다.
그 뜨겁고 두껍던 용암도 나를 숨겨둘 수가 없었듯이 말입니다.
하물며 한줌도 안되는 인간 욕망의 덩어리쯤이야.
그러나 그 댓가는 바로 한탄강 사람들의 몫이 됩니다.

이제라도 늦지 않았으니
거두십시오.
나는 앞으로도 모든 것을 용납하고

또 그대들이 원하는 모든 것을 내어줄 것입니다.
그러나 하찮은 욕망의 댓가는
온전히 한탄강 사람들 그대들의 몫입니다.

어머니 품속을 떠난 아이처럼
골짜기에 숨어서 부끄러운 눈빛으로 나를 내려다보겠지만
그 때는 이미 늦은 것입니다.
그래도 기어이 그대들이 욕망의 덩어리로 나를 가로 막는다면
나는 그 답답함을 견디지 못해 몸부림을 칠 수 밖에 없습니다.

그때의 깨달음은 어리석음과 같습니다.
부디 그런 일이 일어나지 않기를 소원하고 또 소원합니다.

아! 부탁입니다.

2007년 3월 19일

2 ...

한탄강 수몰민

그들의 어린 시절은 피난민이었습니다.
그들의 부모는 일제의 '황국신민' 이었습니다.
그들은 지금 수몰민이 되었습니다.
그들의 자식 또한 수몰민이 되었습니다.
피난민이 되기를 원하는 사람은 없었습니다.
황국신민이 되기를 원하는 사람은 더더욱 없었습니다.

그러나 수몰민이 되기를 간절히 원하는 사람은 있었습니다.
아~ 뒤집어보면
피난민 만들기, 황국신민 만들기, 수몰민 만들기를 간절히 원하는 사람이 있었습니다.
조국통일을 위해서
대동아 공영을 위해서
홍수예방을 위해서
위해서! 위해서! 위해서! 였습니다.

물장구치던 지천들, 초등학교, 교회 그리고 마을 어귀의 잘생긴 느티나무
땀방울이 스며 속살까지 소금기가 배어있는 문전옥답들
지나온 삶의 부스러기들까지 다 사라져 갑니다.

언제나 빠른 사람은 벌써 살 궁리를 다했다고 부러움을 사고
누구는 팔자를 고쳤다고 으시대지만
더 깊은 골짜기로 가야할지 집단이주라도 해야 할지
서울 간 아들네 딸네는 무슨 생각을 하는지
부쩍 마음이 복잡해집니다.

지긋지긋한 부채를 갚으면 날품을 팔아도 다리 펴고 살 것 같아
은근내로 댐을 기다렸지만
돌아가는 일들이 생각 같지는 않은 모양입니다.

내년 봄
농사철이 돌아오면 논밭으로 발걸음을 옮기다가
돌아서기를 몇 번이고 되풀이 할지도 모르는 마음들이
아직은 담배연기만 허공에 날리고 있습니다.

지주와 양반과 탐관오리들이 일신의 욕심에 눈이 어두울 때 식민이
좌우로 나뉘어 제 몸이 토막이 나는 줄도 모르고 싸울 때 전쟁이
허기를 채우다 못해 탐욕이 제 영혼을 삼킬 때 수몰이
짧은 인생을 살면서 이걸 다 겪어야 하는 정노인의 기구함에
그들은 침묵했습니다.

'철거전문' 이라는 현수막과
'수몰민 우대' 라는 농협의 예금유치 현수막이 나부끼며
가득이나 심란한 수몰민의 마음을 흔들고 있습니다.

그들의 문전옥답에 무성할 가시덤불이 마음속에 먼저 싹트고 있습니다.

어서 통일이 되면 죽기 전에 고향 산천이라도 한 번 봤으면 하던 일이
아이들 고향마저 대물림으로 사라지니
고향 가까이 자리잡고 돌아갈 날 기다린 잘못이라 돌릴 수밖에
그래야 맘이 편하지 누구를 원망하랴
원망이 오히려 더 큰 재앙이란 걸 누구보다 잘 아는 터라
오늘도 빈 하늘만 바라봅니다.

아무도 그들을 돌보는 이 없지만
여기
깊은 마음으로 그들을 사랑했던 한 수몰민의
기도가 있습니다.

"하나님!
다시는 물로 심판하시지 않겠다고 무지개를 주셨던 하나님
이것은 심판이 아니시지요?
그냥 단순한 국책사업이지요?
거기에 우연히 아주 우연히 우리가 해당된 것이지요?
지난 세월의 거짓과 부패와 이를 용납하는 모든 마음들도
잘못된 것이 아니지요?
다만 제가 잘못 판단한 것이지요?
이왕 이렇게 된 마당에
오히려 홍수 조절도 잘되고
수몰민들도 이전 보다 더 행복하고
꼭 그렇게 되었으면 좋겠습니다."

그는 내년 봄에

다시 사과나무를 심는다고 합니다.

이번엔 아주 높은 곳을 찾아서…

2009년 겨울

3 ...

한탄강댐이 가능하면 대운하도 가능하다. - 대통령의 이중 잣대

이명박 전 시장의 경부운하(일명 한반도 대운하)를 놓고 노무현 대통령이 한 마디 했다. 경부운하는 시대에 맞지 않는 토목국가적 발상이고 국민을 얕잡아보는 것이라는 것이다. 이에 이명박 전 시장은 "니들이 운하를 알아?"라며 코웃음을 치고 만다. 게다가 대통령이 선거에 개입한다는 한나라당의 문제 제기도 있다. 아무튼 경부운하는 이명박의 대선행보에 로또복권이 될지 아킬레스건이 될지는 더 두고 봐야 할 듯 하다. 대통령이 탈당을 하자마자 야당의 유력 예비후보의 공약을 정면으로 부정한 것은 다분히 정치적이 아닐 수 없다. 그러나 노대통령과 청와대가 과연 경부운하를 반대할 자격이 있는가? 경부운하를 반대하는 이유는 세 가지다.

"운하가 현실에 맞는 것이냐"
"토목이 경제의 중심인 시대는 넘어섰다"
"국민을 얕잡아보는 것이다"

어느 것 하나 틀린 말이 아니다. 이것을 고스란히 한탄강댐에 대입해 보자. 한탄강댐이 현실에 맞으며 철지난 토목사업이 아니며 국민을 존중했는가? 한탄강댐의 추진과정보다 국민을 얕잡아볼 수는 없다고 단언한다. 정부기구인

감사원에서 타당성이 없고 추진 과정이 엉터리이며 예산만 낭비한다며 원점 재검토 하라고 한 한탄강댐을 고스란히 되살려 놓았다. 국무총리를 기만했는지 아니면 총리가 알면서도 속아주었는지는 모르지만 감사원을 대통령이 무력화시켰다. 국회가 청구한 감사원 감사를 이렇게 얕잡아본 정권은 일찍이 본 적이 없다. 독재정권하에서도 감사원 감사결과는 존중되었다. 이에 비하면 경부운하는 국민의 여론수렴 단계일 뿐이다. 이것이 국민을 얕잡아 본 것이라면 한탄강댐은 국민을 능멸하고 짓밟은 것이다. 이 말이 심하다고 생각한다면 대통령이 직접 한탄강댐 계획을 살펴보면 이해가 될 것이다. 한탄강댐은 토목을 위한 토목사업의 전형이다. 홍수조절능력도 없고 용수공급이나 전력생산도 없고 호수가 만들어져 수변공간이 생기는 것도 아닌 그저 댐뿐인 공사다. 공사비 1조 원 중 실제 댐공사비는 3천억 원에도 미치지 못한다. 나머지는 토지 보상비이다. 아무런 경제적 파생효과도 없는 사업이 댐 건설 같은 토목사업이다. "토목사업이 경제의 중심인 시대는 넘어섰다?" 이 말이 바로 청와대의 관념성을 잘 보여주고 있는 대목이다. 새만금, 한탄강댐, 온갖 신도시, 지역균형발전을 명분으로 한 혁신도시, 행복도시, 어느 것 하나 토목사업이 아닌 것이 있는가? 원칙과 상식을 그렇게도 신봉하는 대통령이 한탄강댐에 대하여는 왜 그렇게 나약한 모습을 보였는지 알 수가 없다. 그렇기 때문에 이명박은 노무현을 향하여 "니들이 운하를 알아?" 이 한 마디로 무시해 버린 것이다. 지금 철지난 토건세력들은 이명박이 대통령이 되길 간절히 원할지도 모른다. 경부운하는 최소 10개 이상의 대형 갑문이 필요하고 엄청난 터널과 하천 개조공사를 해야 한다. 이는 대형댐 10개 이상을 건설해야 한다. 이 어찌 반갑고 반가운 일이 아니겠는가? 지난 10여 년간 단 하나의 대형 댐을 착공하지 못한 댐 건설세력은 숨죽여 이명박 대통령을 학수고대하고 있을지 모른다. 한탄강댐은 토목국가에서 IT정보지식 산업국가로 넘어가는 상징적 시험대였다. 그러나 노무현 정부는 이 시험을 이기지 못했다. 그러므로 경부운하에 대해서도 할 말이 없다고 본다. 한탄강댐이 과연 현실에 맞는가? 불행 중 다행이지만 군사지역인 관계로 댐구간은 비교적 원형보전이 잘 되어 있다. 이제 본격적인 문제제기가 이루어질 예정이지만 동양 최대의 다락터사격장을 사이에 두고 댐을 건설하는 것이야 말로 국민을 얕잡아보는 일 아닐까? 대통령이 퇴임 후 기거할 봉하마을을 둘러보듯이 딱 한번만이라도 한탄강엘 와 보았으면 좋겠다. 퇴임 후 기거할 봉하마을 집도 중요하겠지만 한탄강댐은 수십만 명의 재산과 생명을 담보로 한 사업이라는 것을 강조하고 싶다. 대통령은 임기를 마치기 전에 딱 한번만이라도 좋으니 한탄강에 와서 한탄강댐이 과연 현실에 맞는지, 토목을 위한 토목이 아닌지, 국민을 진정 존중한 사업인지 확인해 보았으면 한다. 그리고 난 후에도 한탄강댐을 세워야 한다면 세우라. 그리고 경부운하도 건설하라. 아름다운 한탄강의 숨통을 끊는 콘크리트의 성 한탄강댐과 한강 · 낙동강의 엄청난 갑문들 생각만 해도 살기 싫은 나라의 모습이다. 다시 한 번 강조하지만 한탄강댐이 국민을 얕잡아 본 것이 아니라면 경부운하는 얼마든지 가능하다. 왜냐하면 한탄강댐 추진과정 같은 국책사업은 더 이상 없을 테니까. 아니면 대통령이 정략적이던가. 해당 사업의 타당성을 면밀히 검토하는 것이 아니라 누가 하느냐가 먼저 고려의 대상이라면 그것은 정략적인 것이다. 한탄강댐을 추진하고 경부운하를 반대하는 것은 현실을 잘 모르거나, 아직 토목중심의 경제관을 가지고 있거나, 국민을 얕잡아 보거나, 그것도 아니면 정략적이거나 이 넷 중에 하나임이 분명하다.

2007년 3월 5일

...4

한탄강댐은 똥덩어리다.

전 임진강 유역에 실로 큰 비가 왔다. 파주 · 문산 지역이 침수되고 산사태와 농경지 침수로 많은 인명과 재산을 잃었다. 그것도 96, 98, 99년 연이어 일어났다. 당시만 해도 임진강 유역은 접경지역으로 수방시설이 거의 되어있지 않았던 시기였다. 더불어 파주 · 문산의 저지대는 배수시설도 없고 통문천의 철교나 하천은 그야말로 엉망이었다. 문산천의 물이 빠져나가지 못하고 범람하여 문산 시가지는 온통 물바다가 되었다. 이에 놀란 김대중 정부는 수방기획단을 급조하여 기존에 있던 한탄강, 영평천 댐계획을 조기 추진하라고 지시한다. 이에 얼씨구나 수자원공사와 토건기업들은 한탄강댐 건설계획을 발표한다. 이때부터 수자원공사와 한탄강 주민들의 싸움은 마치 몬스터헌터 게임 같은 나날의 연속이었다. 이유인 즉 한탄강댐 계획의 허술함 때문이었다. 한탄강댐 기본계획을 수립하고 임진강 유역 수해 원인 조사를 했기 때문이다. 구두를 신고 양말을 신은 격이다. 이뿐이 아니다. 한탄강에서 2,700CMS를 조절해야 한다고 목표치를 말해놓고 정작 계획에서는 2,560CMS를 적어놓고 있었다. 이를 주민측 전문가가 지적하자 3개월간 잠적하여 부랴부랴 기본계획을 부풀리고 지역별 편차를 임의로 조작하며 짜맞추기로 하여 2,880CMS로 만들어 놓았던 것이다. 뿐만 아니다 처음에는 2만 톤의 공업용수를 공급하는 편익을 끼워 넣으며 다목적댐인 양 하는가 하면 대안비교에서는 댐 대신 제방을 쌓으려면 무려 570 km를 쌓아서 댐이 가장 저렴하다고 할 정도로 무지막지하였다. 이때부터 수자원공사는 끊임없이 그들의 기본계획이 누더기가 되어 감을 느꼈을 것이다. 주민들이 문제점을 제기할 때마다 고치고 또 고치면서 한탄강댐을 해야 한다고 옹색한 변명만 하기 일쑤였다. 처음에는 공룡처럼 다가온 한탄강댐은 도스기아노스로 변신하더니 리오레이아, 도스가레오스, 다이묘자자미, 도스팡고, 킹카챠부 키린 등 숱한 몬스터로 변신하며 주민들과 싸워왔다. 지금 초기의 수자원공사 책임자들은 거의 퇴직한 상태다. 정부의 국책사업 기본계획이 이렇게 누더기가 되어 보기는 아마 한탄강댐 사업이 처음일 것이다. 급기야 한탄강댐 기본계획은 청와대 지속가능위원회에서 "백지화하고 홍수조절댐을 세우는 것이 바람직하다"는 모순된 결론을 내린다. 환경부는 한탄강댐을 연중 15일 이하만 담수하라는 희대의 환경영향평가 협의를 하게 된다. 이에 국회도 감사원 감사를 의뢰해 감사원에서 한탄강댐 기본계획은 부풀려지고 조작되었음을 지적하고 책임자 문책을 포함해 원점재검토 의견을 내놓는다. 이때 주민들은 이제 더 이상 몬스터는 없겠다 싶어 환호하며 백지화를 확신하였다. 그러나 주민들은 너무 순진했다. 어느 날 노무현 정부는 한탄강댐 사업을 국무총리실에서 최종 검토하여 결정하겠다고 발표하면서 주민들은 새로운 몬스터의 출현을 예감했다. 토건기업과 조선일보 등 언론들의 막후역할 또한 빠질 수 없는 몬스터들이다. 압권은 2001년 유례없는 가뭄이 들었을 때 홍수조절댐이던 한탄강댐은 가뭄극복을 위한 댐으로 변신한다. 물론 2만 톤의 공업용수 공급만으로 말이다. 주민들이 환경문제를 문제제기하자 우리의 친절한 조선일보는 한탄강댐에 세계 최초로 물고기 엘리베이터를 설치한다고 1면을 할애해 보도할 정도였다. 홍수가 나면 홍수조절, 가뭄이 나면 용수공급, 지역발전문제가 있으면 지역경제활성화, 아무튼 한탄강댐은 자유자재로 변신하는 몬스터 중에 몬스터다. 이보다 더 큰 상처와 아픔은 수몰민들이었다. 고향을 떠나야 되는 아픔보다 하루아침에 댐반대와 찬성으로 나뉘며 불신의 댐을 쌓았기 때문이다. 그 중 댐을 기다리며 지난 10여년을 살아온 사람들의 고통과 좌절과 상처는 그 누구도 알 수 없을 것이다. 그들은 외지 투기꾼들과 수자원공사의 부추김으로 수자원공사보다 더 절실하게 댐을 원하게 되었다. 문제의 본질은 농가부채를 갚기 위한 유일한 탈출구가 댐인 측면도 강하지만 댐을 기다리며 살아온 지난 10년은 불행 그 자체일 것이다. 이들도 처음에는 겉으로는 댐을 반대한다고 하면서 실제로는 수자원공사와 더불어 댐반대 주민을 공격하기 일쑤였다. 정부는 이를 주민간의 갈등으로 호도하고 중재하려는 웃지 못 할 일까지 했다. 차라리 물대포를 쏘는 것만도 못한 해결 방법이었다. 지난 10년 동안 수몰예정지의 땅값은 공시지가로 거의 10배가 올랐다. 댐이 된다면 댐찬성 주민은 댐반대 주민에게 감사해야 할 대목인지도 모른다. 아무튼 지역이 이렇게 붕괴되었다. 여기에 지자체의 무정견까지 보태져서 한탄강은 지난 10년 동안 강이 만들어지고 가장 큰 시련을 겪게 되었다. 지방자치단체가 아무런 노력을 하지 않고 그저 주민들을 바라만 볼 뿐이었다. 내 앞마당에 물이 들어오는데 식구들만 바라보는 가장과 무엇이 다르겠는가? 지금은 한술 더 떠 홍수조절댐을 다목적댐으로 전환하는 요구를 한다고 뒷북을 치고 있다. 한탄강댐은 마치 두더지게임처럼 들어갔다 나왔다를 반복하며 국무조정실에서 임진강특위를 만들고 1년간 검토 끝에 한탄강댐을 기존의 규모를 반으로 줄여 건설한다고 발표하기에 이른다. 장고 끝에 악수라는 말처럼 3.05억 톤의 규모에서 1.27억 톤으로 줄인다고 하더니 부랴부랴 장관고시 할 때에는 다시 2.7억 톤에 연중 15일 담수를 조건으로 하는 도로 한탄강댐이 되어버린 것이다. 외상매입이라는 희대의 보상방법까지 동원하여 공사현장 주변의 땅 매입까지 진행하기에 주민들은 마지막 사법부의 판단을 의뢰했다. 행정법원은 두 차례의 현장 검증을 통해 아름다운 한탄강과 댐을 세우기에는 부적절한 유역의 사정, 그리고 어마어마한 다락터 사격장,

이미 잘 정비된 파주 · 문산의 수방대책 등을 보았다. 1심법원의 민중기 부장 판사는 한탄강댐의 많은 문제점을 인정하여 댐규모를 절반으로 줄여 건설하는 방안을 합의해보라는 중재안을 내는 유례없는 조정안을 제시한다. 다시 한번 주민들은 한탄강댐이 사법부에서도 만신창이가 되는 것을 느끼면서도 이를 받아들이지 않았다. 정부도 마찬가지였다. 이런 판단에도 불구하고 중간에 법관 인사이동으로 바뀐 1심 재판부는 황당하게도 이를 뒤집고 한탄강댐은 별문제 없어 원고(주민측)의 소를 기각한다고 판결한다. 한탄강댐은 21C 만석보다. 조선의 가치가 허물어져버린 고종 30년 고부군수 조병갑은 정읍천과 태인천이 만나는 곳에 만석보를 세우고 농민들을 수탈한다. 이것이 동학혁명의 발단이 된다. 한탄강댐도 96년, 99년에 기존의 댐이 무너져 버렸다. 어쩌면 한탄강엔 댐이 필요없다는 웅변이었을지도 모른다. 홍수조절능력도 물공급능력도 없는 댐을 위해 엄청난 혈세를 걷어야 한다. 수몰민들은 그 혈세를 나누어 달라고 아우성이다. 토건세력은 그 부스러기를 먹으려고 안간힘이다. 한탄강댐 건설의 가장 큰 책임은 노무현 정부에 있다. 그것이 낭비인 줄 알면서, 그것이 부패인 줄 알면서 무엇이 켕겨서 이리저리 눈속임을 하며 고시를 했는지 그들은 알 것이다. 이제 1조원으로 시작한 한탄강댐은 아무 효용 없는 구조물을 위해 3조 아니 5조원이 들지도 모른다. 그리고 이후 관리를 위해서 더 큰 돈이 구멍 난 독에 물 붓듯 들어갈 것이다. 지금 한국경제는 저마다 위기라고 한다. 그 이유는 한탄강댐 같은 혈세낭비 사업이 도처에서 벌어지기 때문이다. 토건기업과 수자원공사, 정부관료, 언론 그리고 삶에 찌들어 옳고 그름을 분명히 못하는 백성들과 하나 되어 축조되는 한탄강댐을 보고 있노라면 자연스럽게 한 세기 전의 만석보가 떠오르는 것은 우연이 아닐 것이다. 공기업개혁을 외치는 이명박 정부는 한탄강댐 사업을 면밀히 분석해보면 공기업 개혁의 본질을 알 수 있을 것이고 전 정권의 비리의혹도 밝힐 수 있을 것이다. 이미 검찰은 수자원공사와 입찰관련 비자금을 수사하고 유야무야한 일이 있기 때문이다. 수자원공사 사장 고석구를 구속하면서 한탄강댐 입찰관련 비자금 90억 원을 수사하고도 본인이 함구하여 그 용처를 못 밝혔다고 하는 사건이 있었다. 우리는 함구하면 면죄부가 주어지는 검찰의 잣대를 이때 알게 되었다. 지금 중요한 것은 경제성이다. 한탄강댐은 그들 스스로도 경제성이 없다고 인정한다. 그러면서 경제성이 없기 때문에 국가가 한다고 괴변을 늘어놓는다. 그렇다면 홍수조절댐의 경제성은 홍수조절효과다. 한탄강댐을 세우면 파주 · 문산에 완벽한 홍수조절이 되는가가 관건이다.

그러나 겨우 임진강 문산천 합류지점에 10 cm 밖에 영향을 미치지 못한다면 이것이 무슨 경제성이 있는 것인가. 대림산업에도 묻고 싶다. 1조원을 대림의 자본으로 투자하고 이익을 내어야 한다면 과연 한탄강댐 사업에 뛰어들겠냐고 말이다. 단지 국가의 세금으로 공사를 위한 공사를 하니까 그렇게 10년을 헤매고 있지를 않은지. 수자원공사에도 묻고 싶다. 한탄강댐 사업비가 1조원인데 과연 1조원으로 완공할 수 있는지. 10년 전에도 1조원이고 지금도 1조원이면 지가상승과 원자재가 상승은 다 어디에서 메울 것인가? 이번 예산 국회의 몫이기도 한 대목이다. 이렇게 한탄강댐 반대의 물결은 10년을 흘러왔다. 마치 한탄강의 흐름처럼 말이다. 한탄강은 결코 심판받지 않는다. 단지 한탄강이 우리 모두를 시험하고 판단하고 심판할 뿐이다. 수자원공사, 건교부, 대림산업, 청와대, 환경부, 국회, 감사원, 사법부, 지자체, 수몰민들의 양심까지도 낱낱이 들여다보고 있다. 훗날 한탄강댐이 구석기유적만큼이나 희미해질 때까지 우리 모두에게 그때 너는 어떤 입장이었냐고 물을 것이다. 양식 있는 사람들은 한탄강댐을 이렇게 말한다. 거짓, 부패, 투기, 조작 그리고 토건세력에 의한 토건세력을 위한 토건세력의 댐이라고 말이다. 그러나 한탄강을 사랑하는 사람들은 이렇게 말한다. 한탄강댐은 "똥 · 덩 · 어 · 리"라고 말이다.

5...

참여정부 失政의 표본실－한탄강댐

지난해 12월 20일 건교부는 서둘러 한탄강댐 기본계획을 고시한다. 기다렸다는 듯이 대행사인 수자원공사는 댐 사이트에 공사 현장 사무소를 위한 부지 매입을 서두른다. 그러나 그 과정이 가관이다. 2007년에 계약을 하면 양도소득세가 엄청나니 2006년이 가기 전에 우선 외상으로 계약을 하자는 것이다. 누구의 제안인지는 모르나 주민들은 서둘러 등기권리증을 수자원공사에 주고 말았다. 보상금은 예산이 편성 되는대로 주겠다는 것이다. 무엇이 그리 그들을 서두르게 하는지 다른 국책사업에서도 외상 매입이 있었는지 궁금하다. 일이 이렇게 되자 등기권리증을 내주었던 주민들이 다시 되돌려 달라고 수자원공사 앞에서 시위를 벌이며 아예 댐 백지화를 외치고 있다. 연천군 당국은 한탄강댐을 세우는 대신 연천에 건교부가 또 다른 인센티브를 주기만을 감나무에 감떨어지듯 기다리고 있을 뿐이다. 이미 연천군은 한탄강의 주인이기를 포기한지 오래되었다. 또 포천시는 수몰지의 80%이며 한탄강의 비경 중에 비경이 다 모여 있는 천연기념물급 구간인 창수관인 구간이 수장되는데도 침묵하고 있다가 이제야 다목적댐을 요구하고 있다. 정부는 홍수조절전용댐을 세워야 한다고 하면서 이견을 보이는 듯하지만 포천시의 반대는 어딘지 모르게 꼼수가 역력하다. 댐반대도 하면서 실리도 챙기겠다는 꼼수 말이다. 철원군은 지난 6년 동안 줄기차게 백지화를 외쳐왔다. 최근 고시가 되자 일부

빅딜론이 제기 되었지만 찻잔 속에 폭풍으로 끝나고 말았다. 그러나 철원군은 더 이상 고립된 싸움을 할 수 없다는 현실에 부딪혔다. 한탄강댐은 애초부터 국가적인 사업이었다. 홍수예방이라는 명분 하에 댐건설이라는 토목기업의 이윤이 결합된 1조원이 넘는 대형 프로젝트다. 그 계획이 성급하다 보니 수차례 반대에 부딪힐 때마다 변경되어 신뢰를 상실했고 급기야는 감사원 감사에 의해 한탄강댐은 사형선고를 받았다. 그러나 한탄강댐은 지속가능위원회에서 되살아나고 국무조정실에서 완전히 부활했다. 이 과정이 바로 참여정부의 실정의 표본실이다. 김대중 정부는 한탄강댐 사안을 성실히 검토했고 그때마다 시기를 연기해서라도 재검토를 하게 했다. 비록 한명숙 장관 시절 15일 담수라는 조건부 협의가 있었지만 그것 또한 한탄강댐은 타당성이 없음을 말해주는 것이었다. 그러나 노무현 정부는 모든 것을 스스로 결정하지 않고 당사자에게 맡기게 되었다. 그러나 당사자는 애초부터 정부와 반대하는 시민사회 아니었던가? 그런데 보상을 바라는 사람과 그렇지 않은 사람의 갈등으로 몰아갔다. 그것도 결론이 나지 않자 국무조정실로 넘기고 말았다. 결국 관료들에 의해 국책사업이 결정되었다. 감사원 감사 의견은 아무런 의미도 없었다. 정치는 국민의 권력을 위임받은 정치가가 관료를 국민의 뜻에 따라 부리는 것이다. 참여정부는 이것을 하지 못했다. 열린우리당 의원들도 마찬가지다. 그래서 무능하다는 말을 듣는 것이고 최악의 지지를 받는 것이다. 물론 한탄강댐을 세우지 않으면 안 되는 부패사슬에 참여정부내 인사가 개입되어 있을 개연성도 배제할 수는 없지만 한탄강댐은 참여정부가 정책결정을 하는 최악의 모델을 만들어 보여준 것만은 사실이다. 그 결과 국책사업의 파트너는 보상을 바라는 주민뿐이다. 온톤 투기장으로 얼룩지고 정의는 땅에 떨어지고 혈세를 탕진하며 토건세력의 배만 불리는 악순환을 만들어 버렸다. 그러나 싸움은 이제부터다. 지금 한탄강지역에는 엄청난 소용돌이가 일고 있다. 참여정부가 만들어놓은 엄청난 몰상식이 폭발할 직전에 있다. 한탄강댐은 노무현 정부의 씻지 못할 치부가 되었다. 한탄강댐을 보면서 다시는 참여정부같은 정권을 만들면 안되겠다는 굳은 결심을 하게 된다. 차라리 무력으로 집행하는 군사독재가 더 나을지도 모른다. 그러면 정권 탓이나 하지 않을까? 모든 사람들의 양심을 발기발기 찢어놓고 참여정부만 쏙 빠져버린 듯 모르쇠 하고 있다. 정치인은 어디가고 관료만 남았다. 동강댐도 일부보상이 되고 현장 사무실까지 지었지만 백지화 되었다. 한탄강댐은 동강댐보다도 더 황당하고 부끄러운 사업이다. 이제 전 국민을 상대로 한탄강댐의 허구성을 알려야 한다. 그리고 한나라당이 한탄강댐을 백지화하겠다는 인식을 가진다면 한나라당을 지지할 것이다. 왜냐하면 과연 그 토건세력의 사슬을 진정 끊을 수 있다면 누가 정치를 하는 게 중요한 문제가 아니기 때문이다. 그만큼 참여정부는 무능했고 부패했다. 그 결과 참여정부는 한탄강댐을 자신들의 운명과 맞바꾼 바보들이 되었다. 물론 그 대가로 다시는 그들이 이 나라 정치에 발을 들여놓지 못하는 수확도 있었다. 이제 대선의 계절이 왔다. 이번 대선은 토건세력과의 한판승부가 될 것이다. 대운하와 토건세력은 아주 찰떡궁합이다. 박정희 향수를 불러일으키며 경제의 어려움을 선동할 것이다. 이 나라 모든 공기업은 박정희때 만들어졌다. 그들이 경제개발의 주역이었는지는 모르지만 더 이상은 아니다. 국민들이 토건세력을 선택한다면 우리는 또다시 잃어버린 10년을 감내해야 할 것이다. 이것은 분명 역사의 후퇴이다. 노무현의 참여정부가 한탄강댐을 통해 토건세력의 국기문란을 끊었어야 하는데 이를 하지 못하고 오히려 전국적으로 토건세력의 도발을 부추겼다. 이것이 노무현의 불행이다. 한탄강댐. 감사원 감사를 계기로 백지화했으면 열린우리당과 노무현 정부가 지금처럼 참담한 꼴은 되지 않았을 것이다. 그러나 어찌하랴 그들의 한계가 거기인 것을. 그 덕분에 국민들도 그만큼 고통스러운 것 아니겠는가? 하지만 역사는 강물처럼 흐르는 것이다. 우여곡절이 있지만 반드시 한탄강댐은 백지화될 것이다. 참여정부를 가장 무능하고 부패한 정부로 기록하면서 말이다.

2007년 2월 6일

... 6

참여정부의 두 가지 착각

여당 없는 청와대, 무능을 덮으려 하지 말라.

착각 하나, 권위주의를 극복한 대통령으로 기록될 것이다.

대통령의 측근들은 노무현 대통령이 다른 것은 다 못했다 하더라도 탈 권위 정치문화를 만들었다고 힘주어 말한다. 과연 그럴까? 노무현 대통령은 삼척동자도 우습게 여기는 대통령이 되었다. 그렇기 때문에 아무 일도 할 수 없게 되었다. 우습게 보이는 것, 조롱을 당하는 것과 탈 권위와는 다른 것이다. 국민들에게 부드러우면서 힘이 있게 정책을 추진하는 대통령을 기대했지 조롱당해도 되는 탈 권위를 기대했던 것은 아니다. 반대자들로부터 조롱을 당하는 것은 정치의 세계에서는 감내해야 한다. 아니 그 조롱 속에서도 들어야 할 말을 가려내야 하는 지혜도 필요하다. 그러나 지지자들로부터 조롱과 비난을 받는다면 그것은 문제인 것이다. 노대통령은 대선 당시의 지지자들로부터 조롱과 비난을 받았기 때문에 이렇게 무력한 대통령이 되었다. 그것은 바로 잘못된 '탈 권위' 사고 때문이다. 정치는 특히 민주주의 정치는 국민이 선거를 통해 뽑은 정치인을 통해 관료를 부리는 과정 이상도 이하도 아니다.

대통령은 최고의 정치인이다. 대통령은 관료들에게 주인이다. 무섭고 단호하게 관료들을 부려야 한다. 그러나 '갈등해결의 모범 답안' 을 만든다면서 모든 사안을 관료들과 국민들에게 맡겨버렸다. 새만금, 방폐장, 한탄강 등 이 모든 사안에서 대통령의 의지는 없었다. 참모들은 이 사안들이 모두 과거 정권의 유산이기에 참여정부는 책임이 없다고까지 했다. 그것이 사실이라도 결과는 참여정부의 참담한 실패로 끝났다. 단지 '탈 권위' 만 빼고 말이다.

국민으로부터 위임받은 힘 즉 권력을 버리고 '탈권위' 의 업적을 이뤄냈다는 착각은 이제 버려야 할 것 같다. 사실 탈권위사회는 권위주의에 맞서서 싸워온 국민들이 이뤄낸 의식혁명이다. 오히려 지금은 방종 된 탈권위 사회에서 상호 존중하면서도 얽매이지 않는 품격 있는 사회를 만드는 게 중요한 때가 되었다. 이는 품격 있는 정치인들이 선도할 때 가능하다.

"다음 정권은 잘못하면 극우 파시스트 정권이 나올지도 모른다" 고 우려 아닌 우려를 하고 있는 청와대에 한마디 하고 싶다. 극우 파시스트 정권은 무능력한 정권 뒤에 오는 반발심리 때문이라고 말이다. 지금 국민들을 만나면 이구동성으로 하는 말이 이렇다. "정치인들이 아니 여당과 청와대가 민심을 몰라도 너무 모른다" 는 것이다.

착각 둘, 조중동 때문에 여론이 나빠졌다.

정치인이 여론에 신경을 쓰는 것은 당연하다. 여론은 곧 자신을 뽑아준 국민의 말이기 때문이다. 그런데 그 여론이 특정한 집단에 의해 왜곡될 수도 있고, 그 왜곡이 전부인 것처럼 들릴 때도 있다. 참여정부는 잘하고 있는데 '조중동' 이 악의적인 여론을 유포하여 참여정부가 바닥의 지지를 보인다는 것이다. 과연 그럴까? 조중동이 여론을 나쁘게 해서 인기가 없다면 대통령 당선은 어떻게 되었을까? 대선에서 조중동이 노무현 후보를 지지했던 것은 아니지 않는가? 어떤 대통령도 취임 초기에는 70~80%의 지지를 보인다. 이때에도 조중동이 지지해서인가? 이 세상에는 반반의 세력이 있게 마련이다. 또 그것이 지극히 정상적인 것이다. 조중동은 그 반의 대변자일 뿐이다.

26일 20여 개 시민단체가 한탄강댐 추진으로 인한 문화재와 화산지형의 경관 수몰을 고발하는 기자회견을 했었다. 이 기사는 조중동만 빼고는 모두 보도가 되었다. 왜냐하면 조중동은 한탄강댐 찬성이기 때문이다. 자신들의 이해에 따라 사실이라 할지라도 경중이 있기 때문에 보도하지 않는 것이다. 그런 한탄강댐을 참여정부는 추진한다. 언론보도만 보고 판단한다면 조중동과 청와대는 정확히 이해를 같이 한다. 노무현 대통령은 조중동 그 중 특히 〈조선일보〉에 대해 예민하다. 그러나 정책추진에서는 전혀 다르다. 지난 4년 동안 노무현 참여정부의 개발정책과 조중동은 일치했다. 그리고 FTA 또한 마찬가지다. 단지 조중동이 노무현 정권을 흔드는 것은 '좌파정권' 이라는 상징조작을 위해서 엄청난 왜곡을 하고 있을 뿐이다. 사실 노무현 대통령은 좌파 근처에도 가보지 않은 사람이다. 노무현 정부의 대북정책 또한 DJ정부보다 퇴보했다. 그것은 국민적 지지가 약하기 때문에 적극적인 대북정책을 추진할 수 없었기 때문이다. 조중동 때문에 이렇게 모든 일이 어긋났다고 판단하면서도 참여정부의 하는 일은 조중동이 원하는 대로 되어가고 있다. 그렇기 때문에 지지자들이 떠난 것이다. 조중동이 비난을 하던 비판을 하던 그것은 달게 받고 꿋꿋하게 자신의 정책과 비전을 추진해 나가면 될 것을 그렇게 하지 못했다. 그것은 청와대와 여당의 무능이다. 다시 한번 강조하지만 청와대와 여당은 관료를 종복 부리듯 부려야 한다. 그것이 국민으로부터 위임된 권력을 국민을 위해 사용하는 것이고 그것은 제1의 의무가 된다. 조중동과 겨루다가 지지자도 잃고 결국은 조중동의 의도대로 되어가는 아이러니를 무엇으로 표현할 수 있을까? 조중동과 겨루면 그 나머지는 아군이 되는가? 그렇지 않다는 것이 증명되었다. 수 많은 민주인사를 살해 투옥하고 언론에 재갈을 물리고 전국민을 공포에 떨게 하면서도 경제개발을 이뤄냈노라고 당당하게 떠들고 다니는 자유를 왜 참여정부와 청와대는 누리지 못하는가? 조중동에 연연하지 말고 추진해야 할 것을 추진하지 못한 것은 사실 조중동 때문이 아니라 청와대와 열린우리당의 조중동 성(性) 때문이 아닐까? 몸은 조중동인데 입만 안티 조선이라는 말이다. 4년 동안 청와대를 움직였던 두 가지 원동력은 탈 권위와 안티 조중동이었지만 그것은 착각이었고 신기루였다. 이제 남은 1년은 '탈 권위'로 무능을 덮으려 하지 말고 안티 조중동을 개혁인양 하지 않는 것이 옳을 듯하다.

...7

한탄강댐 항소심 마지막 재판에 앞서

한탄강댐은 상식과 도덕성을 저버렸습니다. 정부와 수자원공사는 한탄강댐은 아무런 문제점도 없고 절차적으로도 정당하다고 주장하지만 지난 10년 동안 한탄강댐 사업이 걸어온 과정을 보면 어느 누구도 어떻게 이런 국책사업이 추진될 수 있을까 회의하지 않을 수 없었습니다. 바로 오늘 한탄강댐이 법정에 서게 된 것도 이를 잘 반증해 주는 것 중에 하나입니다. 왜 한탄강댐은 보는 이 마다 문제의식을 갖지 않을 수 없었을까?

첫째 피고(정부)들은 기본적인 수치들을 수없이 변경하였습니다. 그것도 스스로의 문제의식에 따른 것이 아니라 원고(주민)들의 지적이 있을 때 마다 그렇게 한 것입니다. 만약에 원고들이 아무런 문제제기를 하지 않았다면 한탄강댐은 지금쯤 다목적댐으로 완공되었을 것입니다. 그렇다면 지난 10년간 국무총리실, 환경부, 청와대 지속위, 국회, 감사원, 다시 총리실 임진강 특위를 전전하면서 홍수조절 량 변경, 다목적댐 백지화와 똑같은 홍수조절 전용댐, 제방축소 전면재검토, 절반축소 안에 이르기까지 그때그때마다 댐 사업의 근간을 흔드는 결정을 받아야 했던 이유는 누구나 이사업은 수긍할 수 없었음을 반증하는 것이었습니다. 게다가 법원마저도 절반 축소 조정안을 낼 정도로 부끄러운 계획이 되었습니다. 그렇게 부끄러움을 당하고도 지난 10년이 한탄강댐을 더욱 잘 보완한 기간이었다고 하는 정부를 보면서 무엇이 그들을 그리도 후안무치 할 수 있게 하는지 놀랍기만 합니다. 그중에도 임진강 특위는 특위를 임의적으로 진행하고 댐 규모를 결정함에 있어서도 혹세무민의 중죄를 저질렀습니다.

둘째 한탄강댐 사업이 지난 10년간 그 숱한 변신과 변경을 밥 먹듯이 하면서 얼마나 많은 전문가와 기관이 참여했는지 이루 말할 수 없습니다. 재검토 용역, 홍수조절 전용 댐으로 변경하는 용역 등 각종 문제제기가 있을 때 마다 어떤 사람도 정부의 용역과 관계없이 참여한 사람이 없을 것입니다. 원고가 물리적 폭력이나 여타의 강제를 동원한 것이 아니기 때문에 그 숱한 변경은 스스로의 허점과 실수 엄밀히 말하면 애초부터 홍수조절 능력이 없는 것을 있다고 했으니 온갖 술수가 난무하게 되고 결과적으로는 그 거짓이 혹세무민이 된 것입니다. 10년간의 논란의 결론은 도로 한탄강댐이 되어버리는 이 어처구니없음에 우리는 한탄강댐을 일컬어 괴물이라고 하였습니다. 댐은 토목기업의 막대한 이윤을 낳고 그 이윤은 많은 전문가들의 밥벌이에 분배된다는 사실도 확실히 알게 되었습니다. 한탄강댐은 수자원공사와 건교부는 토목기업의 울타리가 되어주고 전문가라는 사람들은 자신의 영혼을 팔아 호구지책을 삼는 말기적 증상 이상도 이하도 아니라고 생각합니다. 그렇지 않고서야 어떻게 그 숱한 변경과 변화가 있었음에도 불구하고 한탄강댐은 그대로 인가하는 점입니다. 단지 다목적댐을 홍수조절 전용 댐으로 명칭만 바꾸는데 10년이 걸린 꼴이 되었습니다. 그것도 원고들의 문제제기 때문이 아니라 피고들의 자연 사랑과 합리적 사고로 말입니다. 우리는 한탄강댐이 세워진다면 그 결정에 관련된 모든 사람들을 역사의 거울 앞에서 비웃어 줄 것입니다.

셋째 다시 한 번 강조하는 사안이며 댐건설 여부에 결정적 요인이 되는 사안입니다. 한탄강댐이 1996년이나 99년 같은 홍수가 온다면 임진강 유역의 피해를 방지할 수 있겠느냐? 우리를 대신하여 이 한 가지 사실만이라도 꼭 물어 달라고 부탁했습니다. 왜냐하면 그 대답을 우리는 법정의 진술로 역사에 남기고 싶습니다. 그리고 만약 방지할 수 있다고 한다면 댐 사업은 추진하라고 판결을 내려도 우리들은 승복할 수 밖에 없을 것입니다. 이 댐 사업은 96년, 99년 대홍수를 계기로 계획되었기에 당연히 그만한 홍수는 예방할 수 있어야 정당성이 있는 것이기에 다시 한 번 강조하는 것입니다. 그러나 피고들은 그것은 천재지변이라 합니다. 그렇다면 그보다 작은 홍수는 댐이 없어도 충분히 방어가 가능하다는 것이고 논란의 10년 동안 아무런 피해가 없었음이 이를 증명해 주고 있습니다. 게다가 다목적댐도 아니고 평화의 댐과 함께 둘 밖에 없는 홍수조절 전용 댐이 96년, 99년 정도의 홍수를 방어하지 못한다면 무슨 의미가 있겠습니까? 그러기에 우리는 댐을 위한 댐 공사를 위한 공사 토목기업을 위한 토목이라고 하는 것입니다. 아무리 재난을 방지하고 국가와 국민을 위한다고 미사여구를 동원해도 이미 한탄강댐은 그 신뢰를 회복할 수 없습니다.

넷째 한탄강댐 사업은 국민들의 도덕심을 완전히 무너지게 했습니다. 지난 10년간 이런 상식이 국가기관이 추진하는 사업에서 유린되면서 엄청난 민심의 파탄이 있었습니다. 이제 한탄강 지역에서는 "돈이 최고다", "수단과 방법을 가리지 말고 돈을 벌어라" 이것만 남았습니다. 초등학교 앞에 보상을 바라고 지어놓은 양어장이 하나 있습니다. 한 아이가 '저게 뭐지?', '응, 양어장 이래', '뭐 키우는데?', '자라, 미꾸라지 그런 거래', '아빠가 그러는데 댐 때문에 그러는 거래' 아무것도 모르는 초등학생들의 마음에 들어온 한탄강댐의 모습입니다. 지금 대한민국의 위기는 경제위기가 아니라 시장의 근간을 흔들어 버리는 도덕과 상식의 위기입니다. 거기에는 한탄강댐도 적지 않은 역할을 했고 상식의 도도한 흐름을 댐은 가로막고 있는 것입니다. 이제 그것을 터주어야 할 때가 되었습니다.

사실 댐으로 인한 환경 파괴는 이 상식과 도덕 그리고 정의감의 파괴에 비하면 아무것도 아닙니다. 왜냐하면 그것은 세월이 지나면 자연의 섭리에 의해 복구되는 것이기 때문입니다. 그러나 상식과 도덕이 파괴되면 나라는 망합니다. 차마 입에 담지 못할 댐 지역 민초들의 병든 모습들이 너무도 많지만 명예 훼손이라고 고발할까봐 외면하는 경우가 얼마나 많은지 모릅니다. 사실이라도 말하면 안되니 말입니다.

이제 수조원의 혈세가 낭비되고 그러면서도 상식과 도덕과 자연을 파괴하는 한탄강댐 사업은 마지막 우리 모두의 확인 절차를 남겨두고 있습니다. 우리는 한탄강댐이 세워진다면 이 나라의 절망을 이야기 하며 그에 관련 되었던 모든 사람들을 비웃으며 냉소주의로 한동안을 보내야 할지도 모르겠습니다. 이것이 댐보다도 더 무서운 현실이기에 우국충정의 마음을 적어 봅니다.

함께 정치하는 벗들이 내게 핀잔을 합니다. 당신은 좀 더 큰 정치를 해야지 한탄강에만 매달려 있느냐고 말입니다. 그래서 대답했습니다. 니들이 한탄강댐을 아냐고. 한탄강댐을 세우면 노무현은 정권을 내어줄 것이고 이 나라는 엄청난 어려움에 직면할 것이라고 분명히 말한적이 있습니다.

창밖에 오동이 지면 가을이 온줄 아는 것이지 꼭 문 밖을 나가봐야 아느냐고 그 벗들에게 한 마디 해주고는 다시 한탄강으로 돌아 왔습니다.

2008년 11월 3일

...8
한탄강 사람들

고문리 3총사

내가 그 분들을 만난 것은 한탄강 댐 반대운동을 하면서 고문리 마을을 방문했을 때였다. 고문리는 댐으로 없어진 고문 2리와 댐 아래 쪽에 있는 고문 1리로 되어있다. 고문 2리는 댐 찬성이 다수였고 고문 1리는 댐 반대가 압도적이었다. 댐 논란이 가시화되자 고문 1리는 홍원기 위원장을 중심으로 대책위원회가 만들어졌다.

홍원기 위원장은 강원도가 고향인데 맨주먹으로 고문리에 와서 지금은 부농이 되었다. 힘이 장사고 술 또한 말술이다. 성품이 너그럽지만 판단은 늘 단호하다. 잠시도 쉬지 않고 일하며 동네의 대소사는 물론 친목계도 한 둘이 아니다. 마을 이장을 오래 보았고 진정 고문리의 대표자다. 그가 한탄강댐이라는 큰 일에 대책위원장을 맡은 것은 너무도 당연한 일이었다.

대책위원회 총무는 신중하고 꼼꼼하고 강단있는 최재학씨다. 치우치지 않고 모나지 않은 성격에 알뜰한 살림살이를 꾸리고 사는 모범 가장이다.

또 한 사람 지금은 이장직을 내놓았지만 당시 마을 이장을 맡았던 신승강씨

▲ 고문리 삼총사와 함께 - '우리는 친구'

다. 고향은 충청도이고 구 이장인데도 늘 신 이장으로 불린다. 정의감이 강하고 추진력도 강하다.

대충 3총사의 이력은 이렇다. 이들은 한탄강댐 대책회의를 할 때면 언제나 함께 다닌다. 마을의 대소사도 함께 논의한다.

홍원기 위원장은 고문리의 유비다. 언제나 솔선수범으로 사람들을 이끈다. 사모님 또한 연천군의 마당발이다. 지금은 활동이 뜸하지만 그래도 오라는 곳이 많다. 홍원기 위원장은 나보고 친구라고 한다. 나도 아버지 뻘이지만 형님처럼 생각하고 지낸다. 언제나 변함없는 마음씨, 부지런함. 남을 배려할 줄 알며 인내심이 강한 그는 정말 일등 국민이다.

▲ 영원한 청춘 - 홍원기 위원장님

최재학씨는 관우다. 매사에 빈틈이 없다. 사려 깊고 알뜰하다. 그러다가도 불의를 보면 불같이 화를 낸다. 그에게 한번 찍히면 회복하기 힘들 것 같다. 그만큼 자기 자신에게 철저한 분이다. 마을의 대소사에 그의 판단은 많은 사람들의 지지를 받곤 한다. 앞에 나서는 성격은 아니지만 마을을 위한 일이라면 결코 뒤서지도 않는다. 노래를 좋아해서 그의 집 안방엔 노래방 기계가 있다. 한번은 함께 밤 새워 노래한 적도 있다.

▲ 꼼꼼이 – 최재학 총무님

▲ 언제나 신이장 – 신승강 이장님

신승강씨는 장비다. 시원한 머리에 성격도 꼭 장비 같다. 호 불호가 분명하고 성격도 불 같다. 의원 시절 연천군 체육대회에 갔는데 아무도 앞장서 인사 소개하지 않는다고 자청해서 나를 수행하며 인사 돌던 생각이 난다. 한탄강댐 때문에 연천군 이장 회의가 있는 날은 그가 완전히 열받는 날이다. 그런 그도 요즘은 술도 줄이고 많이 한가해 진 듯하다.

홍원기, 최재학, 신승강 이 세 사람은 고문리 삼국지의 유비, 관우, 장비다. 성격도 딱 들어 맞는다. 이들이 없는 고문리는 상상하기도 싫다. 홍원기 위원장은 지금도 3만평 논농사와 60마리의 한우를 기르고 있다. 그의 손은 거칠다 못해 무쇠 손이 되었다. 칠순이 지났는데도 기운이 여전하다. 건강하기만을 바랄 뿐이다. 한탄강 래프팅을 하고는 너무 아름다운 강을 지금껏 몰랐노라고 죄송해 하는 순진한 분이기도 하다.

최재학 총무 그리고 신 이장님. 세월이 그들을 비켜갔으면 하는 친구들이다. 비록 한탄강댐 싸움은 졌어도 나는 이 세 친구를 얻었다. 이 삼총사가 있는 한 고문리는 안심이다. 이 나라 마을마을마다 이런 분들 같은 지도자가 있다면 하고 꿈꿔본다. 그 분들은 한결같이 부지런하고 가정을 잘 다스리고 판단이 정의로우며 마을 일에 솔선수범이다. 이 어찌 1등 국민이 아니겠는가?

누구든 고문리에 가면 이 세 사람을 찾아보라 그러면 무슨 일을 도모해도 실패하지 않을 것이다. 어제는 한탄강에서 잡았노라고 팔뚝만한 눈치 세마리를 주셨다. 다음엔 막국수라도 대접해야겠다.

평화이발관 이응수 관장님

나는 그를 이장님으로 부른다. 내가 한탄강 네크워크 사무실을 영중면 삼거리에 열고 활동할 때 그는 양문 1리 이장이었다. 그 때도 이발관을 하면서 이장을 보고 있었다. 그래서 지금도 이장님으로 부른다. 부지런하고 정직하고 깔끔덩어리인 이응수 이장님 그는 참 아름다운 사람이다.

69년 4월 1일을 그는 지금도 잊지 못한다. 국민학교를 갓 졸업한 그는 양문의 서울이발관에 조수로 취직을 했다. 머리 감겨주는 아이, 흩어진 머리카락 청소하는 아이, 어깨 너머로 주인이 이발하는 것을 눈여겨 보는 아이, 연탄불 갈고 허드렛일 하는 아이. 이응수의 시작은 이랬다. 부지런하고 정직하게 일했다.

78년 5월 23일을 그는 또 잊지 못한다. 시골에서 이발일을 하는 사람들은 당시에는 무면허 이용사들이 많았다. 그러나 그는 조수로 일한 지 10여년 만에 서울시장으로부터 이용사 자격증을 받았다.

그리고 곧바로 평화이발관을 개업하였다. 이발을 하면서 그는 사람들을 만나고 손님들로부터 배우고 세상의 이치를 터득하게 되었다. 그의 생각은 참으로 정의롭다. 가식이 없다. 부지런하고 깔끔하다. 검소하고 알뜰하다. 이발관을 하면서 새마을 지도자 11년, 이장 6년을 보고 각종 봉사단체에서 활동했다. 한타넷 시민대학을 수료할 정도로 배움에 대한 열정도 남다르고 아마추어 무선햄으로 봉사와 취미생활을 하고 수상보트 면허증도 최근 땄다.

그렇게 열심히 살던 그에게 엄청난 시련이 왔다. 2008년 8월 9일 갑자기 온몸에 힘이 빠지고 움직일 수가 없게 되었다. 길링발리라는 신경다발염에 걸린 것이다. 원인을 알 수 없는 희귀병이다. 서지도 못하고 손가락도 움직일 수 없

다. 당연히 그의 천직이었던 이발일도 할 수 없게 되었다. 14살 소년이 40년의 세월을 보냈던 평화이발관을 닫는다는 것은 그의 희귀병보다도 더 가슴아픈 일이었다. 그의 머릿속에는 머리 감기던 소년이 자꾸 어른거렸다.

'그래 나는 이길 수 있다. 69년 서울이발관 조수 이응수가 이대로 주저앉을 수 없다.'

그는 재활치료에 몰두했다. 기적은 일어났다. 전신마비가 조금씩 풀리고 다리에 힘이 생기기 시작하자 그는 온 정성을 다해 훈련을 거듭했다. 1년여 만에 거의 회복이 되었지만 가위질을 해야 하는 손에는 아직도 완전한 힘이 주어지지 않았다. 이제 손가락 끝까지 예전의 힘을 찾아야 한다. 열심히 참으로 열심히 집을 지었다. 산에서 나무를 베고 다듬고 손수 작은 집을 지었다. 이제 손가락마저 완전히 나았다. 다시는 이발일을 할 수 없을 것 같았던 마음도 이제 사라지게 되었다. 병이 나아도 이발일은 이제 그만이라는 생각도 했다. 그러나 예쁜 통나무집을 짓고 나니 그는 다시 가위를 잡고 싶어졌다.

'그래 나는 죽을 때까지 이발을 해야 한다.'

2009년 9월 20일 그는 자신이 재활을 위해 지은 작은 통나무집에 평화이발관이라는 간판을 다시 달았다.

올해가 14살 소년이 이발일을 시작한 지 꼭 40년이 되는 해이다. 평화이발관은 그렇게 다시 태어났다. 지금도 평화이발관에는 뽕짝 노래가 흘러나오고 밝고 명랑한 관장님이 주민들의 머리를 깎고 있다. 오래오래 평화이발관을 보고 싶다.

'한 달이 편하려면 머리를 잘 깎아라. 일 년이 편하려면 농사를 잘 지어라. 십 년이 편하려면 나무를 심어라. 백 년이 편하려면 사람을 길러라.' 평화이발관 관장님의 인생관이다.

9 ...

한탄강댐 백지화 운동 10년

한탄강댐 백지화 운동 10년사 발간에 즈음하여 아름다운 한탄강에 탐욕스런 인간의 억지가 국기를 문란케 하고 민심을 더럽히고 후대에 고이 물려줄 유산을 훼손하며 추악한 삽질을 시작했습니다. 지난 10년간 철원, 포천, 연천의 주민들과 뜻있는 전국 각지의 양심들이 줄기차게 반대하고 그 거짓과 부패의 실상을 낱낱이 고발했습니다. 지금 한탄강엔 국고를 탕진하고 민간의 도덕을 타락케 하고 아름다운 한탄강에 깊은 상처를 내는 흉칙한 콘크리트 구조물이 들어서고 있습니다. 한탄강댐은 마치 갑오년의 만석보처럼 백성들과는 무관한 고혈의 탕진이며 한탄강엔 돌이킬 수 없는 장애물입니다.

우리들의 지난 10년은 국가의 위신을 바로 세우기 위한 싸움이었고 민간의 도덕을 바로 세우기 위한 싸움이었고 생명을 사랑하는 몸부림이었습니다. 그러나 국회도 감사원도 법원도 모두 한탄강의 진실을 외면했습니다.

우리는 지난 10년 동안 한결 같이 한탄강댐을 세우면 이 나라는 분명 망할 것이라 누누이 경고했습니다. 이렇게 국민의 혈세가 사유화 되는데 온전할 나라가 있다면 그것이 신기할 뿐이라고 강조하고 또 강조했습니다. 작금의 국가경제의 어려움도 다 이런 재정운영과 민심의 타락에서 기인한 것입니다.

이제 한탄강댐으로 빚어지는 국가의 불행을 우리는 아픈 마음으로 지켜볼 뿐입니다. 지난 10년간 국가재정의 한푼 한푼까지도 계산하고 국토의 풀 한포기까지 염려한 우리들의 애국심과 민족의 미래에 대한 책임감은 지금도 변함없습니다. 한탄강댐 백지화 투쟁은 끝나지 않았습니다. 10년, 20년, 아니 다음 대에라도 한탄강엔 댐이 필요 없음을 우리는 분명히 해둡니다. 비록 억지로 댐이 세워진다 해도 이는 불행만을 양산할 것이고 두고 두고 조롱거리가 될 것입니다.

한탄강은 흘러야 합니다.

그리고 한탄강을 지키고 살려야 합니다.

이에 10여년의 세월을 한결 같이 싸워온 우리들은 우리의 지난 삶을 역사로 기록하고자 합니다. 우리와 함께 흐르는 한탄강을 사랑하는 우리들의 역사로 기록하고자 합니다. 이는 우리 민족이 일제의 강점에 놓였을 때 우리 지역의 독립운동사가 미비함을 한탄하며 그 심정으로 알알이 기록하고자 합니다. 혹자는 한탄강댐 백지화 투쟁은 끝났다고 합니다. 하지만 이는 무지의 소치라고 밖에 할 수 밖에 없습니다. 한탄강엔 댐과 같은 구조물이 필요 없습니다. 아니 반드시 철거될 날이 올 것입니다. 그때엔 많은 사람들이 우리가 옳았음을 인정할 것입니다. 마치 조선을 개화시킨다는 일제 식민이 죄악이었듯이 지역개발을 운운하는 한탄강댐 건설도 결국엔 같은 평가를 받게 될 것입니다. 그리고 혹자는 한탄강댐 백지화 투쟁은 패배한 싸움이라고 하고 실익이 없었다고 합니다. 우리는 팔짱끼고 하는 이러한 언사를 가소롭게 여길 뿐입니다. 한탄강댐 백지화 투쟁은 한탄강이 흐르는 날까지 끝나지 않으며 다목적댐을 부끄러운 조절용댐으로 만든 것도 절반의 승리였다고 자부합니다. 이제 우리는 한탄강과 한탄강에 세워지는 수치스런 구조물 한탄강댐을 함께 끌어안고 갈 것입니다. 여기에 지난 10년 동안의 눈물겨운 한탄강 사랑을 기록할 것입니다.

그 방대함이 한탄강의 기상과 같을 것이고 그 눈물겨움이 한탄강의 깊음 같을 것입니다. 이 도도한 흐름에 함께 하는 모든 이의 염원은 지금도 "한탄강은 흘러야 한다"입니다. 지난 3월 1일 한탄강댐 반대 공동투쟁위원회에서는 한탄강댐 백지화 운동 10년사를 발간하기로 하고 백서 발간위원회를 구성했습니다. 가칭 "한탄강은 흘러야 한다"라는 제목하에 "한탄강댐 백지화운동 10년사"라는 부제로 그동안의 피땀어린 한탄강 사랑의 순결한 역사를 기록하고자 합니다. 우리는 이것이 진실한 역사라고 믿습니다. 한탄강은 영원히 흐르며 우리들을 지켜 볼 것입니다.

2009년 3월 23일

…10

한탄강댐? 그래도 흐른다.

이 편지는 지난주 편지였으나 노무현 대통령의 서거로 이번 주에 보냅니다.

한탄강댐? 그래도 강은 흐른다. 지난 주 한 통의 법원 등기가 도착했습니다. 발송처가 대법원으로 되어 있어 '아! 한탄강댐 상고심이 기각됐구나!' 라고 직감했습니다. 지난 10년 동안 한탄강을 끌어안고 살아왔던 순간들이 빠르게 지나갔습니다. 거기에는 지난 10년의 외침들에 대해 이렇게 판결했습니다.

주문: 상고를 모두 기각한다. 상고 비용은 원고(선정당사자)들이 부담한다.

이유: 이 사건 기록과 원심판결 및 상고 이유서를 모두 살펴보아도 상고인들의 상고 이유에 관한 주장은 상고심 절차에 관한 특례법 제4조에 해당하여 이유 없음이 명백하므로 같은 법 5조에의 상고를 모두 기각하기로 하여 관여 대법관의 일치된 의견으로 주문과 같이 판결한다. 재판장 이홍훈, 김영란, 김능환 주심 차한성 끝.

이것으로 한탄강댐 반대는 일단락되었습니다. 한탄강에서는 지금 아주 진지하게 공사중입니다. 언론도 한탄강댐 반대운동이 실패로 돌아갔다고 합니다. 그렇습니다. 지난 10년 역사적인 한탄강댐 반대운동은 댐을 백지화 하는 데는 실패했습니다.

그러나 한탄강댐 반대운동이 실패한 것은 아닙니다. 이는 일제가 점령했다고 독립운동이 실패했다고 하는 것과 다를 바 없을 것입니다. 한탄강댐 반대운동은 포천, 연천, 철원 주민들이 지난 10년간 만들어 온 위대한 의식의 강물이었습니다. 그것은 또 다른 한탄강이었습니다. 지난 10년 동안 한탄강댐 추진세력들은 우리들의 합리적이고 철저한 지적에 물러서고 또 물러서기를 반복했습니다. 백지화하고, 변형시키고, 조작하고, 부풀리고, 이간질하고, 그것도 공권력의 힘으로 말입니다. 노무현의 정부는 한탄강댐에서도 분명 평가를 받아야 합니다. 이 나라가 어려워질 수밖에 없는 이유를 우리는 한탄강댐 사업에서 분명히 보았습니다. 거기에는 탐욕만이 살아 꿈틀거렸습니다. 그것이 국민의 재산과 생명을 지킨다고 포장된 채로 말입니다. 이제 한탄강댐은 매 순간 평가를 받아야 합니다. 과연 홍수 조절 능력이 있는지 자연을 파괴하면서 그보다 더 큰 이익을 우리에게 줄 수 있는지 분명 평가를 받게 되어 있습니다. 더 나아가 재앙의 원인이 될 수 있다는 개연성도 늘 안고 살아야 합니다. 물론 그 반대의 평가도 있을 수 있습니다. 정말 효과적이고 지역발전에 기여하고 좋은 댐을 우리가 반대했다는 평가도 있을 수 있습니다. 제발 후자가 되길 진심으로 기대합니다. 이 나라가 잘되는 것이 우리의 진정한 바람이니까요.

학생운동 10년, 한탄강댐 반대운동 10년, 감옥 4년, 정치인으로 4년, 그렇게 청춘이 가버렸습니다. 이제는 차분히 새로운 인생길을 갈 것입니다. 사람들은 모두 이 사회에서 각자의 몫을 가지고 살게 되어있기 때문입니다. 그동안 한탄강댐 반대운동에 함께한 모든 사람들을 생각합니다. 정말 위대하고 사랑스러운 사람들입니다. 수몰민들도 생각합니다. 벌써 고향을 떠난 사람들이 많이 있습니다. 빈집이 늘어나고 공동체는 붕괴되었습니다. 모두 제 살 궁리에 정신이 없습니다. 그래도 그들로서는 그것이 최선이라고 믿고 사는 것이기에 존중하렵니다. 학생운동을 통하여 세상살이의 하드웨어를 배웠다면 한탄강댐을 통하여 소프트웨어, 즉 세상 사람들을 알게 되었습니다. 전두환 시절 구류 5일, 노태우 시절 집행유예, 김영삼 시절 징역 4년. 그리고 벌금 4회(교통사고 2회, 명예훼손, 선거법위반) 한탄강댐으로 또 패소. 또 있습니다. 민사재판을 져서 40년을 넘게 부치던 땅도 빼앗겼습니다. 단 한 번도 법으로 이긴 적이 없네요. 이제 다시는 법에 호소할 일이 없었으면 좋겠습니다. 아니 그냥 소송하지 말고 인정해 버리는 것이 나을 듯 싶습니다. 근데 한 가지 이런 생각이 듭니다.

"여러분 제가 계속 지니까 여러분 살기 좋으세요?"

이렇게 제가 묻고 싶습니다.

제가 가끔 가는 칼국수집 사장님이 "이의원이 당선됐을 때 운동은 안했지만 우리 아들도 열심히 하면 희망이 있다는 기쁨을 얻었답니다"라고 말하셨습니다. 그런데 제가 의원직을 잃고 '역시 가난한 사람은 어렵구나' 라며 한숨을 쉬었답니다. 한탄강댐! 저에게는 중요한 인생사였습니다. 10년을 하루 같이 끌어안고 고민하고 싸웠습니다. 유혹도 있었고, 실망도 있었지만 지금까지 변함없이 왔습니다. 나는 어떤 판결도 믿지 않습니다. 믿지 않지만 받아들이는 것이죠. 그것이 법의 강제성이니까요. 이제 저는 더 자주 한탄강엘 가렵니다. 거기 가서 그들의 바벨탑을 두 눈 부릅뜨고 지켜볼 것입니다. 이제 한 가지 깨달은 바가 있습니다. 지금까지는 참 진지한 열정으로 부딛히며 세상을 바로 잡아 보려고 했는데 세상은 여전한 것 같습니다. 그렇습니다. 그러나 그렇더라도 청년의 때에는 그렇게 해야만 합니다. 그래야 세상이 망하지 않는다는 것을 깨달았습니다. 그리고 또 한 가지. 한탄강댐이 철거되어 다시 복원되는 날까지 건강하게 살았으면 좋겠습니다. 한탄강댐을 반대하며 함께했던 사랑하는 모든 이들이여! 여러분이 옳았습니다! 한탄강댐? 그래도 흐르니까요!

2009년 6월 1일

...11

황당하고 부끄러운 임진강 사태

국제적인 시각, 그리고 이성적인 판단으로 보면 너무도 황당하고 무고한 국민의 생명을 앗아갔다는 점에서는 더할 나위 없이 비참하고 이유야 어찌되었던 우리의 대응 자세와 언론의 보도를 보고 있으면 부끄럽기 그지 없는 마른 하늘의 날벼락 같은 물난리가 바로 이번의 임진강 사건이다. 필자가

▲ 사고현장에 방문한 취재진

임진강 사고 및 지휘소를 방문했을 때 마침 한승수 총리가 도착할 즈음이었다. 아마 96, 99년 홍수 때에도 이보다 많은 취재진이 오지는 않았을 것이다.

왜? 총리까지 부랴부랴 달려와야만 하는 사건이 되었을까? 6명의 무고한 국민이 죽어서인가 그렇다면 용산참사는 대통령이 달려갔어야 하지 않았을까? 아니면 북한의 책임을 강조하기 위함인가?

북한의 갑작스런 방류로 인한 피해는 사실 어제 오늘의 일이 아니다.

▲ 사고현장 상황 설명을 듣고 있는 한총리

2001년 10월 10일 군남지역 수위가 0.5 m에서 3.25 m로 무려 3 m 가까이 증가했다. 이 때 어민들의 피해가 컸다. 2002년 9월 1일, 2005년 9월 2일, 2006년 5월 6일, 2007, 2008년 등 거의 매년 크고 작은 방류 사건이 한, 두 차례씩 있어왔다. 매년 있어온 황당한 일이 이번엔 비참하고 부끄러운 일로 발전한 것이다.

무엇 때문에, 왜 그리 되었을까?

관계기관과 언론이 저마다 그 이유와 대안을 말하고 있다. 그 이유를 정리해 보면 이렇다.

'북한의 무단 방류에 있다' ? 한나라당,
'경보시스템 미 작동과 남북관계의 소원' ? 민주당,
'군의 정보가 공유되지 않았다' ? 언론

대안은 어떤가?

▲ 급류에 떠내려온 부유물

'북한에 엄중 항의하고 경보시스템을 2중 3중으로 강화하겠다' ? 정부여당
'책임지는 자세가 중요하고 남북관계를 긴밀히 해야 한다' ? 민주당
'군남댐의 증고와 경보시스템 강화' ? 언론

여기에 군남댐의 빠른 완공이 마치 이 문제를 해결해 줄 것이라는 또 하나의 황당한 대안도 제시되고 있다. 아마 수자원공사의 논리를 그대로 베껴 쓴 모양이다.

이 사건에 대한 북한의 자세는 어떤가? 이례적으로 방류를 인정하고 다음부터는 방류시 통보하겠노라 했다. 신속하고 반응을 보였다.

임진강은 어떤 강인가? 북한강, 한탄강과 함께 남북이 공유하는 국제법상의 공유 하천이다. 1997년 5월 21일 유엔 총회에서 '국제 수로의 비항행적 이용에 관한 협약' 을 제정했다. 그 중에는 "제 7조, 손해가 일어났을 때 보상을 위해 피해국과 협의해야 한다. 제 12조, 인접한 나라에 불리한 효과를 끼칠 수 있는 조치를 취할 경우 반드시 사전에 적기 통고해야 한다" 는 내용이 있다.

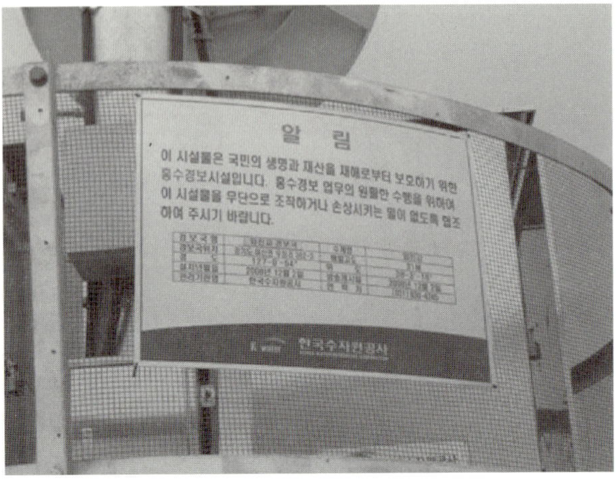

▲ 과연 경보시스템만이 대안인가?

이것을 북한은 지키지 않았다. 남한도 이런 국제하천의 기본 관점을 견지하지 않는다. 수공 운운하고 늘 감정적 대응이 우선이다. 북한은 모르쇠로 지금까지 일관해 왔다. 그렇다면 북한의 천재지변이나 댐 붕괴 시에는 어떻게 될까? 그것은 적대국이 아니라도 대응을 하고 있어야 하는 것이다.

임진강엔 96년, 99년 대홍수가 났다. 이 때에 이런 문제점들을 포함한 임진강 수해 예방 및 이용에 대한 기본계획이 수립되었어야 했다. 그러나 건교부(지금의 국토해양부)가 청와대(김대중, 노무현 정부)는 오직 한탄강댐 건설에만 몰두했다. 임진강 수계의 치수에 관한한 지난 정권은 진정 잃어버린 10년이었다. 한탄강댐이 건설되면 임진강 홍수는 예방되는 것처럼 여론을 호도하고 정작 중요한 임진강 본류는 도외시했다. 사실 수자원 공사가 군남댐이 완공되면 이런 사건은 예방되리라고 하지만 이것은 명백한 거짓이다. 군남댐은 한탄강댐과 함께 임진강 홍수 조절을 위해 세운 것뿐 어디에도 북한 댐에 대한 대응이라고 이야기 한적이 없다. 이는 국무총리실에서 2006년 8월 내놓은 '임진강 유역 홍수대책 검증 평가보고서' 490쪽 하단에 '황강댐 붕괴 등에 대비한 비상 대처 계획(EAP) 수립 필요' 라는 한 줄로 적혀있고 대안으로 군남댐 증고를 언급하는데 댐 높이를 현재의 26 m에서 40 m로 높이면 담수량이 2억 9천 6백만 톤으로 현재의 4배로 늘어 효과적이나 북쪽의 수몰로 인해 남북 협의가 필요해 현재의 26 m로 결정할 수 밖에 없다고 기술하고 있다.

▲ 증고가 주장되고 있는 군남댐 공사 현장

그러나 더 중요한 사실은 군남댐을 40 m로 증고하면 수자원 공사가 제시하는 문산천 합류지점의 계획홍수량 19,800 m^3/sec는 군남댐 만으로도 충분해 중요한(?) 한탄강댐이 필요 없어지게 된다는데 있었다. 군남댐은 지금도 그 명칭이 댐이 아니라 군남조절지다. 한탄강댐 사업의 부대사업 정도다. 공사현장 명칭도 '한탄강댐 건설 군남조절지 사업소' 다. 본류 즉 유역면적 63%를 가진 임진강의 홍수 조절 댐이 한탄강이라는 작은 지류가 본 사업이고 본류는 부대사업이 된 것이다.

그렇게 한탄강댐도 군남조절지도 홍수 조절 능력이 없는 사업으로 되었다. 한탄강댐 건설에 앞장섰던 연세대의 조원철 교수는 이제 와서 군남댐을 증고

해야 한다고 주장한다. 40 m나 45 m로 증고하면 수몰 면적이 남한에 비해 북한이 두 배 이상 많아질 수 밖에 없다. 남북의 협의가 없이는 불가능하며 이 정도를 합의하는 남북관계라면 통일도 그다지 멀지 않을 듯하고 그리고 그런 댐이 만들어진다면 그것은 진정한 평화의 댐이 될 것이다. 이렇게 지난 10년을 한탄강댐에 몰두하는 사이 임진강의 장기적인 수계 관리는 뒤로 미뤄지거나 잊혀졌다. 이번 사건의 최대 피해자인 연천군의 연천군수는 한탄강댐을 유치해야 연천 발전이 온다고 공공연히 외치고 다녔다. 지금 건설되는 26 m 높이의 군남댐은 홍수조절은 물론 황강댐의 대응댐으로도 전혀 가치가 없다. 홍수예방과 북한댐의 붕괴 및 돌발상황에 대비한 대책을 임진강 본류에 세워야 한다. 지금 추진되는 한탄강댐을 취소하고 그 재원으로 추진하면 될 것이다.

임진강의 황당한 일들은 이제부터 시작일지도 모른다. 한탄강댐과 군남댐은 오히려 더 큰 재앙의 원인이라고 우리들은 누누히 경고한 바 있다. 지난 국민의 정부, 참여 정부의 최대 실정 중에 하나는 바로 한탄강댐 사업이다. 그들의

▲ 이 강에 또 다른 댐을 세우고 더 큰 사고가 일어나지는 않을지 걱정이다.

무능과 부패가 고스란히 기록되어 있는 사업이기에 민주당도 이번 사건 앞에는 국민 앞에 반성해야 한다. 100년 빈도, 200년 빈도의 강우에 대비했다고 계획한 한탄강댐과 군남댐은 이미 그 정도의 강우에는 댐 없이도 안전할 만큼 하천 제방과 배수 시설이 완비되었다. 문제는 400년, 500년 빈도(96년, 99년은 500년빈도 이상임)와 북한댐의 돌발 상황이다. 불필요한 댐에 수 조원을 들이는 것을 지금이라도 재검토해서 임진강 본류에 국민의 생명과 재산을 지키고 국토의 심장부를 흐르는 임진강의 지속 가능한 활용을 위한 치수 구조물을 다시 계획해도 늦지 않다. 그러나 오늘도 국민들에게 한탄강댐을 조기 완공하면 이런 물난리가 사라질 것이라는 환상을 주고 좀 시간이 흐르면 잊혀지는 현실이 안타가울 뿐이다.

필자는 이번 사태를 빌미로 또 여기저기 조그만 댐을 임진강 본류에 세워야 한다는 논리가 나올까 걱정된다. 국제적인 시각으로, 이성적인 판단으로 그리고 분단된 현실을 직시하면서 좀 더 정직하고 실사구시적인 수계관리가 필요하다고 웅변해준 것이 바로 이번 사건이다. 창졸지간에 운명을 달리한 희생자와 가족에게 위로의 말을 전한다.

12...

사랑하는 연천, 포천 주민 여러분께

안녕하십니까? 이철우입니다.

지난 3월 25일 저는 다시 한번 진실이 무엇인지 정의가 무엇인지 가슴 깊이 깨닫는 날이었습니다. 이 날은 예수님이 십자가에 달린 성 금요일이었고 우리 부부에게는 16년째 맞는 결혼기념일이었습니다.

저는 하나님 앞에는 부끄러운 죄인이지만 대한민국 사법부의 심판을 받아야 할 선거법 위반은 절대 하지 않았습니다. 이는 1심 법원부터 3심에 이르기까지 하나님 앞에서도 당당히 말할 수 있노라고 진술한 바 있습니다.

그러나 결과는 유죄가 되었습니다.

법은 본래 강제적이기에 저에게 부과된 250만원의 벌금은 납부할 것입니다. 그러나 이번 판결은 사법부의 역사적인 오심으로 기록되었습니다. "악법도 법입니다" 그러나 오심은 영원히 오심일 뿐입니다.

사랑하는 포천, 연천 주민 여러분

이제 저는 다시 평범한 대한민국 국민으로 포천, 연천 아니 한탄강의 아들로 돌아왔습니다. 이곳에서 45년을 살아오면서 참으로 숱한 일들을 겪어 왔고 그때마다 하나님은 우리 선한 이웃을 통하여 저를 이끄시고 도우셨습니다.

가난하였기에 더욱 청렴하게, 검소하게 살았고 또한 단 하루도 헛되이 시간을 보내지 않고 동분서주하며 일했습니다.

부족한 저를 지지해주시고 성원해주신 많은 한탄강 사람들의 눈빛과 사랑의 언어를 잊지 못하고 있습니다.

본래 힘이 없었기에 남을 억누를 줄 몰랐고, 국회의원이 되었어도 남위에 올라갈 필요를 못느꼈습니다.

매일 출퇴근을 하면서 의정활동을 하였기에 몸과 마음이 여러분과 함께 있었습니다.

지난 1년 포천, 연천은 많은 변화가 있었습니다.

그동안 말없이 살아왔던 다수의 유권자들이 부족하지만 이철우를 통해 새로운 시대를 열어야 한다는 시대적 염원을 선거로서 나타내 보였습니다.

실로 50년만에 새로운 시대를 열었습니다.

그러나 저의 부족함으로 인해 그 염원이 온전히 지켜지지 못했습니다.

이것이 주민 여러분께 송구스럽고 안타까울 뿐입니다.

그러나 이미 새로운 시대는 열렸습니다.

새시대의 도도한 물결을 되돌릴 사람은 없습니다.

꽃샘추위가 온다해서 겨울로 다시 돌아가지 않듯이 결코 역사는 후퇴하지 않습니다.

우리 지역은 한반도의 역사와 세계사속에서 운명적인 땅입니다. 가만히 우리 민족의 역사를 들여다 보십시오. 그것을 느낄 수 있습니다.

지금도 분단된 조국의 한가운데서 흐르는 한탄강의 여울 소리를 들어 보십시오.

철조망 사이에서 피어나는 이름 모를 봄꽃들을 보십시오. 그것이 바로 우리의 소리요 모습입니다.

남 괴롭힐 능력도 마음도 없는 선한 이웃들,

그 성실함이 미련해 보일 정도로 부지런한 이웃들,

억울함이 있어도 가슴 속에 묻어 두는 것이 습관이 된 이웃들

저는 언제까지나 그 이웃들과 살아가렵니다.

많은 사람들이 저를 위로합니다.

그러나 그때마다 저는 제가 왜 위로를 받아야 하는지 모르겠다는 생각을 합니다.

저에게는 하나님이 주신 화평이 있습니다.

그 비밀한 축복이 저를 언제나 담대하게 합니다.

오늘 새벽에도 사랑하는 아내와 함께 나라와 민족, 그리고 우리에게 주신 기업, 포천, 연천, 선한 이웃들, 나에게 돌을 던지는 이웃들에게까지 하나님이 함께 하시길 간절히 기도했습니다.

되돌아보면 지난 1년은 세상을 바꾸려한 시간이 아니라 바로 부족한 제가 바뀌어 버린 1년이었습니다.

그동안 저를 지지하고 성원하고 물심양면으로 사랑해 주시고 자신의 일보다 더 간절하게 기도를 아끼지 않았던 모든 분들께 죄송하고 아쉬운 마음을 금할 길 없지만, 모든 진실은 하나님이 아시고 또 밝혀 주실 것입니다.

이제 새벽에 여의도로 또 새벽에 집으로 오지 않아도 되니 여러분들을 한분 한분 만나서 위로하고 사랑을 나누고 소망을 이야기 하도록 하겠습니다.

저를 사랑하고 지지해주신 여러분

당당하십시오.

그동안 저로 인해 인간적으로 섭섭했던 분들도 많이 있으리라 믿습니다.

용서해 주시길 바랍니다.

제가 부족한 것이 많고 과거 정치인들 같은 기대가 저에게는 없는 것도 많습니다.

그래도 바르게 하려다 보니 본의 아니게 섭섭함을 드렸을 것입니다. 너그럽게 받아들여 주시면 감사하겠습니다.

저는 지난 45년을 제 인생의 전반전이라 생각합니다. 하나님은 저를 너무너무 사랑하셔서 오늘까지 지켜주셨습니다.

그리고 사랑하는 이웃을 주셨습니다.

아름다운 땅을 우리의 기업으로 주셨습니다.

사랑하는 포천, 연천 주민 여러분

고맙습니다. 그리고 사랑합니다.

하나님의 은총이 우리 모두에게 함께 하시길 기도합니다.

2005년 3월 28일

한탄강가에서 이철우 드림

13...

포천, 연천, 철원의 통합을 위한 제언

지금 개헌과 행정구역 개편이라는 우리 사회의 하드웨어를 업그레이드 해야 한다는 여론이 고조되고 있다. 그만큼 한국 사회는 빠른 변화에 걸 맞는 유 · 무형의 인프라를 구축해 오지 못했다는 반증이기도 하다. 87년 개헌을 빼고는 수많은 개헌이 권력 연장의 도구로 사용되었거나 1982년 관인과 청산의 맞교환처럼 임시방편적인 것이 전부였다. 특히 행정구역은 수없는 변화가 있었지만 모두 인구 중심의 편입이나 격상이었다. 광역시체제나 인구 15만 이상의 시 격상들은 그 대표적인 예다.

교통과 정보통신의 획기적 발전이 공간과 시간을 축소시키고 그만큼 규모의 경제가 효율적이게 되었음에도 행정구역은 구한말을 유지하고 있다. 이제 무형의 인프라 헌법과 행정구역 개편에 대한 심도 깊은 논의를 속도감 있게 진행해야 할 때가 되었고 그 큰 그림은 남북통일 이후까지 준비하는 것이 되어야 하고 그 실천은 지역사회의 자발성을 기초로 해야 할 것이다. 행정구역 개편은 생활권, 수계중심, 문화적 일체감 등이 고려되고 미래 지향적인 안목이 절실히 필요하다.

그런 의미에서 포천, 연천, 철원은 주변의 의정부 양주와 차별화 되어 있고 철원은 춘천권과는 다르게 그 기능적 연관이 희박해지고 있다. 이미 포천, 연천, 철원은 어디에서나 30분이면 갈 수 있는 거리이고 한탄강이라는 공동 수계에 속하며 수도권의 배후지로, 분단의 접경지로 통일 시대를 준비하는 전진기지로 공통된 인식을 해온지 오래다.

인구는 30만에 약간 못미치지만 이는 3개 시 · 군이 하나의 행정구역으로 통합되고 새로운 비전을 갖게 된다면 급속히 늘어날 여지가 어느 곳보다 농후한 여건이다. 현재의 소규모 지자체는 그 효율성에서 규모의 경제학을 받아들여야 할 때이고, 삶의 질에서는 친환경 지속가능한 시스템을 갖추어야 한다. 예를 들면, 인구 30만 규모에 적당한 예술회관이 5~6만 지자체마다 있고 일상적으로 사용되지 않은 스타디움도 마찬가지다. 산업구조도 작은 지자체로서는 감당할 수 없는 계획을 세우거나 무차별적인 사양산업의 하수구로 이용되고 있는 현실이다. 공공조직과 각종 기업의 지역조직도 행정구역 통 · 폐합으로 구조조정이 효율적으로 일어날 수 있을 것이다. 이는 단순한 일자리 감소가 아니라 행정구역 개편으로 새롭게 창출되는 일자리에 흡수되어야 할 것이다. 지방행정구역 개편은 이제 더 이상의 지방이 아니라 당당하고 동등한 지위의 국가 구성 조직이라는 수평적 관계로 발전하는 계기가 되는 것이다.

그러면 왜 포천, 연천, 철원인가?

포천, 연천, 철원은 한탄강 수계다. 이전에는 강이 경계가 되었지만 이제는 강이 공동체의 공유물이 되었기 때문에 수계를 공동으로 사용하느냐의 여부는 아주 중요한 측면이다. 이는 친환경 지속가능 사회와도 깊은 연관을 갖는 전제가 된다. 그리고 이 세 지역은 6.25 이후 군사보호구역이라는 공통의 의제를 가지고 살아왔고 비교적 개발로부터 소외된 공통점을 가지고 있다. 연천과 철원은 DMZ를 가지고 있는 접경지역이고 포천은 그 배후가 된다.

포천, 연천, 철원의 면적은 통합하게 되면 전국에서 가장 큰 규모의 행정구역이 될 것이다. 단순 면적에서는 서울시의 3배 가까이 되는 면적이다. 이는 통일을 지향하는 미래지향적인 계획과 더불어 무궁한 발전 가능성을 내포하고 있는 것이다. 철원군도 주민의 70% 이상은 포천, 연천과의 통합을 원할 것이다. 정서적으로 강원도에 오래 동안 속해 있었던 면은 있지만 이미 행정만 빼고 나머지 일상생활은 경기도 축으로 생활해왔기 때문에 자연스럽고 편익도 춘천권보다 훨씬 커지게 될 것이다. 실제 철원군민들에게 경기도에 편입의사를 물어보면 모두 실용적 판단을 우선할 것이 확실하다.

이러한 시대적 요구에 부응하고 새로운 미래비전을 창출할 수 있는 행정구역 개편의 주체는 누구인가? 중앙정부에서 편의적으로 선을 긋는 것이 아닌 실질적이고 효율적인 통폐합은 어떻게 해야 할까?

이는 오는 지방선거의 쟁점이 될 수밖에 없을 것이다. 다음 지자체장은 스스로의 임기를 단축시키는 일에 앞장서는 일이 바로 그 임무일 수도 있기 때문이다. 그렇기 때문에 더욱 중요한 선거가 되는 것이다. 각 지자체의 장을 중심으로 지역구 의원, 시민 사회 단체가 동수로 구성되는 테스크 포스를 만들어야 할 것이다. 이렇게 아래로부터의 의견을 중심으로 광역단위의 조정을 중앙정부와 절충하는 방식이어야 할 것이다. 포천, 연천, 철원은 각기 구체적이고 공동이익에 우선한 안을 만들어야 할 것이다.

행정구역 개편은 중앙정부의 일이 아니라 바로 우리들의 일이다. 그리고 그 논의는 빨리 그리고 심도있게 시작해야 한다. 그것이 우리의 미래를 좌우하는 중요한 열쇠가 되기 때문이다.

2009년 9월 6일

...14

행정구역 개편과 경기북도

보수를 자처하는 이명박 정권의 정책들을 보면 의외로 즉흥적인 면이 많다. 지난 10년 동안 야당을 하면서 그들이야 말로 중요한 것을 잃어버리지 않았나 싶다. 대운하를 필두로 행정구역 개편도 그 즉흥성이 예외는 아니다. 즉흥적이라 함은 설득력이 떨어진다는 것과 동의어다. 대운하도 4년 안에 가능하다고 호언하더니 아예 논의조차 할 수 없게 되었고 행정구역 개편도 처음에는 2010년 안에 한다더니 이제는 2012년으로 미루는 안을 100대 국정과제로 올려놓았다. 여야가 개편의 필요는 동의하지만 구체적인 과정이 막연하고 이해관계에 따라서는 전혀 다른 목소리를 낼 가능성도 배제할 수 없다. 왜 행정구역 개편을 해야 하는가? 어 게 하는 것이 가장 좋은 개편인가? 이미 연구를 마친 안이 있다고는 하지만 얼마나 설득력을 가질지는 미지수다. 전국을 40~70개의 광역시로 개편한다는 정도가 그 기준인 듯하다. 현재의 행정시스템이 무언가 비효율적이라는 생각이 저변에 깔려있기 때문에 일단 광역 자치단체를 해체하고 중앙정부와 40~70개의 광역시가 1원화 된 시스템으로 움직여 질 것이라고 한다. 이말 이외에는 어떤 구체적 설명은 없다. 참 막연하다. 이에 현재의 광역 자치단체들의 반발이 이미 가시화 되어 도를 상징적으로 놔두는 방안까지도 거론되나 만족스럽지 못한 모양이다. 특히 정치성이 강한 경기도지사의 반발은 사뭇 격앙되어 있다. 현재 도 중심의 광역 단체는 너무 오래 되었고 시군단위의 행정구역은 일제시대 이전에 만들어져 변화된 현실을 반영하지 못한다는 것이다. 얼핏 들으면 그럴 듯 하나 막연하기는 마찬가지다. 그럼에도 2012년까지 개편할 수 있다고 하니 당장 발등의 불도 버거운데 과연 가능할까? 가능한 방법이 있다면 두 가지, 유신 헌법 만들듯이 하거나 아니면 국민들이 감탄하며 동의할 수 있는 설득력이 있던지 둘 중에 하나일 것이다. 그렇지 않고 논쟁에 빠지기 시작하면 2012년은 커녕 그때 가서도 논의의 장 마저도 봉쇄되는 일이 일어날 수도 있다. 그만큼 전국단위의 행정구역 개편은 가히 혁명적인 사건이기 때문이다. 행정구역은 단지 인구만을 가지고 규모를 결정하는 일이 결코 아니다. 현재의 개편론이 마치 선거구 획정하는 기분으로 대하고 있는 느낌을 지울 수 없는 것도 이 때문이다. 행정구역 개편은 인구의 문제가 아니라 시간과 공간의 문제이다. 역사와 문화 지역만의 독특한 정서등과 공간 지리적 조건이 씨줄과 날줄이 되어 현재의 삶의 공간이 되었는데 고려해야 할 것들이 한두 가지가 아닌 것은 너무도 당연하다. 차라리 40~70개의 광역 선거구, 즉 중 대선거구를 먼저 만들고 서서히 통합을 견인해 나가는 방법이 현실적이라는 생각이 든다. 사실 부산, 광주, 대구, 대전, 인천 등의 광역시가 경상도, 전라도, 충청도의 중심 역할을 하다가 광역시 편제로 그동안의 기능이 인위적으로 무시되면서 따로 국밥이 되었다. 예를 들면 광주 따로 전남 따로 행정이 과연 효율적인가? 타 시도도 마찬가지다. 현재의 광역시들이 각 지역의 구심 역할을 하면서 지역을 유기적으로 일체화 했었던 개발시기의 행정편제가 오히려 효율적이 아니었나 되짚어 볼 필요가 있다. 지역의 거점 도시들이 광역시 승격 경쟁에 빠지고 지역과 따로 떨어져 나오면서 오히려 비효율적이고 이중적 예산낭비가 커졌다. 기존의 8도는 산경표에도 나타나듯이 철저히 "山自分水嶺"에 따라 구분한 지역 구분이었다. 이는 언어적 경계와도 거의 일치한다. 8대 강과 산맥을 경계로 했고 오랜 세월 우리에게 영향을 미쳐왔던 시공간이다. 그것은 당연히 계량될 수 없는 효율성을 내

포하고 있다. 이를 다시 남도와 북도로 나눈 것은 채 백년이 되지 못한다. 광역단위를 선호하는 사람들은 권력지향적이거나 규모의 경제학을 신봉하는 사람들이다. 대표적인 사람이 김문수 경기지사다. 그의 대수도론은 경기도를 포함하여 수도권을 베이징이나 상하이의 규모를 능가하는 규모의 경제권으로 만들자는 논리다. 하지만 대수도론의 맹점은 수도권집중이 이미 효율의 한계곡선을 지났고 지역의 황폐화를 가속시킨다는 점이다. 한반도 전체를 하나의 전략적 관점으로 보지 않고 집중의 효율적 기능만 강조하는 전형적인 신자유주의적 관점이다. 기존의 도와 거점 광역시가 어떻게 다시 유기적인 네트워크와 분권적 자율성을 확대하면서 전국적 통일성을 높여 나가느냐 라는 큰 그림을 우선 그리고 이를 뒷받침하는 시군 통 폐합이 올바른 순서라고 강조하고 싶다. 예를 들면, 지방 1급 하천을 기준으로 한다면 상당한 지리적 효율성을 가질 수 있으며 이는 추진 중인 40~70여개의 행정단위와 비슷한 규모가 될 것이다. 한탄강이 대표적 지방 1급 하천인데 이 수계에 양주, 포천, 연천, 동두천, 철원이 있다. 같은 경기 북부지만 가평, 남양주, 구리, 의정부는 한강 수계다. 그리고 고양, 파주는 임진강, 한강이 만나는 북쪽하구의 도시다. 이들은 생활권도 비슷하고 주민들의 정서도 유사하다. 경기 남부도 수원, 오산과 안성천의 안성, 평택, 한강수계의 여주, 이천, 양평, 하남, 한강 남쪽 하구의 김포, 강화가 있다. 성남, 광주와 안양, 부천권은 서울의 외곽도시로 특수한 구역이 되었다. 이정도 권역구분은 그대로 중 대 선거구로 획정 되어도 무방할 것이다. 다른 지역도 지방 1급 하천을 중심으로 나눠보면 아주 효율적이고 자연스러움을 느낄 것이다. 이것이 수계중심 행정구역 개편론이다. 이는 나아가서 8도를 구분한 국가하천과 자연스러운 네트워크를 형성하게 된다. 여기에 제주도와 인천 등 특수한 행정구역을 추가하면 된다. 이제 통일 시대를 대비해서라도 미래지향적이고 확대된 한반도 경영을 생각해야 한다. 여기서 경기북도의 당위성이 나오게 된다. 경기도가 서울을 사이에 두고 남북으로 나뉘어져 남부와 북부가 참을 비효율적이고 점점 정서적으로도 멀어지고 있음은 모두가 인정하는 현실이다. 이미 인구 300만을 육박하며 강원, 충북보다 커져버린 경기북부는 이미 모든 행정 인프라가 다 갖춰져 있다. 한때 분도를 위한 특별법이 제출된 적이 있고 17대 국회가 시작 되면서 의욕적으로 추진 되는가 했더니 지금은 유야무야 되고 있다. 경기도가 서울 보다 많은 인구로 인한 정치적 발언권을 필요로 하는 사람을 제외하고는 남부와 북부의 비효율과 불편함을 감수할 이유가 하나도 없다. 지금도 경기 2청에 보내지면 좌천이라는 공직사회의 풍토가 이를 잘 반영하고 있다. 경기북도의 신설이 경기 남부 주민에게 결코 불이익을 주지 않으며 북부 주민에게는 두 배의 이익과 효율성을 가져다 주고 나아가서는 통일의 전진기지의 특수성을 가진 미래 지향적인 행정구역이 된다면 아무도 이를 반대할 이유가 없지 않겠는가? 이후 활발한 공론화를 통해 하루빨리 경기 남북도의 시대를 열어가야 할 시대적 요구가 바로 이것이다. 정리하자면 행정구역 개편의 대강은 이렇다. 현재의 도 체제를 광역시 체제와 재결합시켜 지역의 유기성과 규모를 증대시키고 시군단위는 지방 1급 하천 중심의 변화된 생활권역형 통폐합이 근간이 되어야 한다. 그 과정은 중대 선거구 획정으로 정치적 통일성을 높이고 단일한 행정구역으로 나아가는 것이다. 행정구역 개편의 기준은 인구만이 아니다. 효율성과 삶의 질을 결정하는 요인은 다양하다. 역사 문화 아주 오래된 정서 등의 시공간적 개념을 현대화 하고 미래지향적으로 재편하는 고난도의 국가 디자인이다. 이것은 즉흥적인 정권의 치적이거나 정치적 이해만으로 될 일이 아니다. 경기북도에서 한반도의 새로운 디자인은 시작되어야 한다. 조선8도 강들과 산맥 그 속에서 이루어진 모든 시공간의 사건들이 내일을 디자인하는 전제가 된다. 이런 작업에 적극 참여하고 싶다. 왜냐하면 우리 후손들의 터전을 만드는 너무도 중요한 일이기 때문에.

2008년 10월 26일

...15

2010 포천, 연천 지역 정치를 위한 제언 "5 : 5 사회를 만들자!"

2010년은 지방자치가 시작되고 다섯 번째 선거가 있는 해이다. 삼세번이라는 말이 있다. 무슨 일이든 처음 해보는 일은 삼세번은 해야 제대로 한다는 경험칙한 격언이다.

지방자치도 처음 도입의 당위성이 자치의식의 성숙보다 높아 여러 가지 부작용도 있고 비효율도 있었다. 혹자는 기초단체장을 임명제로 환원하자는 주장도 있을 정도로 아직 기초단체의 운영과 기초의회의 기능이 일천한 수준인 것도 사실이다.

기초단체장은 지역과 세계를 일목요연하게 관통하는 안목과 지역주민에 봉사하려는 자세로 지역이 곧 중심이다라는 글로벌사회의 지역사회관을 가져야 함에도 이는 형식적 구호에 머물고 마는 경우가 허다하다.

당선이 되면 온갖 이권에 개입하고 지역의 균등하고 미래지향적인 발전보다는 선거를 대비한 조직만들기에 급급하고 보여주기식 선심성 행사가 난무하는 경우가 비일비재했다.

국민의 혈세는 이제 기초단체를 통하여 점점 더 많이 쓰여지는 구조로 되어 가고 있다.

모든 인허가와 시설의 관리운영도 기초단체의 권한으로 이양되어 가고 있다.

그만큼 기초단체의 주민에 대한 의무도 커졌음을 나타내는 것이다.

그런데 국민들은 모든 것을 중앙정부의 탓으로 돌리는 경우가 적지 않다.

이렇게 된데에는 기초의회의 무능과 무소신에 있다. 4기 의회를 구성하는 동안 제대로 된 견제와 정책적 대안을 내놓지 못하고 자치단체장의 들러리라는 오명을 벗어버리지 못한 것이 사실이다.

기초의회 의원이 건설업을 하면서 각종 관급공사에 개입하면서 지역사회를 어지럽히는 경우도 적지 않다.

의사진행도 어눌하기 짝이 없고 예결산 심의도 형식적으로 그치는가 하면 출신지역에 생색내기 예산을 챙기기에 급급한 것도 사실이었다.

이 모든 부정적 모습을 보였음에도 불구하고 지방자치 3기를 마무리하면서 우리는 삼세번의 격언을 떠올린만큼 이제 지방자치는 거스를 수 없는 대세이며 중앙정부가 앞세우는 균형발전 이론과 맞물려 국가 경영의 중요한 축이 된 것이다.

이제 자치단체장과 지방의회 선거의 방식이 바뀌면서 지역정치에 중앙정치 입김이 작용할 것이라는 우려도 있지만 장기적으로는 큰 문제가 되지 않을 것이다.

더 중요한 것은 유권자들이 진정 지역발전을 위한 현명한 선택이 더 중요한 시기가 되었다. 유권자들도 지난 삼세번의 시행착오를 되풀이하지 말고 이번에는 진정 참신한 인재를 선출하여 새로운 지방자치 원년을 만들어야 할 것이다.

무엇보다 중요한 것은 정치의 영역에 있어서는 견제와 균형이다. 일방적인 사회는 부패한다. 그리고 퇴보한다. 포천, 연천 사회는 2 : 8의 일방사회였다. 소위 보수적인 세력의 입김이 일방드라이브를 하던 시대가 지난 시기였다. 이것은 지난 2002 대선과 2004년 4.15총선에서 5 : 5의 민심을 보여주는 가히 혁명적인 발전을 이루어냈다.

이는 앞으로도 지속될 것이라고 본다.

그러나 아직 국회의원이나 대통령선거에 국한된 민심이다. 투표율이 낮은 보궐선거나 지방선거에서는 2 : 8의 표심밖에 나타나지 않는 이유는 무엇일까?

이는 양심적 개혁진영에서 제대로 된 후보를 내지 못해왔기 때문에 집중할 표심이 푯대를 잃었기 때문에 결국 2 : 8 사회가 된 것이다. 2 : 8 사회가 되면 5 : 5의 표심을 보였던 나머지 반이 늘 소외되고 불이익을 당하며 결국 지역은 생기를 잃고 마는 것이다.

지난 보궐선거에서 보였듯이 낮은 투표율에 또다시 과거 선거의 결과가 재현되는 퇴행이 이를 잘 증명해 주고 있다.

이제 2010 지방선거의 핵심키워드는 5 : 5 사회를 만들어야 한다는 것이다.

5 : 5 표심이 나와야 견제와 균형이 그 힘을 발휘하는 것이다.

일방적인 사회가 얼마나 열등한 사회라는 것을 우리는 지난 시간 충분히 경험했다.

대화하고 타협하며 서로 상대를 존중하는 사회를 만들려면 포천, 연천 지역 유권자의 5 : 5 표심이 무엇보다 중요하다는 사실을 다시 한번 강조하고 싶다.

일방적인 사회는 한마디로 무식한 사회다.

자유민주주의의 시작은 5 : 5 표심으로부터 시작된다. 2010년 포천, 연천의 꿈은 5 : 5 사회를 만드는 것이다.

이것이 지역이 중심이 되는 길이고 지역 정치가 선진화되는 길이다.

분명 마음속에 자기 견해는 있는데 주눅들어 사는 지역 사회의 풍토를 바꾸기 위해 우리는 이번 지방선거에서 5 : 5의 표심을 분명히 보여주어야 한다.

2010년 새해 아침에

한탄강가에서 이철우

|후기|

사람이 어떤 일을 앞에 두고 어떻게 행동할까 판단함에 있어 그 사람에게 영향을 주었던 사람이 무수히 많을 것입니다. 때로는 위대한 책일 수도 있고, 인상적인 사건일 수도 있습니다. 사람은 그렇게 무수한 영향 속에서 자라고 그 스스로도 남에게 영향을 주며 사는 것입니다. "당신의 판단에 가장 큰 준거가 되는 것은 무엇입니까?" 라고 묻는다면 어떻게 대답할 것입니까? 살아온 고비마다 많은 사상들에 기대어 보았지만 나는 이제 성경이라고 말하게 되었습니다.

성경은 신앙적인 삶에 국한되는 책이 아니라 정치인인 내 판단에 아주 귀중한 나침반이 되었습니다. 그 속에는 수많은 열왕들의 이야기, 고난 받는 민중들의 이야기, 다종다양한 사람들의 인간 본연의 모습들이 적나라하게 그려져 있습니다. 체제 수호만을 위한 조작된 영웅의 이야기도 아니고 한 사람의 상상력으로 만들어진 드라마도 아닙니다. 인간의 가치를 높이는 일, 해치는 일, 삶의 궁극을 위한 깊은 통찰이 숨어있습니다.

정치인은 수많은 사람들의 삶을 헤아리는 일을 합니다. 미국 대통령이 취임선서를 성경 위에 손을 올리고 하는 장면을 우리는 보았습니다. 기독교를 국교로 하지 않는 미국이 왜 그렇게 할까? 물론 미국도 성경에 반하는 일을 무수하게 저질러 왔습니다. 마치 성경 속의 열왕들이 그랬듯이 말입니다. 그러면서도 성경 위에 손을 얹는 그들의 모습은 가히 이 시대의 제국임을 웅변하는 상징이라고 할 수 밖에 없습니다.

오랜 시간 낮은 곳에서 한국의 정치를 바라보았습니다. 그 때마다 가슴이 답답하고 뭔가 해야겠다는 생각을 한번도 놓아본 적이 없습니다. 분단과 지역을 배경으로 하는 좌우 대립 그리고 타 분야보다 상대적으로 낮은 정치 참여 의식이 원인이지만 더 밑바닥엔 공포가 존재합니다. 사람들을 정의롭게 하지 못하게 하는 공포가 있습니다. 그래서 우리에겐 용기가 필요하고 십자가가 필요합니다. 수많은 사상을 접해보고, 신앙적 편력도 있었던 나는 이제 오십이 되어 지천명을 생각하며 과연 내 인생에서 나에게 가장 큰 영향을 주는 책이 무엇인가? 두말없이 성경이라고 생각하고 그에 따라 판단하고 비유하기를 좋아합니다.

사서삼경을 읽고, 화엄경, 법화경을 읽어도 또 주체사상과 마르크스를 읽어도, 수많은 고전을 읽어도 위대한 대하소설을 읽어도 성경에 비하면 일면이요 파편입니다. 성경속에는 내 아버지가 있고 어머니가 있습니다. 수많은 열왕들의 이야기가 있고, 교훈이 있고 격언이 있습니다. 그리고 그 이야기들은 지금도 살아있습니다. 그렇다 해도 배타적 기독교의 오류는 거부합니다. 한국 기독교의 위기는 배타성에 올 것이기 때문입니다. 그 배타성은 신앙의 철저함이 아니라 이념의 철저함을 배경으로 하기 때문입니다. 진정 성경대로 산다면 한국 기독교는 위기를 맞지 않을 것입니다. 좌우로 치우치지 않으면 결코 망하지 않으리라는 성경의 이야기를 가벼이 여기지 않아야 하는 이유도 이때문입니다. 나는 한 때 몇 가지 사상을 통해 성경을 바라보고 상통함을 찾으려 노력한 적도 있습니다. 그러나 그것은 오래 갈 수 없었습니다. 거짓은 곧 드러나게 되어 있기 때문입니다.

분단과 함께 월남한 기독교 가정에서 태어난 나는 아버님이 우리집에서 개척한 교회를 오늘까지 50년을 줄곧 다녔습니다. 그 와중에 참으로 거친 모험들을 했습니다. 일일이 다 열거할 수는 없지만 그 시간들이 분단된 이 땅에서 성경에 내 모습을 비추면서 살아온 흔적들입니다. 기쁨과 슬픔과 영광과 상처로 얼룩진 지난 세월이었지만 지금 맑은 눈으로 세상을 바라볼 수 있게 한 힘은 바로 그 삶이 준 열매가 아닐까 생각합니다.

그 한가운데 성경이 있었습니다. 오늘은 문득 야고보서 1장을 떠올립니다.

"내 형제 여러분, 여러 가지 시련을 당할 때 여러분은 그것을 다시없는 기쁨으로 여기십시오. 믿음의 시련을 받으면 인내력이 생긴다는 것을 여러분은 잘 알고 있습니다. 인내력을 한껏 발휘하십시오. 그러면 여러분은 조금도 흠잡을 데 없이 완전하고도 원만한 사람이 될 것입니다. 만일 여러분 중에 지혜가 부족한 사람이 있으면 하나님께 구하십시오. 그러면 아무도 나무라지 않으시고 모든 사람에게 후하게 주시는 하나님께서 지혜를 주실 것입니다. 조금도 의심을 품지 말고 오직 믿음으로 구하십시오. 의심을 품는 사람은 바람에 밀려 흔들리는 바다 물결 같습니다. 그런 사람은 아예 주님으로부터 아무것도 받을 생각을 말아야 합니다. 의심을 품는 사람은 마음이 헷갈려 행동이 불안정합니다. (야고보서 1장 1-8절)

그렇습니다. 확신이 없이 행동하는 것처럼 불안하고 남을 해치는 일은 없을 것입니다. 그렇지만 모든 확신이 다 옳은가? 우리는 수많은 열왕들의 불행한 확신을 보았다. 그리고 경험했습니다. 확신은 인내를 가능케 합니다. 그러나 그 인내에 한계가 있음은 올바른 확신이 아닐 수 있습니다. 당신이 옳다면 끝까지 인내할 수 있을 것입니다. 그러면 반드시 그 상을 받을 것이다. 세계적으로는 좌우이념의 시대가 갔건만 유독 우리 땅에서는 좌우가 판을 치고 있습니다. 심지어 기독교도 좌우로 나뉘어져 있습니다. 나와 다르면 친북좌고 친일우입니다. 하다 안 되면 그냥 좌우딱지를 아주 손쉽게 붙이고 맙니다.

사실 국회의원직을 그만두고 지난 5년 내내 나의 실존적 고민은 좌와 우였습니다. 우왕좌왕했던 젊은 날을 돌이켜 보는 값진 시간이었습니다. 매주 월요일 마침 일기를 썼습니다. 생각나는 대로 썼지만 그것은 진솔한 그날의 기록이 되었습니다. 우리의 불행은 결국엔 탐욕과의 싸움이며 그 탐욕이 좌우로 치우치게 합니다. 예수가 끝까지 타협하지 않았던 것은 아마 돈이었을 것입니다. 좌우도 알고 보면 탐욕의 보자기일 뿐입니다. 우왕좌왕 터널을 빠져나와 이제 지천명의 길을 가려고 하는 출발선에 서있습니다. 지금까지 푯대가 되어 준 성경을 내 정치학의 교과서라고 고백하게 됨을 두렵고 떨리는 마음으로 기록했습니다. 지난 10년간 그림자 처럼 함께하며 사진으로 기록해준 이우형님께 감사드립니다. 그리고 감옥보다 더 힘들었던 지난 5년을 인내해 준 아내에게 이 책을 바칩니다.

2010년 1월

경기북도 한탄강가에서 이철우